Dieter Staas

Das Einsteigerseminar SQL

Dieses Buch wurde der Umwelt zuliebe auf chlorfrei gebleichtem Papier gedruckt.

11 10 09 08 07

10 9 8 7 6 5 4 3 2 1

2., überarbeitete Auflage

ISBN: 978-3-8266-7467-9

Printed in The Netherlands

Inhaltsverzeichnis

Ü Teil II: Üben ... 267

A Teil III: Anwenden 307

Vorwort

Mit dem Erfolg Relationaler Datenbanken hat sich auch eine Abfragesprache etabliert, ohne die heute kein Anwendungsprogrammierer mehr auskommt. Diese Sprache, SQL (***S**tructured* ***Q**uery* ***L**anguage*) genannt, ist so eng mit dem Begriff »Datenbank« verbunden, dass Relationale Datenbanksysteme häufig auch als SQL-Server bezeichnet werden. SQL beschränkt sich auf die Auswertung und Manipulation von Datenbanken und gewinnt gerade dadurch ihre besondere Stärke. Zukünftig dürfte die Bedeutung von SQL noch zunehmen, weil mit dem Internet eine Struktur entstanden ist, die immer stärker auf dynamische Inhalte und damit auf Datenbankserver setzt. Die im Internet anfallenden Datenmengen wollen effektiv verwaltet werden und verlangen nach großen Datenbanksystemen und einer mächtigen Abfragesprache. Mit dem vorliegenden Buch möchten wir Ihnen die Grundlagen dieser Sprache vermitteln.

Dieter Staas

Einleitung

Ich höre und ich vergesse.
Ich sehe und ich erinnere mich.
Ich tue und ich verstehe.

Treffender als mit diesem Sprichwort lässt sich das Konzept der Buchreihe »Das Einsteigerseminar« nicht beschreiben: *Lernen durch Anwenden*! Das klingt im ersten Moment sehr nach Arbeit und tatsächlich werden Sie wohl nicht umhinkommen, selbst aktiv zu werden, um einen schnellen und dauerhaften Lernerfolg zu erzielen – und das kann Ihnen auch diese Buchreihe leider nicht völlig abnehmen. Das Einsteigerseminar schafft allerdings die Rahmenbedingungen, um Ihnen diesen Weg so weit wie möglich zu erleichtern und ihn interessant zu gestalten. Eignen Sie sich mit der bewährten Einsteigerseminar-Methodik alle notwendigen theoretischen Grundlagen an, überprüfen und festigen Sie den erlangten Wissensstand durch wiederholende Fragen und Übungen und wenden Sie die erlernte Theorie schließlich an. *Lernen – Üben – Anwenden*: der sichere Weg zum Lernerfolg!

Lernen – Üben – Anwenden

Lernen

Im ersten Teil erlernen Sie die SQL-Grundlagen. Sie sollten anschließend in der Lage sein, eine umgangssprachlich definierte Problemstellung in eine SQL-Abfrage umzusetzen. Schritt-für-Schritt-Anleitungen und viele leicht zu verstehende Einzelbeispiele helfen Ihnen dabei, das einmal Gelernte auch auf neue Fragestellungen anzuwenden.

Üben

Im zweiten Teil vertiefen und festigen Sie das Gelernte. Dazu dienen komplexere Beispiele, die nicht nur das in Teil I vermittelte Wissen wiederholen, sondern auch das Verständnis für den Zusammenhang der einzelnen Sprachelemente fördern. Fragen und Übungsaufgaben helfen Ihnen, Kenntnisstand und

Lernfortschritt zu kontrollieren. Zu allen Fragen finden Sie ausführlich kommentierte Lösungen.

Anwenden

Anhand größerer Beispiele, die insbesondere auch auf die Einbettung von SQL in Programmiersprachen eingehen, erfahren Sie im dritten Teil, wie Sie SQL in der Praxis einsetzen. Im Mittelpunkt dieses Teils steht folglich die Interaktion von SQL-Abfragen mit Programmiersprachen wie VBA oder PHP.

Zum Inhalt des Buchs

Datenbanken bilden die Grundlage für fast alle größeren Anwendungen, ob diese nun im Netz laufen, etwa als Web-Shops, oder als Adressenverwaltung auf dem lokalen Rechner. Fast jede Anwendung muss Daten aus einer Datenbank auslesen und die meisten Datenbanken verwenden zu diesem Zweck SQL. Bei großen Datenbanken (MySQL, DB2, Oracle, Informix etc.) gilt das praktisch ohne Ausnahme.

*SQL (**S**tructured **Q**uery **L**anguage)* ist eine Abfragesprache, die von den meisten Datenbanken unterstützt wird. Die wesentlichen Kommandos lassen sich auf alle Datenbanken in gleicher oder ähnlicher Weise anwenden. Allerdings weichen viele Datenbanksysteme von der gemeinsamen Syntax ab. Eine Art Basis bildet der SQL/92-Standard, auch ANSI-SQL genannt.

ANSI-SQL

ANSI-SQL definiert drei Level: den sogenannten *Entry-Level*, der einen Minimalstandard darstellt und der von nahezu allen Datenbanksystemen unterstützt wird, den *Intermediate-Level* und den *Full-Level*. Insbesondere der Letztere dürfte von kaum einem Datenbanksystem wirklich eingehalten werden. Mit größeren Abweichungen ist aber auch schon auf der mittleren Ebene zu rechnen.

Das vorliegende Einsteigerseminar beschränkt sich daher nicht allein auf die Sprachelemente, die sich in fast allen SQL-Varianten finden (den Entry-Level), sondern geht bei Bedarf auch auf Besonderheiten einzelner Datenbanksysteme ein. Da wir allerdings nicht alle Datenbanken berücksichtigen konnten, kommen in der Regel nur Access- und MySQL-Besonderheiten zur Sprache.

Datenabfrage und Datenmanipulation

SQL dient nicht nur zur Abfrage von Datenbanken, sondern wird auch zur Manipulation, also dem Hinzufügen, Ändern und Löschen von Daten, verwendet. Zudem können Sie mit SQL-Kommandos Datenbanken und Tabellen erzeugen bzw. löschen oder deren Struktur ändern.

DDL, DML und DCL

Gelegentlich wird daher auch zwischen einer ***D**ata **D**efinition* ***L**anguage* (*DDL*), einer ***D**ata **M**anipulation **L**anguage* (*DML*) und einer ***D**ata **C**ontrol **L**anguage* (*DCL*) unterschieden. In dieser Einführung gehen wir auf solche Feinheiten nicht weiter ein. Die Unterscheidung ist auch eher künstlich, weil alle SQL-Kommandos eine sehr ähnliche Syntax verwenden. Die Struktur dieses Buchs orientiert sich eher an funktionalen Aspekten.

Wozu Sie SQL benötigen

Ob Sie nun Webanwendungen erstellen, eine Geschäftsanwendung für lokale Netze oder eine CD-Verwaltung für private Zwecke, fast immer werden Sie SQL-Kenntnisse benötigen. SQL ist universeller als die üblichen Programmiersprachen. Jeder Anwendungsprogrammierer muss mit SQL umgehen können und auch jeder Webentwickler. SQL-Kommandos werden häufig in andere Programmiersprachen eingebettet. Kurz: Ob Sie nun mit C++, Java, Delphi, PHP, Perl oder Visual Basic programmieren, fast immer ist für DB-Anwendungen SQL dabei.

Teil I: Lernen

L1 SQL-Grundlagen

SQL-fähige Datenbanken gehören üblicherweise zu den sogenannten Relationalen Datenbanken. Diese speichern Daten in Tabellen (Relationen). Jede Zeile bildet dabei einen Datensatz. Ein Datensatz steht immer für ein reales Objekt, etwa eine Person, oder einen Vorgang, beispielsweise eine Buchung. Jede Spalte (auch Feld oder Attribut genannt) bezeichnet eine Eigenschaft des betreffenden Objekts. Tabellen lassen sich miteinander verknüpfen, sodass Sie für unterschiedliche Objekte, etwa Kunden und Rechnungen, jeweils separate Tabellen vorsehen können. Für die erforderliche Verknüpfung sorgen dann spezielle SQL-Anweisungen.

Relationale Datenbanksysteme

Die meisten Datenbanksysteme, die heute angeboten werden, können als Relationale Datenbanksysteme (RDBMS) bezeichnet werden. Sie eignen sich grundsätzlich für SQL und sind in der Regel auch mit einer SQL-Schnittstelle ausgestattet.

TIPP

Sie sollten mit den Grundlagen des Tabellenentwurfs schon ein wenig vertraut sein. Wenn diesbezüglich noch größere Lücken bestehen, würden wir Ihnen zunächst einen Blick in das Kapitel *Datenbanktheorie* empfehlen.

SQL-Server und Datenbank-Management-Systeme

Häufig wird nur die Bezeichnung »Datenbank« verwendet, obwohl eigentlich ein SQL- bzw. Datenbankserver oder ein DBMS (*Database Management System*) gemeint ist. Ein Datenbankserver besteht in der Regel nur aus dem Programm, das den Zugriff auf die Daten regelt und die SQL-Kommandos ausführt. Dabei kann es sich durchaus um eine sehr komplexe Anwendung handeln. Dennoch werden Sie diese kaum zu

Gesicht bekommen, weil sie üblicherweise im Hintergrund arbeitet.

DBMS

Sobald eine grafische Benutzeroberfläche hinzukommt, handelt es sich in der Regel um ein DBMS. Diese Benutzeroberfläche nimmt Ihnen eine Menge Arbeit ab, weil sie bestimmte Menübefehle automatisch in SQL-Kommandos umsetzt. Statt einen SQL-Befehl einzutippen, genügt es, die Menüoption *Tabelle erzeugen* auszuwählen. Weit entwickelte DBMS stellen selbst für komplexe Abfragen grafische Hilfsmittel zur Verfügung, mit denen sich eine Abfrage größtenteils per Mausklick definieren lässt. Microsoft Access ist ein solches DBMS. Auch teure Systeme wie Oracle werden mit vielen grafischen Hilfsprogrammen ausgeliefert und gehören daher in diese Klasse. Das im Web sehr verbreitete MySQL verfügt in der Grundausstattung hingegen nur über rudimentäre Verwaltungsmodule und kann daher nur als SQL-Server bezeichnet werden. So ganz scharf ist die Abgrenzung jedoch nicht.

Eine Datenbank bezeichnet streng genommen nur die Datensammlung selbst, also nicht das Programm und die Hilfsmodule. Üblicherweise besteht eine Datenbank aus den Tabellen, beispielsweise für Kunden und Rechnungen, und einigen Hilfsdateien für Indizes oder Formulare.

Was sind Abfragen?

Diese Frage ist nicht ganz so trivial, wie es auf den ersten Blick vielleicht erscheinen mag. Üblicherweise erfordert eine Abfrage eine Antwort. Diese besteht häufig, aber nicht immer, in einer Antwort- oder Ergebnistabelle. Die Abfrage

»Zeige alle Kunden aus Köln«

erzeugt eben eine Tabelle, die alle Kölner Kunden enthält. Gelegentlich wollen Sie aber auch einen bestimmten Wert ermitteln, etwa den gesamten Umsatz aller Kunden im letzten

Jahr. In diesem Fall erhalten Sie als Ergebnis auch nur einen einzigen Wert.

Im SQL-Umfeld werden aber auch Datenänderungen wie das Hinzufügen, Ändern oder Löschen als Abfrage bezeichnet. So finden Sie unter Microsoft Access Bezeichnungen wie *Anfüge-* oder *Löschabfrage*. Solche »Abfragen« ändern aber nur den Datenbestand. Sie erzeugen keine sichtbare Ausgabe. Abfragen, die ein Ergebnis liefern, werden häufig Auswahl- oder `SELECT`-Abfragen genannt.

Anfüge- oder Löschabfrage

Unterschiede zu Programmiersprachen

Eigentlich ist SQL gar keine richtige Programmiersprache. Dazu fehlen so wichtige Eigenschaften wie beispielsweise Schleifen und Verzweigungen. Auch die Verwendung von Variablen ist arg begrenzt. Für die Anzeige bzw. Formatierung der von SQL gelieferten Daten sind zudem andere Programme zuständig. SQL stellt dafür keine Befehle zur Verfügung. Der Sprachumfang ist folglich auf die Abfrage und Manipulation von Datenbanken beschränkt. Diese Aufgaben erledigt SQL aber besonders gut.

Eine Testumgebung wählen

Zunächst benötigen Sie eine SQL-fähige Datenquelle. Das sollte allerdings nicht allzu schwer sein. Schon Microsoft Access verfügt über einen recht ordentlichen SQL-Sprachumfang. Wenn Sie keinen Zugriff auf Access haben, wird es etwas schwieriger. Sie können beispielsweise die SQL-Datenbank MySQL aus dem Netz herunterladen. Für die Beispiele dieses Buchs verwenden wir ausschließlich Access und MySQL. Da die Beispiele aber in der Regel nur Standard-SQL verwenden, sollten sie ohne Probleme auch mit anderen SQL-Datenbankservern funktionieren.

Beispieltabelle erzeugen

Vor dem Einstieg ist zunächst eine Datenbank mit mindestens einer Tabelle anzulegen. Damit Abfragen auch Ergebnisse liefern, sind zudem einige Daten erforderlich.

Datenbank und Tabelle erzeugen

Für die ersten Kapitel dieses Buchs benötigen wir die in Abbildung L1.1 gezeigte Kundentabelle. Die Abbildung zeigt lediglich die Struktur der Tabelle. Eine solche Struktur erstellen Sie in Access mit folgenden Schritten:

1. Wählen Sie beim Start von Access die Option *Leere Access-Datenbank*.
2. Klicken Sie im Datenbankfenster auf die Option *Neu*. Im Assistenten, den Sie damit starten, müssen Sie die Option *Entwurfsansicht* wählen.
3. Geben Sie die Feldnamen ein und bestimmen Sie die Felddatentypen.

Achten Sie besonders auf die Typangaben (*Felddatentyp*). Bei SQL-Abfragen kann der Typ sehr wichtig sein. Er bestimmt zumindest die Art, wie Abfragekriterien übergeben werden.

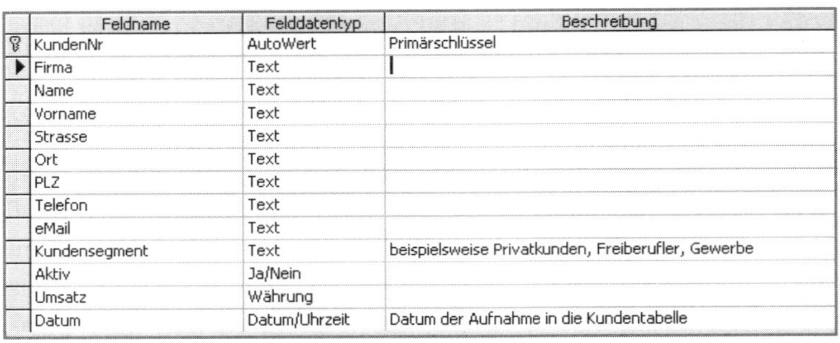

Feldname	Felddatentyp	Beschreibung
KundenNr	AutoWert	Primärschlüssel
Firma	Text	
Name	Text	
Vorname	Text	
Strasse	Text	
Ort	Text	
PLZ	Text	
Telefon	Text	
eMail	Text	
Kundensegment	Text	beispielsweise Privatkunden, Freiberufler, Gewerbe
Aktiv	Ja/Nein	
Umsatz	Währung	
Datum	Datum/Uhrzeit	Datum der Aufnahme in die Kundentabelle

Abb. L1.1: Struktur der Kundentabelle (Entwurfsansicht aus Microsoft Access)

Fast alle Felder sind vom Typ *Text*, auch die Felder für *PLZ* und *Telefon*. Lediglich für das Feld *Umsatz* haben wir einen numerischen Typ (*Währung*) verwendet. Das Feld *Aktiv* ist ein *Ja/Nein*-Feld. Hier sind folglich nur zwei Werte möglich. Natürlich benötigen wir auch ein Feld vom Typ *Datum*, weil Abfragen im kommerziellen Bereich sich sehr häufig auf Datumsangaben beziehen. Wir kommen auf dieses Thema noch ausführlich zurück. Nicht ganz unwichtig ist auch der Name, den Sie der Tabelle geben. Auch dieser wird in Abfragen regelmäßig benötigt. Wir haben unsere Tabelle *Kunden* genannt.

Benennung von Tabellen und Feldern

Für Tabellen- und Feldnamen sollten Sie nur alphanumerische Zeichen verwenden. Der Name sollte keine Leerzeichen und Sonderzeichen, also beispielsweise keine deutschen Umlaute enthalten. Als Trennzeichen ist eigentlich nur der Unterstrich geeignet, auch wenn viele Datenbanksysteme Sonderzeichen akzeptieren.

Beispieldaten verwenden

Nicht nur für den Einstieg in die SQL-Programmierung ist es wichtig, dass sich das Abfrageergebnis auch überprüfen lässt. Zumindest eine Plausibilitätskontrolle sollte möglich sein. Auch Profis testen komplexe Abfragen daher häufig mit bestimmten Testdaten. Für Einsteiger sollte sich dieses Verfahren von selbst verstehen. Die ersten Beispiele dieses Buchs verwenden daher die in Abbildung L1.2 gezeigten Daten.

Firma	Name	Ort	eMail	Umsatz	Kundensegment
Maier KG	Maier	Dresden	maier@provider.de	2.312,33 €	Gewerbe
Meier GmbH	Müller	Osnabrück	mmaier@online.de	22.728,18 €	Gewerbe
Mayer & Söhne GmbH	Schulze	Leipzig	maier@wubs.de	15.004,55 €	Gewerbe
Müller OHG	Meisel	Bad Homburg	kmueller@provider.de	450,00 €	Gewerbe
Böger	Böger	Dresden	boeger@stadt.de	98.333,56 €	Freiberufler
Hannibal	Kunz	Bad Essen	hannibal@provider.de	4.200,00 €	Gewerbe
Wünsche	Wünsche	Berlin	wuensche@vips.de	1.200,00 €	Privat
Rumsfeld	Rumsfeld	Freiburg	rums@provider.de	2.000,00 €	Privat
Schulze	Schulze	Köln	schulze@abc.de	0,00 €	Gewerbe

Abb. L1.2: Testdaten für die ersten Übungen

Die Abbildung zeigt nur die für die Beispiele des Buchs relevanten Daten. Felder wie *Vorname*, *Strasse*, *Telefon* usw. werden wir im folgenden Text praktisch nicht benötigen. Sie können dafür beliebige Daten eingeben, ohne von den Beispielen abweichende Ergebnisse zu erzielen.

Access-Abfragen

Um unter Access eine neue Abfrage zu definieren, wählen Sie am einfachsten die Menüoption *Einfügen / Abfrage*. Sie erhalten dann einen Dialog angezeigt, in dem Sie die Option *Entwurfsansicht* wählen sollten. Access stellt für den Entwurf von Abfragen und die Anzeige der Ergebnistabelle einen Abfragemodus zur Verfügung, der sich in drei Ansichten schalten lässt:

- Entwurf
- Datenblattansicht (Ergebnistabelle)
- SQL

Zwischen diesen Ansichten wechseln Sie über das Menü *Ansicht* oder einen Symbolschalter, den Sie in der Werkzeugleiste finden. Der Entwurfsmodus präsentiert eine Tabellenstruktur, in der Sie die einzelnen Felder der Abfrage per Drag&Drop auswählen und eine Bedingung definieren können.

SQL-Modus des Abfrage-Editors

Wechseln Sie in den SQL-Modus, werden die Definitionen, die Sie im Entwurfsmodus vorgenommen haben, als SQL-Kommandos angezeigt (Abbildung L1.3). Entwurfs- und SQL-Modus sind also nur zwei unterschiedliche Ansichten der gleichen Funktion.

Abb. L1.3: Abfrage in der SQL-Ansicht (Microsoft Access)

Für unsere Zwecke können Sie natürlich gleich in die SQL-Ansicht wechseln, weil es in diesem Buch eben darum geht, die SQL-Programmierung kennenzulernen. Allerdings kann es durchaus lehrreich sein, einmal eine Abfrage im Entwurfsmodus zu definieren und sich dann die SQL-Kommandos anzeigen zu lassen. In diesem Buch werden wir jedoch nicht auf den Entwurfsmodus eingehen.

Firma	Ort
Maier KG	Dresden
Meier GmbH	Osnabrück
Mayer & Söhne GmbH	Leipzig
Müller OHG	Bad Homburg
Böger	Dresden
Hannibal	Bad Essen

Abb. L1.4: Ergebnistabelle einer Auswahlabfrage unter Access (Teilansicht)

Sobald Sie eine Abfrage definiert haben, wechseln Sie über die Option *Ansicht / Datenblattansicht* zur Ergebnistabelle. Access zeigt dann umgehend das Ergebnis Ihrer Abfrage an (Abbildung L1.4). Wir haben das Fenster etwas verkleinert, sodass nur die ersten sechs Datensätze erscheinen.

> Beachten Sie, dass Sie in Access die Daten der Ergebnistabelle einer Abfrage editieren können. Die Änderungen werden dann auch in der eigentlichen Datentabelle, also in unserer Kundentabelle, wirksam.

TIPP

Verwendung anderer Datenbanksysteme

Fast alle Beispiele des folgenden Textes wurden auch mit einer MySQL-Datenbank getestet. Leider stellt MySQL in der Basisversion nur ein DOS-Tool für die Verwaltung der Datenbank und die Manipulation der Daten zur Verfügung. Um etwas komfortabler mit MySQL-Datenbanken arbeiten zu können, besteht jedoch die Möglichkeit, ein separates grafisches Tool aus dem

Internet herunterzuladen. Der folgende Text geht davon aus, dass bereits eine Datenbank mit Daten existiert. Die Struktur sollte der weiter oben vorgestellten Access-Tabelle entsprechen.

Grundsätzlich können Sie auch andere Datenbanksysteme wie beispielsweise den SQL-Server von Microsoft, Oracle oder auch DB2 von IBM verwenden. Ein Anweisung für den Umgang mit diesen Systemen finden Sie in diesem Buch jedoch nicht.

Groß- und Kleinschreibung

SQL unterscheidet nicht zwischen Groß- und Kleinschreibung. Sie können alle Sprachelemente und auch alle Bezeichner für Tabellen und Spalten groß-, klein- oder gemischt schreiben. Es ist aber üblich, die eigentlichen SQL-Kommandos und die zugehörigen Klauseln grundsätzlich großzuschreiben und Bezeichner für Tabellen und Felder (Spalten) klein. Der erste Buchstabe von Tabellen- und Feldnamen wird dabei häufig großgeschrieben. Dieser Konvention folgt auch das vorliegende Buch. Ein Beispiel:

```
SELECT Firma FROM Kunden
```

Auf die Bedeutung der einzelnen Elemente dieser Zeile kommen wir im folgenden Text noch zurück. Sie sollten aus der Anweisung aber schon erkennen, dass es sich bei den Elementen `SELECT` und `FROM` um SQL-Sprachelemente handelt, während die Elemente Firma und Kunden zur gerade verwendeten (abgefragten) Tabelle gehören. Diese lassen sich daher auch als variable Teile bezeichnen, weil Sie je nach verwendeter Datenbank bzw. Tabelle wechseln können.

Zeilenumbruch und Zeilenabschluss

Jede SQL-Anweisung besteht nur aus einer einzigen Zeile. Sie können jedoch nahezu beliebige Zeilenumbrüche einfügen, um die Anweisung optisch zu strukturieren. Eigentlich ist die gesamte Zeile auch mit einem Strichpunkt (Semikolon) abzuschließen. Ein Beispiel:

```
SELECT Firma
FROM Kunden;
```

Nur sehr wenige Datenbanken bestehen aber noch darauf. Wenn Sie mit MySQL arbeiten und dazu das DOS-Tool mysql.exe verwenden, ist das Abschlusszeichen unbedingt erforderlich. Beim Zugriff über eingebettete SQL-Anweisungen reagiert MySQL jedoch mit einer Fehlermeldung, wenn dabei das Abschlusszeichen verwendet wird. Access ist in dieser Hinsicht toleranter. Bei Abfragen, die Sie im Entwurfsmodus definieren, erzeugt Access jedoch immer ein Semikolon. Die Beispiele des folgenden Textes verzichten auf den Strichpunkt.

L2 Einfache Auswahlabfragen

SQL stellt eigentlich nur recht wenige Kommandos zur Verfügung. Die Flexibilität und Leistungsfähigkeit der Sprache kommt durch eine große Zahl von Klauseln und sogenannte Prädikate zustande. Das wohl am häufigsten benötigte Kommando ist `SELECT`. Auf dieses Kommando und einige seiner wichtigsten Klauseln wollen wir daher zuerst eingehen.

Das SELECT-Kommando

Der `SELECT`-Befehl stellt den zentralen SQL-Befehl dar. Mit `SELECT` ist es möglich, auch sehr komplexe Abfragen über mehrere Tabellen in wenigen Zeilen zu definieren. Die Minimal-Syntax des Befehls hat folgende Form:

```
SELECT Spalte1, Spalte2, ..., Spalte(n)
FROM Tabelle
```

Damit haben Sie praktisch das Grundmuster einer SQL-Abfrage, das zunächst zwei Schritte umfasst:

1. In der `SELECT`-Zeile werden die Spalten (Felder) aufgelistet, die in der Ergebnistabelle erscheinen sollen.
2. Die `FROM`-Klausel bestimmt die Tabelle, aus der die Werte stammen.

Später schließen sich dann weitere Schritte an, etwa für die Auswahl der Datensätze und die Sortierung. Wir kommen noch darauf zurück. Eine erste Anwendung auf unsere Kundentabelle könnte folgende Form haben:

```
SELECT KundenNr, Firma, Ort
FROM Kunden
```

Die Felder, die in der Ergebnistabelle erscheinen sollen, müssen durch Kommata separiert aufgelistet werden. Hinter dem letzten Feld erscheint jedoch kein Komma mehr. Die Auflistung der Spalten hat zur Folge, dass die anderen Spalten in der Ergebnistabelle nicht berücksichtigt werden.

Mit dem Beispiel erhalten Sie eine Ergebnistabelle wie die aus Abbildung L2.1. Das Fenster ist etwas verkleinert, sodass in der Abbildung nicht alle Datensätze zu sehen sind. Die Abfrage liefert aber alle Datensätze, die in der Kundentabelle enthalten sind.

KundenNr	Firma	Ort
1	Maier KG	Dresden
2	Meier GmbH	Osnabrück
3	Mayer & Söhne GmbH	Leipzig
4	Müller OHG	Bad Homburg
5	Böger	Dresden
6	Hannibal	Bad Essen

Abb. L2.1: Ergebnistabelle (Teilansicht)

Alle Spalten ausgeben

Sollen alle Spalten der betreffenden Tabelle ausgegeben werden, können Sie statt der Auflistung auch einfach das Sternchen verwenden. Mit der folgenden Anweisung erhalten Sie alle Spalten und alle Zeilen der Tabelle *Kunden*, also praktisch die ganze Tabelle:

```
SELECT * FROM Kunden
```

Allerdings kann das Sternchen auch zu Problemen führen. Das gilt beispielsweise, wenn die Tabelle auch Memofelder und Felder für Binärdaten, etwa Grafiken, enthält. Es kann daher vorteilhafter sein, immer eine Feldliste zu verwenden.

Verschiedene Schreibweisen

SQL ist keineswegs so vereinheitlicht, wie Sie das vielleicht erwarten würden. Nicht nur bei Zahl und Art der Sprachelemente müssen Sie mit Unterschieden rechnen. Auch die Verwendung von Tabellen und Feldnamen kann differieren. Gelegentlich werden Sie daher Anweisungen wie die folgende finden:

```
SELECT 'KundenNr', 'Firma'
FROM Kunden
```

Die Einschließung der Spaltennamen in Anführungszeichen sollte nur mit wenigen SQL-Datenbanken funktionieren. Bei unseren Versuchen bestand nur eine Datenbank auf Anführungszeichen. Bei anderen Datenbanken oder auch bei der Einbettung des SQL-Strings in andere Programmiersprachen müssen Sie sogar mit einer Fehlfunktion rechnen. Access meldet in diesem Fall zwar keinen Fehler, erzeugt aber unsinnige Ergebnisse.

Eckige Klammern in Access

Access kann Feldnamen auch in eckige Klammern setzen. Diese Option ermöglicht es, auch Sonderzeichen und Leerzeichen in Feldnamen zu verwenden. Wenn eine Tabelle beispielsweise Feldnamen (Spaltenbezeichnungen) wie die folgenden enthält, lassen sich diese in SQL-Kommandos normalerweise so nicht verwenden:

```
Straße
Datum des Erstkontakts
```

Um solche Feldnamen in SQL-Anweisungen einsetzen zu können, müssen Sie unter Access eine `SELECT`-Anweisung wie folgt schreiben:

```
SELECT [Straße], [Datum des Erstkontakts]
FROM Kunden
```

Beachten Sie, dass die vorstehende Anweisung mit unserer Beispieltabelle nicht funktioniert, weil diese keine entsprechenden Felder enthält. Bei anderen Datenbanken werden Sie Sonderzeichen und Leerzeichen ohnehin nicht einsetzen können.

Sonderzeichen

Es dürfte daher die sicherste Methode sein, auf die genannten Zeichen und auch auf deutsche Umlaute zu verzichten, auch dann, wenn Sie nur mit Access arbeiten. Die »Straße« schreiben Sie folglich als *Strasse* und das Datum des Erstkontakts wird schlicht zum *Erstkontaktdatum* oder, noch einfacher, zum *Datum*. In der Programmierung sind häufig Unterstriche üblich, sodass unser Datumsfeld auch *Datum_des_Erstkontakts* heißen könnte. Diese Schreibweise funktioniert mit praktisch allen Datenbanken.

Vollständige Spaltenbezeichnungen

Wenn Sie Daten lediglich aus einer einzigen Tabelle auslesen, genügt die oben vorgestellte Schreibweise, bei der lediglich die Spaltennamen anzugeben sind. Die Tabelle wird ja schon in der FROM-Klausel bezeichnet. Bei Abfragen über mehrere Tabellen können aber gleiche Spaltennamen vorkommen. Sie müssen dann die Spalten mit dem kompletten Namen ansprechen. Diesen bilden Sie nach dem folgenden Schema:

```
Tabelle.Spalte
```

Aus dem Tabellen- und dem Spaltennamen *Kunden* und *Firma* wird so die folgende Zusammensetzung:

```
Kunden.Firma
```

Die schon weiter oben gezeigte Abfrage sollte dann wie folgt aussehen:

```
SELECT Kunden.KundenNr,
       Kunden.Firma,
       Kunden.Ort
FROM Kunden
```

Tabellen- und Spaltennamen sind also durch einen Punkt zu verknüpfen. Die FROM-Klausel mit dem Tabellennamen ist aber auch weiterhin unverzichtbar.

Reihenfolge der Spalten

Sie sind nicht an die Reihenfolge der Spalten gebunden, die Sie in der Tabelle vorfinden. Die Reihenfolge, die Sie mit einer SQL-Abfrage erhalten, wird durch die Reihenfolge in der SQL-Anweisung bestimmt. Wenn Sie beispielsweise das Feld *Firma* an erster Stelle benötigen, ist eben eine SQL-Zeile wie die folgende erforderlich.

```
SELECT Firma, KundenNr, Ort
FROM Kunden
```

Verwenden Sie hingegen das Sternchen, erhalten Sie alle Felder in der Reihenfolge, in der diese auch in der Tabelle enthalten sind.

Datensätze auswählen

Die WHERE-Klausel

Mit der Feldliste der SELECT-Anweisung nehmen Sie eine Spaltenauswahl vor. Wollen Sie nur bestimmte Datensätze (Zeilen) ausgeben, müssen Sie eine Bedingung definieren und diese mit der WHERE-Klausel an die Abfrage anfügen. Ein Bedingung bezieht sich in der Regel auf den Inhalt einer Spalte. Die folgende Anweisung gibt beispielsweise nur Kunden aus, die aus dem Ort Dresden stammen:

```
SELECT * FROM Kunden
WHERE Ort = 'Dresden'
```

Das Feld *Ort* muss natürlich in der betreffenden Tabelle enthalten sein. Beachten Sie, dass der Wert der Bedingung in einfache Anführungszeichen gesetzt wird. Das gilt aber nur für Zeichenfolgen (Strings). Numerische Wert übergeben Sie ohne Anführungszeichen. Abbildung L2.2 zeigt das Ergebnis der Abfrage für unsere Beispieltabelle.

	KundenNr	Firma	Name	Vorname	Strasse	Ort
	1	Maier KG	Maier	Klaus	Maierweg 17	Dresden
	5	Böger	Böger	Herbert	Großer Kamp	Dresden

Abb. L2.2: Ergebnistabelle mit ausgewählten Datensätzen

Nur Datensätze, die der Bedingung genügen, werden in die Ergebnistabelle aufgenommen. Da unsere Tabelle lediglich zwei Kunden aus Dresden enthält, liefert die Ergebnistabelle auch nur zwei Datensätze.

Das folgende Beispiel verwendet einen Größer-Vergleich. Es liefert nur Datensätze an, die im Umsatzfeld einen Wert größer als 1000 aufweisen.

```
SELECT Firma, Name, Ort, Umsatz
FROM Kunden
WHERE Umsatz > 1000
```

Das Ergebnis dieser Abfrage zeigt Abbildung L2.3. Die meisten unserer Kunden (7 von 9) erfüllen die Bedingung und landen folglich in der Ergebnistabelle.

	Firma	Name	Ort	Umsatz
	Maier KG	Maier	Dresden	2.312,33 €
	Meier GmbH	Müller	Osnabrück	22.728,18 €
	Mayer & Söhne GmbH	Schulze	Leipzig	15.004,55 €
	Böger	Böger	Dresden	98.333,56 €
	Hannibal	Kunz	Bad Essen	4.200,00 €
	Wünsche	Wünsche	Berlin	1.200,00 €
	Rumsfeld	Rumsfeld	Freiburg	2.000,00 €

Abb. L2.3: Ergebnistabelle für Größer-Vergleich

Eine Bedingung kann sehr komplex sein und sich über mehrere Felder erstrecken. Zu diesem Zweck stellt SQL Operatoren und Funktionen zur Verfügung, auf die wir später noch eingehen werden.

Verwendung von Datentypen

Jede Programmiersprache kennt eine Unzahl von Datentypen. Da die Datenverwaltung die zentrale Aufgabe einer Datenbank bildet, sind unter SQL eher noch mehr Datentypen zu finden. Wir werden die üblicherweise unterstützten Typen später noch ausführlich vorstellen. An dieser Stelle sollen uns einige Basistypen genügen, die Tabelle L2.1 zusammenfasst.

Typ	Bezeichnung	Bedeutung
Text	CHAR	Wird für Textfelder mit bis zu 255 Zeichen verwendet. Die Bezeichnung des Typs kann je nach Datenbanksystem variieren. So bezeichnet Access diesen Typ beispielsweise als TEXT.

Typ	Bezeichnung	Bedeutung
Ganzzahl	INTEGER	Wird für Ganzzahlen verwendet. Der Wertebereich kann sich von Datenbank zu Datenbank unterscheiden
Dezimalzahl	DOUBLE	Wird für Fließkommazahlen verwendet.
Datum	DATE	Wird für Datumswerte verwendet.

Tab. L2.1: Die wichtigsten SQL-Datentypen

Kenntnisse über den Datentyp benötigen Sie nicht nur bei der Erzeugung von neuen Tabellen. Wie wir schon gesehen haben, ist der Typ auch bei der Verwendung der `WHERE`-Klausel regelmäßig zu berücksichtigen. Beachten Sie auch, dass die Bezeichnungen nicht immer einheitlich sind. So finden Sie den Typ `CHAR` unter Access auch als `TEXT`.

Numerische Datentypen

Alle Zahlenangaben werden häufig als numerische Typen bezeichnet. Das ist auch ganz korrekt, hilft aber dennoch nicht weiter. Gerade bei den numerischen Typen finden sich unzählige Sonderformen. So werden zunächst ganzzahlige Typen unterschieden, die es selbst wieder in verschiedenen Ausprägungen gibt. Die Unterschiede beziehen sich auf den Wertebereich, den der jeweilige Typ darstellen kann. Wir haben in Tabelle 1 nur den Typ `INTEGER` aufgelistet, der lediglich Werte zwischen -32.768 und +32.767 akzeptiert. Das gilt jedoch nur für Access.

Unterschiedliche Wertebereiche

Andere Datenbanksysteme definieren für den Typ `INTEGER` auch einen anderen Wertebereich. MySQL und andere Datenbanken unterscheiden zudem zwischen mehreren `INTEGER`-Typen. Einige Beispiele:

```
TINYINT (-128 bis 127)

SMALLINT (-32.768 bis 32.767)

MEDIUMINT (-8.388.608 bis 8.388.607)
```

Ähnlich problematisch ist der Umgang mit Fließkommazahlen. Dazu gehört auch der Typ *Währung*, den wir für das Feld *Umsatz* verwenden. Solche Typen können Dezimalstellen enthalten, die dann auch bei Abfragen zu berücksichtigen sind. Das folgende Beispiel zeigt, wie Sie Dezimalzahlen in einer WHERE-Klausel behandeln:

```
SELECT Firma, Ort, Umsatz
FROM Kunden
WHERE Umsatz > 100.55
```

Dezimalpunkt statt Komma

Für Dezimalzahlen ist also ein Dezimalpunkt erforderlich, nicht das im deutschsprachigen Raum übliche Dezimalkomma. Das folgende Beispiel variiert die zuletzt gezeigte Anweisung:

```
SELECT Firma,  Umsatz
FROM Kunden
WHERE Umsatz >= 2000
```

Das Ergebnis der letzten Abfrage für die von uns verwendeten Daten zeigt Abbildung L2.4.

Firma	Umsatz
Maier KG	2.312,33 €
Meier GmbH	22.728,18 €
Mayer & Söhne GmbH	15.004,55 €
Böger	98.333,56 €
Hannibal	4.200,00 €
Rumsfeld	2.000,00 €

Abb. L2.4: Firmen mit einem Umsatz gleich oder größer 2000

Der Umgang mit Datentypen, insbesondere mit numerischen Typen, ist nicht ganz einfach. Sie müssen sich also schon darum kümmern, welche Datentypen von Ihrem Datenbanksystem unterstützt werden und wie Sie diese sinnvoll einsetzen.

Autowert

Viele Datenbanken unterstützen inzwischen eine Variante des numerischen Typs, die in Access *Autowert* (in anderen Datenbanksystemen *AutoIncrement*) genannt wird. Dabei handelt es sich um einen ganzzahligen Typ, der automatisch vom Datenbanksystem als fortlaufende Nummer vergeben wird. Der Typ *Autowert* wird häufig für Felder wie Kunden-, Artikel- oder Personalnummer verwendet.

Autowert ist eindeutig

Ein solches Feld enthält immer eindeutige Einträge, weil das Datenbanksystem schon dafür sorgt, dass der gleiche Wert nicht zweimal vergeben wird. Wenn Sie diesen Typ beispielsweise für die Kundennummer verwenden, müssen Sie aber akzeptieren, dass die Nummer automatisch verwaltet wird. Sie haben keine Möglichkeit, den Wert zu ändern. Die Einträge in *Autowert*-Feldern bleiben nach der Zuweisung jedoch unverändert, sodass Sie für jeden Kunden eine feste Nummer erhalten. In Abfragen können Sie diese daher auch als Kriterium einsetzen:

```
SELECT Firma, Ort, Umsatz
FROM Kunden
WHERE KundenNr = 3
```

Den Kunden, den Sie damit ermitteln, werden Sie immer unter dieser Nummer finden. Das gilt auch, wenn Sie davorliegende Datensätze löschen.

Sie sollten sich vorerst merken, dass der Typ *Autowert* immer eindeutig ist. Auch wenn Sie einen Datensatz löschen, wird dieser Wert anschließend nicht neu vergeben. Er ist dann mit dem Datensatz untergegangen.

Der Datumstyp

Sehr wichtig ist natürlich der Datumstyp. Dieser verlangt in `WHERE`-Klauseln nach einer besonderen Behandlung, wobei einzelne Datenbanksysteme auch noch unterschiedliche Angaben erwarten. Das folgende Beispiel funktioniert so nur mit Access:

```
SELECT Firma, Ort, Umsatz, Datum
FROM Kunden
WHERE Datum = #12/15/07#
```

Sie müssen also nicht nur Nummernzeichen für die Einschließung verwenden, sondern auch ein im deutschsprachigen Raum unübliches Trennzeichen (/) sowie das Format MM/TT/JJ. Erst damit erhalten Sie ein Ergebnis wie das aus Abbildung L2.5. Alternativ besteht auch die Möglichkeit, den Bindestrich (-) als Trennzeichen einzusetzen.

```
#12-15-07#
```

Der im deutschsprachigen Raum übliche Punkt funktioniert jedoch nicht. Die Jahresangabe kann natürlich auch vierstellig erfolgen.

	Firma	Ort	Umsatz	Datum
	Maier KG	Dresden	2.312,33 €	15.12.2007
	Mayer & Söhne GmbH	Leipzig	15.004,55 €	15.12.2007
	Böger	Dresden	98.333,56 €	15.12.2007

Abb. L2.5: Ergebnis einer Abfrage mit Datumsvergleich

Andere Datenbanksysteme akzeptieren die von Access erwartete Darstellung nicht. Kurz: Datumswerte sind in SQL-Abfragen grundsätzlich recht problematisch. Im Zusammenhang mit Datumsfunktionen stellen wir diesen Typ noch ausführlich vor.

SELECT-Prädikate

Der `SELECT`-Befehl kann zusätzlich drei Prädikate verwenden: `ALL`, `DISTINCT` und `DISTINCTROW`. Das Prädikat `ALL` bestimmt, dass alle Datensätze angezeigt werden, auch solche, die identische Zeilen liefern. Dieses Prädikat ist praktisch voreingestellt, sodass Sie normalerweise darauf verzichten können.

DISTINCT

Mit dem Prädikat `DISTINCT` unterdrücken Sie gleiche Zeilen in der Ergebnistabelle. Das folgende Beispiel zeigt dann gleiche Firmennamen nur einmal an.

```
SELECT DISTINCT Firma
FROM Kunden
```

Wie Sie aus Abbildung L2.6 ersehen, unterschlägt die erste Abfrage (mit `DISTINCT`) eine Maier KG. Da Sie auf diese Art bestimmte Informationen unterdrücken, sollten Sie `DISTINCT` nur sehr zurückhaltend einsetzen. In der Regel wird dieses Prädikat nicht benötigt.

TIPP

Um das gleiche Ergebnis wie in Abbildung L2.6 zu erhalten, müssen Sie unsere Beispieltabelle um eine zusätzliche Maier KG ergänzen.

Firma
Böger
Hannibal
Maier KG
Mayer & Söhne Gmt
Meier GmbH
Müller & Söhne
Müller OHG
Rumsfeld
Schulze

Firma
Maier KG
Maier KG
Meier GmbH
Mayer & Söhne GmbH
Müller OHG
Böger
Hannibal
Wünsche
Rumsfeld
Schulze

Abb. L2.6: Ergebnistabelle mit und ohne DISTINCT-Prädikat

Sortiereffekt

Ein Nebeneffekt, der bei der Verwendung von `DISTINCT` auftritt, ist die Sortierung der Datensätze. Ohne das Prädikat verwendet Access für die Anzeige der Ergebnistabelle die Reihenfolge, in der die Datensätze eingegeben wurden.

Sinnvoller ist die Verwendung von `DISTINCT` bei der Ausgabe der Orte, in der Kunden vorhanden sind. In der Auswahl erscheint dann nicht hundertmal der Ort *Leipzig*. Die entsprechende Abfrage hat folgende Form:

```
SELECT  DISTINCT Ort
FROM Kunden
```

Wollen Sie die Anzeige von identischen Zeilen aus der Datenbank unterdrücken, müssen Sie `DISTINCTROW` verwenden. `DISTINCTROW` funktioniert üblicherweise nur bei Verwendung von

Feldern aus mehreren Tabellen. Durch die Verknüpfung der Tabellen können sich identische Zeilen ergeben, deren gleichzeitige Anzeige sich dann durch dieses Prädikat verhindern lässt.

Für unsere ersten Übungen ist DISTINCTROW daher ohne Bedeutung. Sofern Sie SQL-Anweisungen in einer anderen Programmiersprache einsetzen, kann es sinnvoll sein, auch das ALL-Prädikat zu verwenden. Ein Beispiel:

```
SELECT ALL Firma, Ort
FROM Kunden
```

Bei der Programmpflege sehen Sie dann sofort, dass hier auch alle Datensätze gemeint sind.

Aliasnamen verwenden

Spaltennamen sind gelegentlich sehr lang und enthalten nicht selten auch Leer- oder Sonderzeichen. In diesen und anderen Fällen ist es oft sinnvoll, eigene Namen, sogenannte Aliasnamen, zu verwenden. In der Ergebnistabelle werden die betreffenden Spalten dann mit den Aliasnamen angezeigt. Einen Alias definieren Sie mit der optionalen Klausel AS, sodass sich folgende Syntax ergibt:

```
... Feldname AS NeuerName, ...
```

Ein Beispiel:

```
SELECT Firma AS Kunde,
       Ort AS Firmensitz
FROM Kunden
```

Das vorstehende Beispiel erzeugt für das Feld *Firma* den Alias *Kunde* und für Ort den Alias *Firmensitz*. Abbildung L2.7 zeigt das Ergebnis der Abfrage als Access-Tabelle.

In der Ergebnistabelle können Sie jetzt nur noch über die Bezeichnungen *Kunde* und *Firmensitz* auf die beiden Datenspalten zugreifen. Diese Funktion wird Ihnen bei der direkten Anwendung von SQL-Befehlen nicht sehr nützlich erscheinen. Das ändert sich jedoch, wenn Sie SQL-Anweisungen in andere

Programmiersprachen einbetten. Dort werden die Namen der Ergebnisspalten für die Weiterverarbeitung benötigt.

Kunde	Firmensitz
Maier KG	Dresden
Meier GmbH	Osnabrück
Mayer & Söhne GmbH	Leipzig
Müller OHG	Bad Homburg
Böger	Dresden
Hannibal	Bad Essen
Wünsche	Berlin
Rumsfeld	Freiburg

Abb. L2.7: Ergebnistabelle mit Aliasnamen (Ausschnitt)

Separate Aliasnamen für jede Spalte

Beachten Sie, dass ein Aliasname für jede Spalte separat vergeben werden muss. Spalten, für die Sie keinen Alias vergeben, werden mit ihrem ursprünglichen Namen angezeigt. Ein Beispiel:

```
SELECT Firma AS Kunde,
       PLZ,
       Ort AS Firmensitz,
       Strasse
FROM Kunden
```

Hilfreich ist die Aliasbezeichnung auch, wenn Sie mehrere Spalten der Ursprungstabelle zu einer Spalte zusammenfassen, etwa wie im folgenden Beispiel (nur Access):

```
SELECT Firma & ', '  & Ort & ', ' & Strasse AS Kunde
FROM Kunden
```

Alias für kombinierte Spalten

In diesem Beispiel setzen wir drei Spalten der Ursprungstabelle zu einer Spalte in der Ergebnistabelle zusammen. Ohne Alias würde das betreffende Datenbanksystem nicht wissen, welchen Namen es für die einzelne Ergebnisspalte vergeben soll. Schließlich sind drei Namen zu berücksichtigen.

	Kunde
	Maier KG, Dresden, Maierweg 17
	Meier GmbH, Osnabrück,
	Mayer & Söhne GmbH, Leipzig, Kleine Straße 23
	Müller OHG, Bad Homburg, Müllergasse 123
	Böger, Dresden, Großer Kamp
	Hannibal, Bad Essen,

Abb. L2.8: Zusammengesetzte Spalten mit Aliasnamen

Das Datenbanksystem erzeugt dann eine künstliche Spaltenbezeichnung, die wenig Aussagekraft hat. Erst mit dem Alias bestimmen Sie selbst, wie die Ergebnisspalte heißen soll.

Den Alias benötigen Sie auch, wenn Sie Funktionen verwenden und Datensätze gruppieren. Er wird uns daher im folgenden Text noch häufiger begegnen. Beachten Sie auch die eingefügten Kommata, diese werden als Zeichenfolgen in einfachen Anführungszeichen übergeben. Unsere Zeichenfolge besteht lediglich aus dem Komma und einem Leerzeichen. Sie können aber auch andere alphanumerische Zeichen verwenden.

Verknüpfungsoperator

Nebenbei haben wir hier schon einen Operator, den sogenannten Verknüpfungs- bzw. Verkettungsoperator (`&` oder auch `+`) kennengelernt. Das Pluszeichen dient eben nicht nur der Addition, sondern ermöglicht in Access auch die Verknüpfung von Zeichenketten. MySQL-Datenbanken verwenden dafür allerdings eine Funktion. Wir kommen noch darauf zurück.

Ausgabe sortieren

Sortierfeld bestimmen

Die Datensätze der Ergebnistabelle liegen zunächst in der Sortierung vor, in der diese in die Ursprungstabelle eingegeben wurden. Mit der Klausel `ORDER BY` lässt sich jedoch jede Spalte als Sortierfeld verwenden. Dabei bestimmen die Ergänzungen `ASC` und `DESC`, ob auf- oder absteigend sortiert werden soll. Standardmäßig ist eine aufsteigende Sortierung (`ASC` = ascending) vorgesehen. Das folgende Beispiel sortiert nach der Spalte *Firma*:

```
SELECT KundenNr, Firma, Ort
FROM Kunden
ORDER BY Firma
```

Es ist also nicht die Reihenfolge der Felder in der `SELECT`-Zeile, welche die Sortierung vorgibt.

KundenNr	Firma	Ort
5	Böger	Dresden
6	Hannibal	Bad Essen
10	Maier KG	Leipzig
1	Maier KG	Dresden
3	Mayer & Söhne GmbH	Leipzig
2	Meier GmbH	Osnabrück

Abb. L2.9: Nach dem Feld *Firma* sortierte Ergebnistabelle

Eine absteigende Sortierung kann für Datumsfelder sinnvoll sein. Die Datensätze mit den neuesten Datumswerten werden dann zuerst angezeigt. Sie müssen dazu das Schlüsselwort `DESC` verwenden:

```
SELECT KundenNr, Firma, Ort, Datum
FROM Kunden
ORDER BY Datum DESC
```

Auch bei numerischen Werten, etwa bei unserem Feld *Umsatz*, kann eine absteigende Sortierung gewünscht sein. Die Kunden mit den höchsten Umsätzen werden dann zuerst angezeigt:

```
SELECT KundenNr, Firma, Ort, Umsatz
FROM Kunden
ORDER BY Umsatz DESC
```

Die Anweisung lässt sich natürlich noch durch eine `WHERE`-Klausel ergänzen. So liefert die folgende Abfrage nur die Umsätze der Kunden aus Dresden:

```
SELECT KundenNr, Firma, Ort, Umsatz
FROM Kunden
WHERE Ort = 'Dresden'
ORDER BY Umsatz DESC
```

Beachten Sie unbedingt die Reihenfolge: Die `ORDER BY`-Klausel kommt ganz zum Schluss. Sie gehen immer in folgenden Schritten vor:

1. Liste der Spalten definieren
2. Bedingung (`WHERE`-Klausel) für Auswahl der Datensätze definieren
3. Sortierung bestimmen

Erst muss die komplette Abfrage definiert sein, inklusive der Bedingung, dann kann sortiert werden.

Sortierung über mehrere Spalten

Grundsätzlich besteht auch die Möglichkeit, über mehrere Spalten zu sortieren. Die einzelnen Spalten sind dann durch Kommata zu trennen. Die zweite Spalte kommt jedoch nur zum Zuge, wenn im ersten Sortierfeld identische Einträge enthalten sind:

```
SELECT KundenNr, Firma, Ort
FROM Kunden
ORDER BY Ort, Firma
```

Das vorstehende Beispiel sortiert zunächst nach der Spalte *Ort*. Nur wenn hier identische Einträge vorliegen, wird das Feld *Firma* berücksichtigt. Sie können natürlich auch die Reihenfolge in der Feldliste entsprechend ändern, damit die Priorität des ersten Sortierfelds sichtbar wird. Notwendig ist das jedoch nicht. Zudem lässt sich für jedes Feld die Sortierrichtung separat vorgeben. So können Sie nach dem Feld *Ort* und innerhalb des Ortes nach den höchsten Umsätzen sortieren:

```
SELECT Firma, Ort, Umsatz
FROM Kunden
ORDER BY Ort ASC, Umsatz DESC
```

Für unsere Beispieldaten erhalten Sie damit eine Ausgabe wie die aus Abbildung L2.10.

	Firma	Ort	Umsatz
	Hannibal	Bad Essen	4.200,00 €
	Müller OHG	Bad Homburg	450,00 €
	Wünsche	Berlin	1.200,00 €
	Böger	Dresden	98.333,56 €
	Maier KG	Dresden	2.312,33 €

Abb. L2.10: Sortierung nach Ort (aufsteigend) und Umsatz (absteigend)

Grundsätzlich besteht auch die Möglichkeit, über mehr als zwei Feldern zu sortieren. Das kann beispielsweise erforderlich werden, wenn Sie auf Basis einer Abfrage komplexe Reports (Berichte) erstellen wollen. Wir werden in dieser Einführung aber nicht darauf eingehen.

Zahl der Datensätze vorgeben

Eine restriktive `WHERE`-Klausel schränkt die Datensatzauswahl schon weitgehend ein. Sie haben damit aber noch keine Möglichkeit, die Zahl der Datensätze genau vorzugeben. Um nur eine bestimmte Zahl von Datensätzen zu erhalten, müssen Sie eine zusätzliche Klausel verwenden. Allerdings ist dieses Sprachelement nicht einheitlich geregelt. Unter MySQL ist dafür die Klausel `LIMIT` zuständig, während Access dafür den Begriff `TOP` verwendet. Das folgende Beispiel funktioniert unter Access. Es liefert nur die ersten drei Datensätze:

```
SELECT TOP 3 Firma, Ort, Umsatz
FROM Kunden
ORDER BY Umsatz DESC
```

Die Klausel macht normalerweise nur Sinn, wenn Sie die Datensätze sortieren oder mit einer `WHERE`-Klausel versehen. Abbildung L2.11 zeigt das Ergebnis der Abfrage.

	Firma	Ort	Umsatz
	Böger	Dresden	98.333,56 €
	Meier GmbH	Osnabrück	22.728,18 €
	Mayer & Söhne GmbH	Leipzig	15.004,55 €

Abb. L2.11: Auswahl mit der TOP-Klausel

Die Anwendung von `TOP` und `LIMIT` unterscheidet sich erheblich. `TOP` folgt direkt auf das Schlüsselwort `SELECT` und kennt nur einen Parameter: die Zahl der Datensätze. `LIMIT` wird als letzte Klausel eingesetzt und kann zwei Parameter aufnehmen, den ersten und den letzten Satz. Wenn es sich bei der Tabelle *Kunden* um eine MySQL-Tabelle handelt, erhalten Sie die ersten drei Datensätze mit der folgenden Anweisung:

```
SELECT * FROM Kunden
ORDER BY Umsatz
LIMIT 3
```

Wollen Sie einen Bereich vorgeben, sind die beiden Werte nach der `LIMIT`-Klausel durch Kommata zu trennen.

L3 Operatoren und Funktionen

In SQL-Anweisungen lassen sich auch Berechnungen vornehmen. Die Sprache verfügt zu diesem Zweck über eine Reihe von Funktionen und Operatoren, die Sie in ähnlicher Form auch in »normalen« Programmiersprachen wie beispielsweise Java finden. Der Umfang ist jedoch etwas geringer.

Ausdrücke

Im Folgenden werden wir häufig den Begriff *Ausdruck* verwenden. Darunter sind Formeln zu verstehen, die Sie vielleicht aus der Tabellenkalkulation Excel kennen. Der Ausdruck

```
4 + 5
```

besteht aus den Operanden 4 und 5 und dem Plus-Operator. Ein Ausdruck hat einen Wert (hier den Wert 9) und einen Typ (hier numerisch). Folglich sprechen wir von numerischen, alphanumerischen, logischen und Datumsausdrücken. Als Operanden können auch Funktionen dienen. Wir kommen später noch darauf zurück. Der folgende Ausdruck ist vom alphanumerischen Typ. Er verkettet mehrere Zeichenfolgen zu einer neuen Zeichenfolge:

```
'Leipzig'  + ', ' + 'Barfußgäßchen'
```

Eigentlich könnten wir schon einen schlichten Operanden, also beispielsweise den Wert 1 oder die Zeichenfolge *Leipzig*, als Ausdruck bezeichnen. Wir wollen aber etwas willkürlich darauf bestehen, dass zu einem Ausdruck auch mindestens ein Operator bzw. eine Funktion gehört. Die vorstehenden Beispiele können Sie mit fast allen Datenbanksystemen ausführen, wenn Sie davor den `SELECT`-Befehl setzen:

```
SELECT 'Leipzig'  + ', ' + 'Barfußgäßchen'
```

Unter Access und anderen Datenbanken ist auch die folgende Variante möglich:

```
SELECT 'Leipzig'  & ', ' & 'Barfußgäßchen'
```

Sehr sinnvoll ist das jedoch nicht. Ausdrücke werden Sie wohl auch häufiger in WHERE-Klauseln verwenden.

TIPP

Die vorstehenden Beispiele funktionieren ohne eine normalerweise obligate FROM-Klausel unter Access 2000. Ob dies auch für frühere Access-Versionen gilt, haben wir nicht getestet.

Operatoren

Die Operatoren unterscheiden sich üblicherweise nach dem Datentyp. So stehen mathematische, logische und relationale Operatoren (Vergleichsoperatoren) zur Verfügung. Diese werden von nahezu allen SQL-Dialekten in der gleichen Form angeboten.

Operator	Funktion
+	Addition
-	Subtraktion
*	Multiplikation
/	Division
MOD	Berechnet den Restwert einer Division (nicht in allen Datenbanksystemen verfügbar)

Tab. L3.1: Mathematische Operatoren

Operatoren verwenden Sie, um beispielsweise berechnete Felder zu erzeugen. Wie schon angedeutet, können Sie Ausdrücke direkt per SELECT-Anweisung ausführen lassen. Ein Beispiel mit mathematischen Operatoren bewirkt dann eine Berechnung:

```
SELECT 10+30*10
```

Die »Ergebnistabelle« besteht lediglich aus einer einzelnen Zelle. Wollen Sie die Bezeichnung der Spalte selbst bestimmen, müssen Sie einen Aliasnamen definieren. Die Anweisung ist dann wie folgt zu erweitern:

```
SELECT 10+30*10 AS Ergebnis
```

Um die Priorität von Teilausdrücken festzulegen, verwenden Sie runde Klammern. Das folgende Beispiel berechnet erst den Ausdruck in der Klammer, bevor dann das Ergebnis mit 10 multipliziert wird:

```
SELECT (10+30)*10 AS Ergebnis
```

Zumindest in Access und MySQL können Sie auch den `MOD`-Operator einsetzen. Dieser berechnet den Restwert einer Division. Das folgende Beispiel liefert den Restwert 1:

```
SELECT 2345 MOD 2 AS Ergebnis
```

Diese Anweisung verwendet keine Tabelle. Sie kann daher mit praktisch jeder Datenbank ausgeführt werden. Sinnvoller sind natürlich Anweisungen, die Werte aus einer Datenbank entnehmen und diese mit Hilfe von Operatoren und Funktionen manipulieren.

Berechnete Spalten

Die Ergebnistabelle kann nicht nur Spalten enthalten, die direkt einer Tabelle entstammen, sondern auch solche, die von der Abfrage erzeugt werden. Es handelt sich dann praktisch um virtuelle Spalten, die beispielsweise durch Berechnungsformeln in der SQL-Anweisung entstehen. So können Sie für unsere Kundentabelle eine Spalte in der Ergebnistabelle erzeugen, welche auf Basis der *Umsatz*-Spalte die Umsatzsteuer berechnet und ausgibt. Die erforderliche Anweisung hat folgende Form:

```
SELECT Firma, Ort, Umsatz,
       Umsatz*0.19 AS Umsatzsteuer
FROM Kunden
```

Das vorstehende Beispiel erzeugt eine Ergebnistabelle mit vier Spalten (siehe Abbildung L3.1). Die vierte Spalte (*Umsatzsteuer*) hat keine Entsprechung in der Ursprungstabelle. Es handelt sich praktisch um eine virtuelle Spalte, die in der Ergebnistabelle jedoch wie jede andere Spalte erscheint.

Firma	Ort	Umsatz	Umsatzsteuer
Maier KG	Dresden	2.312,33 €	439,3427
Meier GmbH	Osnabrück	22.728,18 €	4318,3542
Mayer & Söhne GmbH	Leipzig	15.004,55 €	2850,8645
Müller OHG	Bad Homburg	450,00 €	85,5
Böger	Dresden	98.333,56 €	18683,3764
Hannibal	Bad Essen	4.200,00 €	798

Abb. L3.1: Ergebnistabelle mit berechneter Spalte

Berechnungen sind auch in der `WHERE`-Klausel möglich. Das folgende Beispiel zeigt alle Kunden an, deren Bruttoumsatz (Umsatz plus Umsatzsteuer) über 2.000 Euro beträgt:

```
SELECT Firma, Ort, Umsatz
FROM Kunden
WHERE (Umsatz + Umsatz * 0.19) > 2000
```

Dezimalpunkt

In dieser Anweisung sollten Sie zwei Dinge beachten: Zum einen müssen Dezimalzahlen mit einem Dezimalpunkt, nicht mit einem Dezimalkomma geschrieben werden.

Ausdrücke klammern

Außerdem können Sie runde Klammern verwenden, um zusammengehörende Ausdrücke bzw. die Priorität von Teilausdrücken zu kennzeichnen. Die Bedingung verwendet zudem einen Vergleichsoperator.

Vergleichsoperatoren

Da es in Abfragen sehr häufig darum geht, Daten nach bestimmten Kriterien auszuwählen, werden Sie regelmäßig Vergleichsoperatoren benötigen. Tabelle L3.2 zeigt eine Übersicht.

Operator	Bedeutung
=	Identität, Gleichheit
<	Kleiner als
>	Größer als
<=	Kleiner oder gleich
>=	Größer oder gleich
!= oder <> (Access)	Ungleich

Tab. L3.2: Vergleichsoperatoren

Diese Operatoren setzen Sie praktisch nur in der `WHERE`-Klausel ein. Bis auf Gleichheits- und Ungleichheitsoperatoren dienen diese überwiegend numerischen Vergleichen bzw. Datumsvergleichen.

```
SELECT Firma, Name, Ort, Umsatz
FROM Kunden
WHERE Umsatz >= 10000
ORDER BY Umsatz DESC
```

Das vorstehende Beispiel liefert alle Datensätze, für die das Feld *Umsatz* einen Wert größer oder gleich 10.000 aufweist.

Vergleichsoperatoren für alle Datentypen

Grundsätzlich eignen sich die Vergleichsoperatoren für alle Datentypen. So können Sie damit auch Zeichenfolgen und Textfelder vergleichen. SQL verfügt zu diesem Zweck jedoch über spezielle Operatoren, auf die wir weiter unten noch eingehen werden.

Spezielle Vergleichsoperatoren

Für besondere Aufgaben können Sie zudem Vergleichsoperatoren einsetzen, die Sie in anderen Programmiersprachen so nicht finden. Tabelle L3.3 zeigt zunächst Operatoren, die überwiegend für Vergleiche von numerischen Daten verwendet werden.

Operator	Funktion
BETWEEN	Prüft, ob ein Wert zwischen zwei Werten liegt.
IN	Prüft, ob ein Wert in einer Liste von Werten enthalten ist.

Tab. L3.3: Vergleichsoperatoren für numerische Typen

Der Operator `BETWEEN` wird zusammen mit dem Operator `AND` eingesetzt, sodass sich beispielsweise der folgende Code ergibt:

```
SELECT Firma, Name, Ort, Umsatz
FROM Kunden
WHERE Umsatz BETWEEN 1000 AND 2000
ORDER BY Umsatz DESC
```

Ober- und Untergrenze werden in den Vergleich einbezogen. Die vorstehende Abfrage liefert daher gegebenenfalls auch die Grenzwerte 1.000 und 2.000 (siehe Abbildung L3.2). Beachten Sie, dass `BETWEEN` auch für Datumsbereiche verwendet werden kann.

Firma	Name	Ort	Umsatz
Rumsfeld	Rumsfeld	Freiburg	2.000,00 €
Wünsche	Wünsche	Berlin	1.200,00 €

Abb. L3.2: Ergebnistabelle der Abfrage mit BETWEEN

Der `IN`-Operator erwartet eine Werteliste. Dabei kann es sich um eine Liste numerischer Werte oder auch um Zeichenfolgen (Strings) handeln. Das folgende Beispiel verwendet Strings. Numerische Werte sind nicht in Anführungszeichen zu setzen.

```
SELECT Firma, Name, Ort, Kundensegment
FROM Kunden
WHERE Kundensegment IN ('Gewerbe', 'Freiberufler')
```

Beachten Sie, dass sich Ausdrücke mit `BETWEEN` und `IN` häufig auch durch die Verknüpfung einfacher logischer Ausdrücke bilden lassen. In diesem Fall sind jedoch Verknüpfungen mit logischen Operatoren erforderlich, auf die wir weiter unten erst eingehen.

Mustervergleich

Für Vergleiche mit Zeichenfolgen (Strings), insbesondere für die Prüfung auf Teilidentität, stehen spezielle String-Vergleichsoperatoren zur Verfügung, die einen Mustervergleich ermöglichen (Tabelle 3.4). Der zu vergleichende Feldinhalt muss dabei nur zum Teil mit der Zeichenfolge des Musters übereinstimmen.

Operator	Bedeutung
LIKE	Prüft, ob eine Übereinstimmung mit einem Muster besteht.
NOT LIKE	Prüft, ob keine Übereinstimmung mit einem Muster besteht.

Tab. L3.4: Operatoren für Mustervergleich

Das Muster kann verschiedene Ersatzzeichen enthalten. Diese entsprechen jedoch nicht den üblichen Symbolen, wie sie in sogenannten regulären Ausdrücken verwendet werden.

Zeichen	Bedeutung
%	Ersetzt beliebig viele Zeichen. Access unterstützt das Prozentzeichen nur bei Verwendung der Jet-Engine.
_ (Unterstrich)	Ersetzt genau ein Zeichen. Auch dieses Zeichen wird von Access normalerweise nicht unterstützt.

Tab. L3.5: Ersatzzeichen für Mustervergleich ANSI-SQL

Die in Tabelle L3.5 vorgestellten Zeichen entsprechen dem SQL-ANSI-Standard. Für Access-Abfragen sind hingegen die in Tabelle 3.6 gezeigten Platzhalter zu verwenden.

Zeichen	Bedeutung
*	Ersetzt beliebig viele Zeichen.
?	Ersetzt genau ein Zeichen.

Tab. L3.6: Ersatzzeichen für Mustervergleich Access-SQL

Sehr hilfreich ist das Prozentzeichen (in Access das Zeichen *), weil es im Vergleichsmuster auch mehrfach vorkommen darf. Die folgende Anweisung liefert alle Datensätze, bei denen an einer beliebigen Stelle im Feld *Firma* der Wortteil *GmbH* enthalten ist (nur MySQL):

```
SELECT Firma, Name, Ort, Umsatz
FROM Kunden
WHERE Firma LIKE '%GmbH%'
```

Für Access ist die `WHERE`-Klausel wie folgt zu formulieren:

```
WHERE Firma LIKE '*GmbH*'
```

Auch der Unterstrich lässt sich im Ausdruck mehrfach verwenden. Jeder Unterstrich steht dann für genau ein Zeichen. In diesem Fall muss aber die Zahl der Zeichen mit der Zahl der Musterzeichen genau übereinstimmen. Sinnvoller sind sicher Muster, die beide Ersatzzeichen kombinieren. Das folgende Beispiel findet unabhängig von der Schreibweise alle Maier, soweit diese als GmbH firmieren:

```
SELECT Firma, Name, Ort, Umsatz
FROM Kunden
WHERE Firma LIKE 'M__er%GmbH%'
```

Das mittlere Prozentzeichen sorgt dafür, dass zwischen *Maier* und *GmbH* eine beliebige Anzahl von Zeichen stehen kann. Auch zusammengesetzte Firmenbezeichnungen wie *Maier&Söhne GmbH* werden daher mit diesem Muster herausgefiltert. Die entsprechende Access-Variante der `WHERE`-Klausel hat folgende Form:

```
WHERE Firma LIKE 'M??er*GmbH*'
```

Grundsätzlich können Sie das Vergleichsmuster auch in doppelte Anführungszeichen setzen. Zumindest mit Access sollte das keine Probleme bereiten.

Logische Operatoren

Wie in fast allen Programmiersprachen üblich, können Sie Bedingungen mit Hilfe von logischen Operatoren zu komplexeren Bedingungen verknüpfen. Tabelle L3.7 zeigt die in SQL verfügbaren logischen Operatoren.

Operator	Bedeutung
AND	Liefert den Wahrheitswert wahr (true), wenn beide Teilbedingungen logisch wahr sind.
OR	Liefert den Wahrheitswert true, wenn mindestens eine Teilbedingung logisch wahr ist.
NOT	Kehrt den Wahrheitswert eines logischen Ausdrucks um.

Tab. L3.7: Logische Operatoren

Wenn Sie die zuletzt gezeigte Anweisung um eine zusätzliche Bedingung erweitern, erhalten Sie beispielsweise den folgenden Code (Access):

```
SELECT Firma, Name, Ort, Umsatz
FROM Kunden
WHERE Firma LIKE 'M??er*' AND Umsatz > 5000
```

Verknüpfen Sie mehr als zwei Bedingungen, müssen Sie eventuell runde Klammern einsetzen, um die Priorität bestimmter Teilausdrücke festzulegen. Die folgenden beiden WHERE-Klauseln liefern unterschiedliche Ergebnisse, weil wir die Klammern anders gesetzt haben, obwohl beide Ausdrücke sonst identisch sind:

```
...
WHERE (Firma LIKE 'M??er*' OR Firma LIKE 'Müller*')
      AND Umsatz > 5000
```

...
```
WHERE Firma LIKE 'M??er*' OR (Firma LIKE 'Müller*'
       AND Umsatz > 5000)
```

Der erste Ausdruck sucht alle Maiers und Müllers, soweit diese mehr als 5.000 Euro Umsatz gemacht haben. Der zweite Ausdruck liefert hingegen alle Maiers, unabhängig von deren Umsatz, und alle Müllers mit mehr als 5.000 Euro Umsatz.

Firma	Name	Ort	Umsatz
Meier GmbH	Müller	Osnabrück	22.728,18 €
Mayer & Söhne GmbH	Schulze	Leipzig	15.004,55 €

Firma	Name	Ort	Umsatz
Maier KG	Maier	Dresden	2.312,33 €
Meier GmbH	Müller	Osnabrück	22.728,18 €

Abb. L3.3: Unterschiedliche Ergebnismengen durch Klammerung

Abbildung L3.3 zeigt die Unterschiede der Ergebnismengen. Die Klammerung sollten Sie also sehr überlegt einsetzen. Es kann sinnvoll sein, komplexe Bedingungen nach und nach aufzubauen und schon die Einzelschritte zu testen.

TIPP

> Die korrekte Abarbeitung von logisch verknüpften Teilbedingungen ist für Abfragen sehr wichtig. Wir werden daher in Kapitel 4 *Komplexe SQL-Ausdrücke* nochmals darauf zu sprechen kommen.

Negation mit NOT

Wollen Sie alle Firmen ermitteln, die keine Maiers sind, verwenden Sie am besten den NOT-Operator:

```
SELECT * FROM Kunden
WHERE NOT Firma LIKE "M??er*"
```

Der NOT-Operator kann ebenfalls Klammern erfordern, wenn er sich auf einen verknüpften Ausdruck bezieht. Zudem können Sie die WHERE-Klausel auch wie folgt schreiben:

```
WHERE  Firma NOT LIKE "M??er*"
```

Der `NOT`-Operator kann also auch vor dem `LIKE`-Operator stehen. Beachten Sie, dass wir für diese Beispiele die Access-Variante verwendet haben. Auf anderen Systemen müssen Sie den Unterstrich (statt ?) und das Prozentzeichen (statt *) verwenden.

Ungleich-Operator

Als Ersatz für `NOT LIKE` können Sie unter bestimmten Umständen zudem den Ungleich-Operator (<>) verwenden, der eigentlich für numerische Werte und Datumswerte vorgesehen ist. Da keine Ersatzzeichen zulässig sind, eignet sich dieser Operator nur für exakte Vergleiche, etwa mit dem Feld *Ort*:

```
SELECT *
FROM Kunden
WHERE Ort <> 'Dresden'
```

So liefert das vorstehende Beispiel alle Datensätze mit Ausnahme der Kunden aus Dresden. Bezüglich der Verwendung mit Textfeldern ist der Ungleich-Operator also nicht sehr leistungsfähig.

Der Wert NULL

SQL kennt eine nicht ganz unproblematische Besonderheit: den Wert `NULL`. Dieser Wert, der in Vergleichen ebenfalls vorkommen kann, ist eigentlich keinem der schon vorgestellten Datentypen zuzuordnen. Er steht für einen nicht definierten Wert bzw. für einen leeren Feldinhalt. Wichtig ist vor allem, dass mit dem Wert `NULL` nicht der numerische Wert 0 gemeint ist und auch nicht die leere Zeichenfolge "". Der Wert `NULL` kann jedoch mit jedem Datentyp verglichen werden. Dafür sind die in Tabelle L3.8 gezeigten Operatoren definiert.

Operator	Bedeutung
IS NULL	Vergleicht einen Wert bzw. ein Feld mit dem Wert `NULL` und liefert bei Übereinstimmung den Wahrheitswert wahr (true).

Operator	Bedeutung
IS NOT NULL	Vergleicht einen Wert bzw. ein Feld mit dem Wert NULL und liefert bei Übereinstimmung den Wahrheitswert falsch (false).

Tab. L3.8: Operatoren für den Vergleich mit dem Wert NULL

Mit den Operatoren ist beispielsweise ein Vergleich wie in der WHERE-Klausel des folgenden Beispiels möglich:

```
SELECT Firma, Ort, Umsatz
FROM Kunden
WHERE Strasse IS NULL
```

Hier vergleichen wir den Wert des Felds *Strasse* mit dem Wert NULL. Die Anweisung liefert alle Kunden, für die im Feld *Strasse* kein Eintrag vorgenommen wurde. Diese Prüfung funktioniert in Access nur mit Textfeldern. Numerische Felder werden von Access mit dem Wert 0 vorbelegt und haben daher von Anfang an einen bestimmten Wert.

NULL ausschließen

Wichtig! Der Wert NULL kann bei der Definition einer Tabelle für einzelne Spalten ausgeschlossen werden. Unser vorstehendes Beispiel liefert dann keine Datensätze, weil Spalten, für die der Wert NULL nicht zugelassen wurde, mit dem Wert 0 bzw. einer leeren Zeichenfolge vorbelegt werden.

Funktionen

Funktionen sind Rechenanweisungen, die (in der Regel) Parameter erwarten und die einen Wert zurückgeben. Der Datentyp des Rückgabewerts bestimmt auch den Typ der Funktionen. Die Parameter, auch Argumente genannt, werden in runden Klammern übergeben. Die Funktion SQRT erzeugt beispielsweise die Quadratwurzel. Als Parameter erwartet sie den Wert, aus dem die Wurzel gezogen werden soll:

```
SQRT(144)
```

Um die Funktion zu testen, können Sie den SELECT-Befehl davorsetzen. Die folgende Anweisung berechnet den Funktionswert (allerdings nur mit MySQL, nicht mit Access):

```
SELECT SQRT(144)
```

Bei den SQL-Funktionen ist zunächst zwischen »normalen« Funktionen und den sogenannten Aggregatfunktionen zu unterscheiden. Letztere fassen die Werte ganzer Spalten zusammen, etwa indem sie die Summe oder den Durchschnittswert der Spaltenwerte ermitteln. Weiter unten gehen wir auf diese Funktionen noch ausführlich ein. Die »normalen« Funktionen setzen Sie in der Feldliste des SELECT-Befehls und in der WHERE-Klausel ein. Diese modifizieren Werte in der Ergebnistabelle. Die folgende Anweisung modifiziert die Ausgabe des Firmennamens. Die Funktion UPPER sorgt dafür, dass dieser nun in Großbuchstaben angezeigt wird.

```
SELECT UPPER(Firma)
FROM Kunden
```

Access geht wieder eigene Wege und verwendet statt der Funktion UPPER die Funktion UCASE:

```
SELECT UCASE(Firma)
FROM Kunden
```

Die Ausgabe (Abbildung L3.4) hat keinerlei Einfluss auf die in der Kundentabelle gespeicherten Daten. Diese behalten ihre ursprüngliche Schreibweise bei.

	Expr1000
	MAIER KG
	MEIER GMBH
	MAYER & SÖHNE GMBH
	MÜLLER OHG
	BÖGER

Abb. L3.4: Umwandlung in Großbuchstaben mit UPPER (bzw. UCASE)

Für WHERE-Klauseln sind Funktionen oft noch wichtiger. Hier können sie beispielsweise helfen, fehlerhafte Ergebnisse zu vermeiden. Das gilt insbesondere für die Datumsfunktionen, auf die wir später noch ausführlich eingehen.

Wie auch in anderen Programmiersprachen lassen sich mathematische, logische, Datums- und String-Funktionen (Zeichenketten-Funktionen) unterscheiden. In einer fünften Gruppe fassen wir sonstige Funktionen zusammen.

TIPP

Funktionen, insbesondere mathematische Funktionen, lassen sich mit unserer Kundentabelle nur begrenzt einsetzen. Um halbwegs sinnvolle Anwendungsfälle präsentieren zu können, verwenden wir daher im Folgenden häufiger eine *Artikel*-Tabelle. Deren Struktur können Sie im Anhang nachschlagen.

Mathematische Funktionen

Da der Umfang der generell von SQL 92 unterstützten mathematischen Funktionen recht groß ist, zeigt Tabelle L3.9 zunächst nur einen kleinen Ausschnitt. Insbesondere die trigonometrischen Funktionen fehlen in dieser Übersicht. Aber auch die hier genannten Funktionen werden nicht von allen Datenbanksystemen unterstützt. Besonders Access verwendet oft etwas abweichende Namen. So findet sich hier die schon vorgestellte Funktion zum Errechnen der Quadratwurzel beispielsweise unter der Bezeichnung `SQR`.

```
SELECT SQR(144)
```

Die meisten SQL-Server sollten jedoch mit den folgenden Funktionen und den noch vorzustellenden problemlos zurechtkommen. Im Zweifelsfall werden Sie aber die Dokumentation zu Rate ziehen müssen, um herauszufinden, welche Funktionen in Ihrem Datenbanksystem zur Verfügung stehen.

Funktion	Bedeutung
ABS	Liefert den Absolutwert einer Zahl.
CEILING	Liefert die kleinste Ganzzahl (Integer), die nicht kleiner ist als ein vorgegebener Wert. Die Funktion ist in Access nicht enthalten.
FLOOR	Liefert die größte Ganzzahl (Integer), die nicht größer ist als ein vorgegebener Wert. Die Funktion ist in Access nicht enthalten.
INT	Liefert den ganzzahligen Anteil einer Dezimalzahl. Die Dezimalstellen werden also praktisch abgeschnitten.
LOG	Ermittelt den natürlichen Logarithmus eines Werts.
MOD	Liefert den Rest einer ganzzahligen Division.
POW POWER	Potenziert einen Wert. Die Funktion ist in Access nicht enthalten. MySQL unterstützt beide Varianten.
ROUND	Rundet einen Wert auf eine Ganzzahl oder eine Dezimalzahl auf oder ab. Die Funktion existiert in zwei Varianten. Bei der zweiten Variante kann die Zahl der Nachkommastellen angegeben werden, auf die auf- oder abgerundet werden soll.
SQRT	Liefert die Quadratwurzel. Die Funktion ist in Access nicht enthalten. Sie müssen stattdessen die Funktion SQR verwenden.

Tab. L3.9: Mathematische Funktionen

Wie Sie aus der Tabelle ersehen, werden viele SQL-Funktionen von Access nicht unterstützt. Allerdings bedeutet das nicht, dass Access in SQL-Anweisungen nur sehr wenige Funktionen erlaubt.

Funktionen in Access

Access erlaubt in SQL-Anweisungen sogar sehr viele Funktionen. Diese unterscheiden sich jedoch in der Benennung von den üblichen SQL-Funktionen. Da es uns in diesem Buch um SQL und nicht um Access geht, verzichten wir auf die Darstellung der meisten Access-Funktionen. Einige der folgenden Beispiele können Sie daher nur ausprobieren, wenn Sie mit einem anderen Datenbanksystem, beispielsweise MySQL, arbeiten.

Potenzieren

Bis auf die zweite Variante von `ROUND` und die Funktion `POWER` kommen alle in Tabelle L3.9 genannten Funktionen mit einem Argument aus: dem zu bearbeitenden Wert. `POWER` erwartet im ersten Argument die zu potenzierende Zahl und im zweiten die Potenz:

```
SELECT POWER(100, 2);
```

Wenn zwei oder mehr Argumente benötigt werden, sind diese, wie vorstehend gezeigt, durch Kommata zu trennen. Als Argumente verwenden Sie in der Regel die Namen bestimmter Spalten. Diese dürfen natürlich auch nur Zahlenwerte enthalten. In unseren Beispieltabellen kommen dafür Felder wie *Umsatz* oder *Preis* in Betracht. Es dürfte allerdings nicht sehr sinnvoll sein, solche Werte zu potenzieren. Die vorstehende Anweisung funktioniert nicht mit Access. Wenn Sie dafür MySQL verwenden, müssen Sie auf das abschließende Semikolon achten.

Modulo – Rest einer Division ermitteln

Mit der Funktion `MOD` erhalten Sie den Rest einer Division. Diese Funktion steht beispielsweise unter MySQL zur Verfügung. Hier können Sie die folgende Zeile ausführen:

```
SELECT MOD(10, 3)
```

Die Anweisung teilt den Wert 10 durch den Wert 3 und liefert als Ergebnis den Wert 1. Unter Access müssen Sie `MOD` als Operator verwenden. Die Anweisung hat dann folgende Form:

```
SELECT 10 MOD 3
```

Auch unter MySQL können Sie an Stelle der Funktion den gleichnamigen Operator einsetzen.

Zahlenwerte runden

In geschäftlichen Anwendungen ist eher die Funktion `ROUND` von Interesse, weil sie möglich macht, Berechnungen durchzuführen und die Werte mit der korrekten Anzahl von Dezimalstellen darzustellen. Die Funktion benötigt zwei Argumente:

```
ROUND(Wert, Dezimalstellen)
```

Im ersten Argument ist der Ausdruck anzugeben, dessen Wert gerundet werden soll. Im zweiten Argument bestimmen Sie die Anzahl der Dezimalstellen. Ein Beispiel:

```
SELECT Artikelname, Preis,
       ROUND(Preis*0.16, 2) As Mehrwertsteuer
FROM Artikel
```

Beachten Sie, dass nicht alle Funktionen von allen SQL-Datenbanken unterstützt werden. Die vorstehende Anweisung können Sie zumindest mit Access und MySQL verwenden.

Sinnvolle Rundungen

Beachten Sie auch, dass es wenig Sinn macht, ein Feld vom Typ *Währung*, etwa unser *Umsatz*-Feld, auf zwei Dezimalstellen runden zu wollen. Solche Felder sind bereits mit einer internen Formatierung ausgestattet, die für eine passende Rundung sorgt. Hier kann es allerdings Sinn machen, nur den jeweils ganzzahligen Anteil des Umsatzes auszugeben oder gar auf volle Tausenderbeträge abzurunden. Der Firmenvorstand will vielleicht nicht unbedingt wissen, dass der Kunde Maier einen Umsatz von 256.637 Euro verursacht hat. Die genaue Zahl ist nur für die Rechnungsstellung wichtig. Auch für Marketing- und Vertriebsaktionen genügt bereits die Information, dass es mehr als 250.000 Euro waren. Solche Zahlen sind schneller zu überblicken und lassen sich auch leichter vergleichen. Die folgende SQL-Anweisung gibt die Werte des *Umsatz*-Felds nur als Tausender aus:

```
SELECT Firma, Ort,
       ROUND(Umsatz/1000, 0)*1000 AS Umsatz2007
FROM Kunden
ORDER BY Umsatz DESC
```

Diese Anweisung ist schon etwas komplizierter. Sie demonstriert aber recht deutlich das Leistungsvermögen der SQL-Funktionen. Abbildung L3.5 zeigt, wie die Umsatzwerte der Tabelle *Kunden* (hintere Tabelle) interpretiert werden. Die vordere Tabelle zeigt die Abfrageergebnisse.

Firma	Ort	Umsatz
Böger	Dresden	98.333,56 €
Meier GmbH	Osnabrück	22.728,18 €
Mayer & Söhne GmbH	Leipzig	15.004,55 €

Firma	Ort	Umsatz2007
Böger	Dresden	98000
Meier GmbH	Osnabrück	23000
Mayer & Söhne GmbH	Leipzig	15000

Abb. L3.5: Originaltabelle und Abfragedaten (Teilansicht)

Da der Ausdruck, der zu diesem Ergebnis geführt hat, für Einsteiger nicht ganz einfach zu interpretieren ist, wollen wir ihn etwas genauer betrachten. Zunächst teilen wir den Wert des Felds *Umsatz* durch den Wert 1000:

```
Umsatz/1000
```

Aus dem Wert 22.728,18 wird so der Wert 22,72818. Diesen Teilausdruck setzen wir nun als erstes Argument in die Funktion `ROUND` ein. Als zweites Argument der Funktion verwenden wir den Wert 0. Damit erhalten wir einen auf- bzw. abgerundeten Wert ohne Dezimalzahlen:

```
ROUND(Umsatz/1000, 0)
```

Statt des ursprünglichen Werts (22.728,18) liefert dieser Ausdruck den aufgerundeten Wert 23. Wenn wir diesen wieder mit 1.000 multiplizieren, ergibt sich der Wert 23.000. Da wir in der Ergebnistabelle nicht das Feld *Umsatz* erhalten, sondern ein berechnetes Feld, ist es sinnvoll, dafür auch noch einen eigenen Namen zu vergeben:

```
ROUND(Umsatz/1000, 0)*1000 AS Umsatz2007
```

Wir haben hier die Bezeichnung *Umsatz2007* gewählt, weil der Name *Umsatz* schon für ein reales Feld verwendet wird und daher nicht als Aliasname zur Verfügung steht.

Zeichenketten-Funktionen

Sehr umfangreich sind auch die Funktionen zur Bearbeitung von Zeichenketten (String-Bearbeitung), von denen Tabelle L3.10 ebenfalls nur eine Auswahl zeigt.

Funktion	Bedeutung
ASCII	Ermittelt den ASCII-Code eines Zeichens. Wird ein String als Argument übergeben, liefert die Funktion den ASCII-Wert des ersten Zeichens. Viele Datenbanksysteme verwenden an Stelle der ASCII-Funktion die Funktion `ASC`.
CHARACTER_LENGTH / LEN	Ermittelt die Länge einer Zeichenfolge. Häufig finden Sie stattdessen die Funktion `LEN`, die den gleichen Zweck erfüllt.
CONVERT	Konvertiert Daten eines Typs in einen anderen Typ (nur MySQL).
POSITION / INSTR	Ermittelt, ob ein String in einem anderen String enthalten ist, und liefert dessen Position. MySQL und Access verwenden die Funktion `INSTR`.
LEFT	Liefert einen Teilstring aus einem anderen String, beginnend beim ersten Zeichen.
LOWER / LCASE	Verwandelt alle Buchstaben eines Strings in Kleinbuchstaben.
SUBSTRING / MID	Liefert einen Teilstring aus einem String. Access verwendet die Funktion `MID`, die auch von MySQL unterstützt wird.

Funktion	Bedeutung
TRIM	Entfernt führende und folgende Leerzeichen.
UPPER / UCASE	Verwandelt alle Buchstaben eines Strings in Großbuchstaben.

Tab. L3.10: Zeichenketten-Funktionen (String-Funktionen)

Je nach Funktion erhalten Sie als Rückgabewert einen numerischen Wert oder wieder eine Zeichenfolge. Das folgende Beispiel ermittelt die Länge der Einträge im Feld *Firma*:

```
SELECT CHARACTER_LENGTH(Firma)
FROM Kunden
```

Für MySQL- und Access-Abfragen werden Sie die folgende Variante verwenden müssen:

```
SELECT LEN(Firma)
FROM Kunden
```

Sehr sinnvoll ist dieses Beispiel sicher nicht. Als Ergebnis erhalten Sie lediglich eine Spalte mit lauter numerischen Werten. Bestimmte Funktionen, und dazu gehört eben auch `CHARACTER_LENGTH`, werden erst in komplexen Verschachtelungen sinnvoll. Wir werden weiter unten darauf eingehen. Hilfreicher sind zunächst Funktionen wie `POSITION`, `LEFT`, `TRIM` und `UPPER`.

Teilstringvergleich

Die Funktion `INSTR` kann ähnliche Aufgaben erfüllen wie der schon vorgestellte `LIKE`-Operator. Die Funktion erwartet zwei Argumente:

```
INSTR (Zu durchsuchender Text, Suchmuster)
```

Im ersten Argument ist die zu durchsuchende Zeichenfolge zu übergeben, im zweiten das Muster, nach dessen Vorkommen gesucht werden soll. Kann das Muster gefunden werden, liefert die Funktion dessen Position. Im folgenden Beispiel sucht die

Funktion in der ersten Zeichenfolge nach der Position des Worts »Bad«:

```
SELECT INSTR('Bad Essen', 'Bad')
```

Die Zählung beginnt dabei mit dem Wert 1. Wird keine Übereinstimmung gefunden, liefert die Funktion den Wert 0. Nur deshalb lässt sich die Bedingung wie im folgenden Beispiel definieren.

```
SELECT Firma, Ort, Umsatz
FROM Kunden
WHERE INSTR(Ort, 'Bad')
```

SQL betrachtet Werte ungleich 0 als true. Normalerweise müssten Sie die WHERE-Klausel wie folgt schreiben:

```
... WHERE INSTR(Ort, 'Bad') > 0
```

Das Beispiel liefert alle Orte, die mit dem Wort »Bad« beginnen. Allerdings erhalten Sie damit auch Orte wie Baden-Baden angezeigt, weil auch darin die Zeichenfolge *Bad* enthalten ist. Um das auszuschließen, müssen Sie dem Suchmuster nur noch ein Leerzeichen hinzufügen:

```
... WHERE INSTR(Ort, 'Bad ')
```

Es sollte aber auch wirklich nur ein Leerzeichen sein, weil schon das zweite den Vergleich scheitern lässt.

Teilstringermittlung

Die Funktionen LEFT und SUBSTRING (bzw. MID) können nützlich sein, wenn es darum geht, aus einer Zeichenfolge nur einen Ausschnitt anzuzeigen. Im ersten Argument der Funktion LEFT ist der String zu übergeben, aus dem ein Teilstring herausgeschnitten werden soll. Im zweiten Argument geben Sie die Zahl der Zeichen an, die Sie erhalten wollen.

Alias für berechnete Felder

Beachten Sie im folgenden Beispiel auch den Aliasnamen. Wenn Sie eine Funktion in der Feldliste der SELECT-Anweisung verwenden, erhalten Sie immer ein berechnetes Feld. In der

Ergebnistabelle erscheint dann als Spaltenüberschrift nicht mehr der Feldname, den Sie in der Funktion verwendet haben, sondern die Formel (MySQL) oder ein Ausdruck wie beispielsweise *Exprn* (Access). Um für die Weiterverarbeitung einen brauchbaren Namen zu erhalten, sollten Sie unbedingt einen eigenen Namen vergeben.

```
SELECT LEFT(Artikelname, 10) AS Artikel, Preis
FROM Artikel
```

Sinnvoller ist vielleicht die folgende Abfrage, welche die Kunden nach Postleitzahlgebieten sortiert ausgibt:

```
SELECT Firma, Ort, Umsatz,
       LEFT(PLZ, 1) AS PLZGebiet
FROM Kunden
ORDER BY PLZ
```

Sie erhalten damit eine Ausgabe wie die in Abbildung L3.6. Die Funktion `LEFT` lässt sich eigentlich auch auf numerische Felder anwenden. Sehr sinnvoll ist das jedoch nicht. Unser Feld *PLZ* ist vom Typ *Text* (`CHAR`) und deshalb besser für den Einsatz von `LEFT` geeignet.

Firma	Ort	Umsatz	PLZGebiet
Hannibal	Bad Essen	4.200,00 €	4
Schulze	Köln	0,00 €	5
Müller OHG	Bad Homburg	450,00 €	5
Rumsfeld	Freiburg	2.000,00 €	7

Abb. L3.6: Datensätze nach PLZ-Gebiet ausgeben

Die Funktion `SUBSTRING` benötigt drei Argumente. Im ersten Argument muss wieder der String erscheinen, aus dem ein Teil herausgeschnitten werden soll. Das zweite Argument bestimmt die Startposition. Wenn Sie dieses Argument auf den Wert 1 setzen, entspricht die `SUBSTRING`-Funktion in der Wirkung der `LEFT`-Funktion. Der Ausschnitt beginnt dann beim ersten Zeichen. Das dritte Argument bestimmt die Länge des auszuschneidenden Strings.

```
SUBSTRING(Zeichenfolge, Start, Länge)
```

Beachten Sie, dass Access die Funktion SUBSTRING nicht kennt. Sie müssen stattdessen die Funktion MID verwenden, welche die gleichen Aufgaben erfüllt und auch die gleichen Argumente erwartet. Die Funktion MID steht auch in MySQL zur Verfügung. Die folgende Anweisung funktioniert daher mit beiden Datenbanken:

```
SELECT  MID('peter.pan@t-online.de', 11, 20)
        AS Provider
```

Die Zeile ermittelt aus einer E-Mail-Adresse den Provider. Eine Tabellenspalte haben wir hier nicht als Argument eingesetzt, weil es wenig Sinn macht, aus einem Spaltenwert einen bestimmten Teil auszuschneiden. Die Funktionen LEFT und MID (bzw. SUBSTRING) werden Sie selten allein verwenden. Häufiger kommen diese in komplexen Ausdrücken mit verschachtelten Funktionen zum Einsatz. In Kapitel 4 *Komplexe SQL-Ausdrücke* stellen wir einige Anweisungen zu diesem Thema vor.

Werte trimmen

Die Trimm-Funktionen bewirken, dass überflüssige Leerzeichen am Anfang oder Ende einer Zeichenfolge entfernt werden. Diese Funktionen können bei der Formatierung der Ausgabe sinnvoll sein, wenn Einträge möglicherweise Leerzeichen enthalten. So akzeptiert Access beispielsweise Eingaben mit führenden Leerzeichen. Wenn Sie die entsprechende Spalte in einer Abfrage verwenden, erhalten Sie auch dieses Leerzeichen angezeigt. Die folgende Anweisung unterdrückt solche Leerzeichen für das Feld *Firma*:

```
SELECT TRIM(Firma)
FROM Kunden;
```

Wichtiger ist jedoch die Verwendung in der WHERE-Klausel. Wenn Sie in die Kundentabelle einen Maier mit einem führenden Leerzeichen aufgenommen haben, werden Sie ihn mit der folgenden Anweisung nicht finden:

```
SELECT Name, Ort
FROM Kunden
WHERE Name = 'Maier'
```

Erst die folgende Änderung der `WHERE`-Klausel bewirkt, dass der gewünschte Kunde gefunden wird:

```
...
WHERE TRIM(Name) = 'Maier'
```

Beachten Sie, dass viele Datenbankanwendungen automatisch dafür sorgen, dass keine führenden Leerzeichen in die Datenbank geschrieben werden. Die `TRIM`-Funktion sollte daher in den meisten Fällen entbehrlich sein. Zumindest bei fremden Daten können Sie sich aber nicht immer darauf verlassen. In solchen Fällen bietet die Trimmung einen guten Schutz vor fehlerhaften Abfrageergebnissen.

Datumsfunktionen

Die Behandlung von Datumswerten gehört zu den Techniken, die der SQL-Programmierer besonders häufig benötigt und die immer wieder für negative Überraschungen sorgen. Da die Datumsverarbeitung auf dem amerikanischen Format (Jahr-Monat-Tag) basiert, ist sie im europäischen Raum recht fehlerträchtig.

Datumswert als Kriterium

Wenn Sie den Datumswert direkt als Kriterium, etwa in einer `WHERE`-Klausel, verwenden, müssen Sie bei den meisten Datenbanken das amerikanische Format eingeben. Die Übergabe kann grundsätzlich als String erfolgen. Access erwartet jedoch einen String, der in Nummernzeichen einzuschließen ist, während andere Datenbanken mit den üblichen Anführungszeichen auskommen. Ein Beispiel mit Access hat folgende Form:

```
SELECT Firma, Ort, Datum
FROM Kunden
WHERE Datum = #2007-12-15#
```

Die Anweisung, die in dieser Form nicht unter MySQL funktioniert, liefert alle Kunden, die zu einem bestimmten Zeitpunkt in die Datenbank aufgenommen wurden (Abbildung L3.7).

Firma	Ort	Datum
Maier KG	Dresden	15.12.2007
Mayer & Söhne GmbH	Leipzig	15.12.2007
Böger	Dresden	15.12.2007

Abb. L3.7: Abfrageergebnis mit Datumsangabe

Zumindest Access akzeptiert auch das deutsche Format (Tag-Monat-Jahr). Sie müssen jedoch auf den Punkt als Trennzeichen verzichten und stattdessen den Schrägstrich oder den Bindestrich verwenden. Führende Nullen müssen nicht angegeben werden, sodass (in Access) unter anderem folgende Formate möglich sind:

`27-03-07` oder `27/03/07`

`27-03-2007`

`27-3-07`

`2007-03-27`

`2007-3-27`

Bei Verwendung des amerikanischen Formats erwartet die deutsche Access-Version jedoch die Angabe einer vierstelligen Jahreszahl. Für andere Datenbanksysteme (beispielsweise MySQL) bilden Sie den String mit den üblichen Anführungszeichen:

```
SELECT Firma, Ort, Datum
FROM Kunden
WHERE Datum = '2007-11-17'
```

Die Bearbeitung von Datumswerten kann mit Hilfe spezieller Funktionen erfolgen. Tabelle L3.11 zeigt lediglich eine Auswahl der verfügbaren Datumsfunktionen. Auch hier gilt wieder, dass die Funktionen in dieser Form nicht in allen SQL-Dialekten zu finden sind.

Funktion	Bedeutung
DATE CURRENT_DATE	Ermittelt das aktuelle Datum (Access). Unter MySQL können Sie die Funktionen CURRENT_DATE, CURDATE, SYSDATE und NOW verwenden.
DAYOFMONTH	Ermittelt den Tag des Monats.
DAYNAME	Ermittelt den Namen des Wochentags.
MONTH	Ermittelt den Monat als numerischen Wert.
MONTHNAME	Ermittelt den Monatsnamen.
QUARTER	Ermittelt das Quartal.
YEAR	Ermittelt das Jahr.

Tab. L3.11: Datumsfunktionen

Die Anwendung der Funktionen setzt ein gültiges Datum voraus, das Sie beispielsweise aus einer Datentabelle erhalten, soweit diese über eine Datumsspalte verfügt.

```
SELECT Firma,
       Ort,
       YEAR(Datum) AS Kunde_seit
FROM Kunden
```

Die Anweisung liefert eine Ergebnistabelle wie die aus Abbildung L3.8. Sie erhalten damit grundsätzlich eine vierstellige Jahreszahl angezeigt.

Firma	Ort	Kunde_seit
Maier KG	Dresden	2007
Meier GmbH	Osnabrück	2008
Mayer & Söhne GmbH	Leipzig	2007
Müller OHG	Bad Homburg	2008

Abb. L3.8: Jahreszahl aus einem Datum ermitteln

Das Datum können Sie auch als String übergeben. In diesem Fall verwenden Sie den Datums-String als Funktionsargument, weswegen auch Access normale Anführungszeichen erwartet. Diese Option nutzen Sie vorzugsweise für die Formulierung von WHERE-Bedingungen:

```
SELECT Firma, Ort, Datum
FROM Kunden
WHERE YEAR(Datum) > YEAR('2007-03-15')
```

Beachten Sie die etwas hinterhältige Fragestellung: In der Bedingung wird ein komplettes Datum angegeben; wir fragen aber tatsächlich nur, ob das Jahr des Spaltenwerts größer als das Jahr des Datums im Kriterium ist. Korrekter wäre wohl eine WHERE-Klausel wie die folgende:

```
WHERE YEAR(Datum) > 2007
```

Da die Funktion YEAR einen numerischen Wert liefert, eben das vierstellige Jahr, können wir auch gleich die Jahreszahl als Kriterium einsetzen.

Das Tagesdatum als Kriterium

Nicht selten wird für Vergleiche das Tagesdatum benötigt. Dieses erhalten Sie mit der Funktion DATE. Beachten Sie, dass es sich dabei um das Systemdatum Ihres Rechners handelt. Sie können also nur ein korrektes Tagesdatum erhalten, wenn Sie dafür sorgen, dass auf Ihrem Rechner auch immer das korrekte Datum eingestellt ist. Die folgende Anweisung gibt das Tagesdatum aus:

```
SELECT Date()
```

Je nach Datenbanksystem bzw. Datentyp erhalten Sie nur den Datumswert (Access) oder einen kombinierten Datums- und Zeitwert. In Vergleichen können Sie die DATE-Funktion als Kriterium verwenden:

```
SELECT Firma, Datum
FROM Kunden
WHERE Datum = DATE()
```

Unter MySQL können Sie die `WHERE`-Klausel mit Hilfe der `NOW`-Funktion formulieren:

```
SELECT Firma, Datum
FROM Kunden
WHERE Datum = NOW()
```

TIPP

Mit dem Datum muss häufig auch gerechnet werden, etwa um Zahlungsfristen zu ermitteln. Einen entsprechenden Textabschnitt finden Sie im folgenden Kapitel *Komplexe SQL-Ausdrücke*.

L4 Komplexe SQL-Ausdrücke

In diesem Kapitel wollen wir das bisher Gelernte vertiefen. Wir gehen dabei besonders auf komplexe Ausdrücke in `SELECT`-Anweisungen und hier insbesondere auf Bedingungen in der `WHERE`-Klausel ein.

WHERE-Klausel

Die `WHERE`-Klausel wurde schon mehrfach angesprochen. Sie ist die wohl wichtigste Klausel in komplexeren SQL-Anweisungen. Nur die `WHERE`-Klausel bestimmt, welche Datensätze überhaupt berücksichtigt werden. Das gilt nicht allein für die einfache Ausgabe mit `SELECT`, sondern auch für das problematische Löschen und die Änderung von Datensätzen. Entsprechend komplex kann die Bedingung sein, mit der die Datensätze ausgewählt werden.

Bedingungen kombinieren

Eine Bedingung kann sich gleichzeitig auf mehrere Felder beziehen oder auch mehrere Kriterien für ein Feld enthalten. Teilbedingungen sind dann, wie schon früher gezeigt, mit logischen Operatoren (`AND`, `OR`) zu verknüpfen.

Verknüpfung mit OR

Die folgende Anweisung lässt beispielsweise nur Datensätze zu, die entweder zum Kundensegment Freiberufler oder zum Segment Gewerbe gehören. Die Ergebnistabelle finden Sie in Abbildung L4.1:

```
SELECT Firma, Ort, Kundensegment
FROM Kunden
WHERE Kundensegment = 'Freiberufler' OR
      Kundensegment = 'Gewerbe'
```

Eigentlich wurden hier zwei Bedingungen gebildet und mit dem Operator `OR` (Oder) verknüpft. Es sollte klar sein, dass in diesem Fall keine `AND`-Verknüpfung möglich ist. Wenn Sie in beiden

Teilbedingungen das gleiche Feld verwenden, kann dieses nun mal nicht gleichzeitig zwei Einträge enthalten.

Firma	Ort	Kundensegment
Mayer & Söhne GmbH	Leipzig	Gewerbe
Müller OHG	Bad Homburg	Gewerbe
Böger	Dresden	Freiberufler
Hannibal	Bad Essen	Gewerbe
Schulze	Köln	Gewerbe

Abb. L4.1: Abfrageergebnis für Abfrage mit kombinierten Bedingungen

Natürlich können Sie nicht nur auf Übereinstimmung prüfen. Auch Vergleichsoperatoren stehen in SQL zur Verfügung. Das folgende Beispiel liefert nur Datensätze, die im Feld *Umsatz* einen größeren Wert als 1.000 und gleichzeitig im Feld *Ort* den Eintrag *Leipzig* enthalten:

```
SELECT Firma, Ort, Umsatz
FROM Kunden
WHERE Umsatz > 1000 AND Ort = 'Leipzig'
ORDER BY Firma
```

In diesem Fall muss jeder Datensatz beide Bedingungen erfüllen, wenn er in der Ergebnistabelle erscheinen soll. Jede zusätzliche Bedingung, die Sie per `AND`-Verknüpfung hinzufügen, verringert in der Regel die Zahl der Datensätze in der Ergebnistabelle.

Priorität der Teilbedingungen

Bei nur zwei Teilbedingungen kommen Sie auch noch ohne Priorisierung durch runde Klammern aus. Spätestens ab der dritten Teilbedingung müssen Sie sich überlegen, in welcher Reihenfolge die Teilbedingungen abgearbeitet werden sollen und wie Sie diese Reihenfolge sicherstellen. Das folgende Beispiel kommt noch ohne Klammern aus, weil die »natürliche« Priorität bzw. Reihenfolge der Operatoren für die gewünschte Reihenfolge bei der Abarbeitung sorgt:

```
SELECT Firma, Ort, Umsatz
FROM Kunden
WHERE Umsatz > 10000 AND Ort = 'Dresden'
      OR Ort = 'Leipzig'
ORDER BY Firma
```

Wenn wir die Reihenfolge der Teilbedingungen ändern, etwa nach dem folgenden Muster, erhalten wir gegebenenfalls auch ein anderes Ergebnis:

```
WHERE Ort = 'Dresden' OR Ort = 'Leipzig' AND
      Umsatz > 10000
```

Eigentlich wollen wir alle Dresdner und alle Leipziger auswählen, mit denen wir über 10.000 Euro Umsatz erzeugt haben. Tatsächlich erhalten wir jedoch alle Leipziger, die diesen Umsatz erreichen, und alle Dresdner, unabhängig von deren Umsatz. Die vorstehende Klausel liefert in unserem Sinne also falsche Ergebnisse.

Reihenfolge der Bedingungen

Der Schlüssel zum Verständnis liegt in der Reihenfolge, in der die Abfrage abgearbeitet wird. Die letzte WHERE-Klausel bewertet zunächst den folgenden Teilausdruck:

```
Ort = 'Leipzig' AND Umsatz > 10000
```

Liefert dieser den Wert wahr (true), wird der Gesamtausdruck wahr, weil der dann noch zu bewertende Restausdruck folgende Form hat:

```
Ort = 'Dresden' OR TRUE
```

Ein ODER-Vergleich erzeugt aber automatisch den Wert wahr, wenn zumindest ein Teilausdruck den Wert wahr liefert. Das gilt auch umgekehrt. Wenn es sich um einen Dresdner handelt, wird die erste Bedingung wahr, unabhängig davon, welchen Wert die AND-Verknüpfung der beiden letzten Bedingungen ergibt. Damit wird auch der Gesamtausdruck wahr, auch wenn wir mit dem Dresdner weniger als 10.000 Euro Umsatz erzielt haben. Die folgende WHERE-Klausel verwendet Klammern und vermeidet damit die Probleme mit der Reihenfolge:

```
WHERE (Ort = 'Dresden' OR Ort = 'Leipzig')
      AND Umsatz > 10000
```

Teilbedingungen klammern

Wir können sogar die Teilbedingung mit dem Umsatzkriterium nach vorne setzen, ohne ein anderes Ergebnis zu erzielen. Ausdrücke in Klammern werden unabhängig von ihrer Position im Gesamtausdruck immer zuerst berechnet. Um unabhängig von der Reihenfolge eine eindeutige Abarbeitung zu gewährleisten, müssen Sie daher Klammern setzen, sobald Sie mehr als zwei Teilbedingungen verwenden.

Komplexe Berechnungen

Einfache Berechnungen haben wir bereits kennengelernt. Gerade in geschäftlichen Anwendungen werden Sie aber sehr häufig recht komplexe Rechenoperationen ausführen müssen. So sind in einer Artikeltabelle üblicherweise nur der Nettopreis und der Mehrwertsteuersatz gespeichert. Mehrwertsteuer und Bruttopreis müssen regelmäßig errechnet werden. In die Berechnung gehen dann zwei Felder ein. Die folgende Zeile zeigt zunächst die Berechnungsformel für die Mehrwertsteuer:

```
Preis * MwStSatz
```

Diese Formel gilt jedoch nur, wenn Sie den Mehrwertsteuersatz auch als Dezimalwert (0.19 oder 0.07) gespeichert haben. Enthält das Feld *MwStSatz* jedoch INTEGER-Werte (19 oder 7), ist eine etwas erweiterte Formel zu verwenden:

```
Preis * MwStSatz / 100
```

Unsere Artikeltabelle soll Dezimalwerte enthalten, sodass wir mit der ersten Variante auskommen. Das folgende Beispiel berechnet sowohl die Mehrwertsteuer als auch den Bruttopreis:

```
SELECT ArtikelNr, Artikelname,
       Preis AS Nettopreis,
```

```
       Preis * MwStSatz AS Mehrwertsteuer,
      (Preis * MwStSatz) + Preis AS Bruttopreis
FROM Artikel
```

Auch für das in der Tabelle vorhandene Feld *Preis* haben wir einen Aliasnamen vergeben (*Nettopreis*), damit die Bedeutung der Werte erkennbar wird. Dahinter verbirgt sich jedoch lediglich die normale Preisspalte. Die Ergebnistabelle enthält also nur zwei berechnete Spalten: *Mehrwertsteuer* und *Bruttopreis*. Das Ergebnis wird je nach Datenbank vermutlich etwa unterschiedlich dargestellt. Abbildung L4.2 zeigt, wie Access die Anweisung umsetzt. Der Bruttopreis verwendet ein Währungsfeld als Basis. Access definiert daher auch für das berechnete Feld den Typ *Währung*.

ArtikelNr	Artikelname	Nettopreis	Mehrwertsteuer	Bruttopreis
1	Liebermann: Spielende Kinder	123,45 €	23,4554997057	146,91 €
2	Schale	55,95 €	10,6304998666	66,58 €
3	Altes Buch	22,33 €	4,24269994676	26,57 €
5	Vase bunt	22,67 €	4,30729994595	26,98 €

Abb. L4.2: Ergebnistabelle mit zwei berechneten Spalten

In die Formel für die Mehrwertsteuer geht jedoch lediglich das Feld *MwStSatz* ein. Dieses Feld ist vom Typ `FLOAT` (unter Access: `SINGLE`). Für das berechnete Feld *Mehrwertsteuer* wird daher ebenfalls dieser Typ verwendet, was zu sehr vielen Nachkommastellen führt. Es kann daher sinnvoll sein, die Werte noch zu formatieren oder zumindest die `ROUND`-Funktion darauf anzusetzen. Die Formel für das erste berechnete Feld hätte dann folgende Form:

```
ROUND(Preis * MwStSatz, 2) AS Mehrwertsteuer
```

Sicherheitshalber sollte die `ROUND`-Funktion auch bei der letzten Formel zum Einsatz kommen. Inzwischen dürfte Ihnen diese Aufgabe keine größeren Probleme mehr bereiten. Wir wollen deshalb nicht weiter darauf eingehen.

Berechnete Spalten als Operanden

Grundsätzlich besteht sogar die Möglichkeit, eine berechnete Spalte, also eine in der Datentabelle gar nicht existierende Spalte, als Operanden einzusetzen. So können Sie die berechnete Spalte *Mehrwertsteuer* gleich bei der Berechnung einer anderen Spalte, der Spalte *Bruttopreis*, verwenden. Die Formel für die Berechnung des Bruttopreises hätte dann folgende Form:

```
Preis + Mehrwertsteuer AS Bruttopreis
```

Die vollständige Anweisung sieht damit wie folgt aus:

```
SELECT ArtikelNr, Artikelname,
       Preis AS Nettopreis,
       Preis * MwStSatz AS Mehrwertsteuer,
       Preis + Mehrwertsteuer AS Bruttopreis
FROM Artikel
```

Ob das mit allen SQL-Datenbanken funktioniert, können wir allerdings nicht garantieren. Zumindest MySQL und Access kommen damit gut zurecht.

Verschachtelte Funktionen

Viele Funktionen machen erst dann Sinn, wenn sie als Argumente in anderen Funktionen verwendet werden. Wir haben es dann mit verschachtelten Funktionen zu tun. Nachfolgend wollen wir Schritt für Schritt ein etwas umfangreicheres Beispiel erarbeiten. Die folgende Anweisung liefert einen Teil der E-Mail-Adresse unserer Kunden. Wir haben diesen Teil mit dem Alias *Provider* bezeichnet:

```
SELECT  Firma,
        MID(eMail, 8, 20) AS Provider
FROM Kunden
```

Allerdings dürfte es damit nur in Ausnahmefällen gelingen, den Provider-Namen, also den Teil der Adresse, der hinter dem

Klammeraffen steht, zu erhalten. Da wir die Startposition für die Bildung des Ausschnitts willkürlich auf den Wert 8 gesetzt haben, erhalten wir eher irgendeinen Ausschnitt der Adresse, der bei der achten Position beginnt.

Funktionen als Funktionsargument

Wir müssen die Startposition daher erst ermitteln. Zu diesem Zweck lässt sich die Funktion `INSTR` verwenden.

1. Als Startpunkt kann der Klammeraffe dienen. Dessen Position in der E-Mail-Adresse erhalten wir mit dem folgenden Ausdruck:

```
INSTR(eMail, '@')
```

2. Diesen Ausdruck müssen wir nun in das zweite Argument der `MID`-Funktion einsetzen, also dort, wo zuvor noch der feste Wert 8 stand. Die Funktion `INSTR` wird damit zum Argument der `MID`-Funktion:

```
MID(eMail, INSTR(eMail, '@'), 20) AS Provider
```

`INSTR` ermittelt für jeden Datensatz individuell die passende Startposition. Allerdings erhalten wir mit dem Provider auch noch den Klammeraffen angezeigt (also beispielsweise *@t-online.de* oder *@web.de*).

3. Erst wenn wir die Startposition noch um ein Zeichen nach rechts verschieben, fällt auch dieses Zeichen weg:

```
MID(eMail, INSTR(eMail, '@') + 1, 20) AS Provider
```

Die vollständige Anweisung hat nun folgende Form:

```
SELECT  Firma,
   MID(eMail, INSTR(eMail, '@')+1, 20) AS Provider
FROM Kunden
```

Damit erhalten wir schon eine recht saubere Anzeige des Provider-Namens. Abbildung L4.3 zeigt das Ergebnis.

	Firma	Provider
	Maier KG	provider.de
	Meier GmbH	online.de
	Mayer & Söhne GmbH	wubs.de
	Müller OHG	provider.de
	Böger	stadt.de

Abb. L4.3: Ergebnistabelle mit berechneter Spalte

Grundsätzlich könnten wir mit entsprechendem Aufwand auch noch den Punkt und die Endung *de* aus der Bezeichnung entfernen. Diese Knobelei möchten wir aber gerne Ihnen überlassen.

Nach dem gleichen Muster können Sie aus Telefonnummern die Rufnummer oder die Vorwahl ermitteln. Auch andere Werte, die häufig nach einem bestimmten Schema aus zwei Elementen zusammengesetzt sind, beispielsweise Straße und Hausnummer, lassen sich auf diese Art aufspalten.

Rechnen mit Datumswerten

Ein sicherlich sehr komplexes Thema ist das Rechnen mit Datumswerten. Das Problem gründet unter anderem darin, dass ein Datum meistens als Zeichenfolge erscheint, während es sich bei der Differenz um numerische Werte handelt, etwa eine Anzahl von Tagen. Um ein neues Datum aus dem aktuellen Datum und einer bestimmten Anzahl von Tagen zu errechnen, genügt unter Access folgende Anweisung:

```
SELECT DATE() + 30
```

Damit erhalten Sie am 26.09.2007 das Datum 26.10.2007. MySQL kann mit dieser Zeile jedoch nichts anfangen. Tatsächlich ist die Datumsarithmetik unter MySQL oft eine sehr umständliche Angelegenheit. Ein ähnliches Ergebnis wie mit der vorstehenden Zeile erhalten Sie unter MySQL mit der folgenden Anweisung:

```
SELECT FROM_DAYS(TO_DAYS(CURRENT_DATE()) + 30)
```

Mit der Funktion `TO_DAYS` verwandeln wir das von `CURDATE` gelieferte Tagesdatum zunächst in Tage. Dieser Wert bezieht sich auf ein bestimmtes Basisdatum, mit dem MySQL rechnet. Anschließend addieren wir den Wert 30 (Tage) und wandeln das Ergebnis dann wieder in ein Datum um. Zuständig ist dafür die Funktion `FROM_DAYS`. Beide Funktionen (`TO_DAYS` und `FROM_DAYS`) sind nicht Bestandteil des SQL-Standards und werden daher in der Regel auch nicht von anderen Datenbanken unterstützt.

Spaltenwerte in Datumsberechnungen

Eher noch etwas problematischer ist die Berechnung auf Basis eines Spaltenwerts. Das folgende Beispiel gibt ein Zahlungsziel aus. Es verwendet dabei die Spalte *Datum* aus der Tabelle *Rechnungen*:

```
SELECT Datum + 30 AS Zahlungsziel
FROM Rechnungen
```

Da unsere Rechnungstabelle ein Feld für die Zahlungsfrist enthält, müssen wir diese nicht als Konstante addieren, sondern können die entsprechende Spalte einsetzen. Wir erhalten dann folgende Anweisung:

```
SELECT Datum + Zahlungsfrist AS Zahlungsziel
FROM Rechnungen
```

Diese Anweisungen funktionieren jedoch nur mit Access. Für MySQL ist folgende Variante erforderlich:

```
SELECT FROM_DAYS(TO_DAYS(Datum) + 30) AS Zahlungsziel
FROM Artikel
```

Noch komplizierter wird die Berechnung, wenn Rechnungsdaten auf Zahlungsverzug überprüft werden sollen. In diesem Fall ist auch das aktuelle Datum zu berücksichtigen. Da mit dem folgenden Beispiel nur Rechnungen angezeigt werden sollen, bei denen das Zahlungsziel überschritten ist, muss der Ausdruck als Bedingung in die WHERE-Klausel gesetzt werden. Wir erhalten dann folgende Abfrage (nur Access):

```
SELECT RechnungsNr,
       Rechnungsbetrag,
       Datum
FROM Rechnungen
WHERE (Date() - Datum) > 30
```

Sie können auch noch die Zahl der Tage ermitteln, um die das Rechnungsdatum bereits überschritten ist. Dazu müssen Sie die SELECT-Anweisung um ein berechnetes Feld erweitern. Das folgende Beispiel gibt auch noch das Tagesdatum aus. Es erzeugt also zwei berechnete Felder:

```
SELECT RechnungsNr,
       Rechnungsbetrag,
       Datum AS Rechnungsdatum,
       Date() AS Tagesdatum,
       Date() - Datum AS Differenz
FROM Rechnungen
WHERE (Date() - Datum) > 30
```

Eine Ergebnistabelle könnte mit dieser Abfrage beispielsweise die in Abbildung L4.4 gezeigten Werte liefern. Je nach den von Ihnen verwendeten Daten erhalten Sie natürlich andere Ergebnisse angezeigt.

	RechnungsNr	Rechnungsbetrag	Rechnungsdatum	Tagesdatum	Differenz
	1	2.130,00 €	22.06.2007	27.07.2007	35
	4	977,04 €	12.05.2007	27.07.2007	76
	5	222,33 €	12.06.2007	27.07.2007	45

Abb. L4.4: Ergebnistabelle mit berechneten Datumsspalten

Allerdings erhalten Sie damit alle Rechnungen, bei denen das Rechnungsdatum um mehr als 30 Tage überschritten ist, auch solche, die längst bezahlt sind. Um das zu vermeiden, ist die Bedingung in der WHERE-Klausel wie folgt zu erweitern:

```
...
WHERE ((Date() - Datum) > 30) AND NOT Bezahlt
```

Damit erhalten Sie eine ausführbare Abfrage wie die folgende:

```
SELECT RechnungsNr,
       Rechnungsbetrag,
       Datum AS Rechnungsdatum,
       Date() AS Tagesdatum,
       Date() - Datum AS Differenz
FROM Rechnungen
WHERE ((Date() - Datum) > 30) AND NOT Bezahlt
```

Wir prüfen also noch zusätzlich, ob die Spalte *Bezahlt* noch nicht auf den Wert wahr (true) gesetzt ist. Erst wenn beide Bedingungen erfüllt sind, rechtfertigt das eine Mahnung.

L5 INSERT – Datensätze einfügen

Mit SQL-Befehlen wie `DELETE`, `INSERT` und `UPDATE` manipulieren Sie die Daten einer Datenbank. Die Anweisungen verändern die betreffenden Datentabellen. Sie erzeugen jedoch keine Ergebnistabellen. Das bedeutet, dass Sie zunächst nicht wissen, ob die Operation erfolgreich war. Um den Erfolg (oder Misserfolg) einer Operation beurteilen zu können, müssen Sie die Tabellen anschließend mit `SELECT` abfragen. Sind die Tabellen gleichzeitig geöffnet, was beispielsweise unter Access möglich ist, lassen sich Änderungen auch unmittelbar überprüfen. Es kann jedoch sein, dass Sie die Tabellen nach einigen Operationen erst schließen und gleich wieder öffnen müssen, damit die Änderungen angezeigt werden.

Neue Datensätze einfügen

Mit `INSERT` fügen Sie einer Tabelle Datensätze hinzu. Sie können einen neuen Datensatz in der `INSERT`-Anweisung definieren oder die Daten aus einer anderen Tabelle entnehmen. Die Syntax des Befehls richtet sich nach dieser Entscheidung.

Für das Einfügen eines neuen Datensatzes ohne Rückgriff auf eine Quelltabelle ist folgende Syntax erforderlich:

```
INSERT INTO Zieltabelle (Spalte1, Spalte2, ...)
VALUES (Wert1, Wert2, ...)
```

Mit *Zieltabelle* ist der Name der Tabelle gemeint, an die ein neuer Datensatz angefügt werden soll. Anschließend sind in runden Klammern die Spalten aufzuzählen, in die Sie Werte eintragen wollen. Die Werte selbst werden in der `VALUES`-Klausel angegeben. Sie müssen bezüglich der Reihenfolge den aufgezählten Spalten entsprechen. Es ist jedoch nicht notwendig, alle Spalten der betreffenden Tabelle zu verwenden. Das folgende Beispiel schreibt lediglich Werte in die Spalten *Firma*, *Ort* und *PLZ*:

```
INSERT INTO Kunden (Firma, Ort, PLZ)
VALUES ('Bauer OHG', 'Osnabrück', '49123')
```

Alle Spalten, für die wir keine Werte vorgesehen haben, erhalten in der Regel den Typ `NULL` zugewiesen. Allerdings kann bei der Definition der Tabelle für jede Spalte angegeben werden, ob der Typ `NULL` zulässig sein soll. Wurde der Typ `NULL` ausgeschlossen, müssen die Felder bei der Wertzuweisung berücksichtigt werden.

Abfragen unter Access ausführen

Wenn Sie die Abfrage unter Access ausführen wollen, können Sie nicht einfach in die Datenblattansicht wechseln, wie das bei `SELECT`-Abfragen üblich ist. Sie müssen vielmehr die Menüoption *Abfrage / Ausführen* wählen oder den gleichnamigen Symbolschalter betätigen. Die Kundentabelle zeigt die Änderungen zudem erst an, wenn Sie diese erneut öffnen.

Das Primärschlüsselfeld

Bei Tabellen mit Primärschlüssel muss das Schlüsselfeld des angefügten Datensatzes einen eindeutigen Wert erhalten. Der Datensatz kann sonst nicht eingefügt werden. Wenn Sie für das Schlüsselfeld jedoch den Typ *Autowert* (*AutoIncrement*) gewählt haben (wie in unserer Kundentabelle), entfällt der Schlüsselwert. Dieser wird dann beim Einfügen des Datensatzes automatisch vom Datenbanksystem erzeugt. Sind Sie selber für die Kundennummer zuständig, müssen Sie in zwei Schritten vorgehen:

1. Zunächst ermitteln Sie die höchste Kundennummer (bzw. den höchsten Schlüsselwert) der vorhandenen Datensätze, beispielsweise mit einer Anweisung wie der folgenden:

   ```
   SELECT MAX(KundenNr) AS hoechste_Kundennummer
   FROM Kunden
   ```

2. Auf die so ermittelte Kundennummer addieren Sie den Wert 1 und setzen diesen Wert dann in die `INSERT`-Anweisung ein.

Wir werden auf die hier verwendete Aggregatfunktion MAX in einem späteren Kapitel noch ausführlich eingehen. Momentan müssen Sie die obige SELECT-Anweisung, die mit jeder Datenbank funktionieren sollte, noch nicht verstehen. Wenn Sie es dennoch ausprobieren wollen, erhalten Sie eine Ergebnistabelle mit nur einem Wert angezeigt, eben der aktuell höchsten (maximalen) Kundennummer.

Numerische Werte einfügen

Numerische Werte übergeben Sie üblicherweise ohne Anführungszeichen. Bei Dezimalzahlen ist an Stelle des Kommas ein Dezimalpunkt zu verwenden:

```
INSERT INTO Kunden (Firma, Ort, Umsatz)
VALUES ('Bauer OHG', 'Osnabrück', 1000.55)
```

Grundsätzlich können Sie aber auch numerische Werte in einfache Anführungszeichen setzen, also als Strings übergeben. Die schon gezeigte Anweisung hätte dann folgende Form:

```
INSERT INTO Kunden (Firma, Ort, Umsatz)
VALUES ('Bauer OHG', 'Osnabrück', '1000.55')
```

Diese Variante sollte ebenfalls mit praktisch allen Datenbanken funktionieren. Getestet haben wir sie aber nur mit Access und MySQL.

Datumswerte einfügen

Etwas problematischer ist die Zuweisung von Datumswerten. Diese sind in Anführungszeichen einzuschließen und müssen zudem in einem bestimmten Format übergeben werden, etwa in der folgenden Form:

```
'Jahr-Monat-Tag'
```

In der üblichen Syntaxdarstellung:

```
'JJJJ-MM-TT'
```

Ein Beispiel:

```
'2007-07-17'
```

Zumindest Access akzeptiert aber auch das in Deutschland übliche Datumsformat:

```
'17.07.2007'
```

Kompatibler mit anderen SQL-Datenbanken – und damit universeller – ist jedoch das zuvor gezeigte Format. Die folgende Anweisung funktioniert mit Access und MySQL. Sie sollte in der Regel auch mit anderen Datenbanken keine Probleme bereiten:

```
INSERT INTO Kunden (Firma, Ort, Datum)
VALUES ('Bauer OHG', 'Osnabrück', '2007-07-17')
```

Wenn Sie die Kundennummer nicht als *AutoIncrement*-Feld definiert haben, ist die Anweisung entsprechend zu erweitern:

```
INSERT INTO Kunden (KundenNr, Firma, Ort, Datum)
VALUES (25, 'Bauer OHG', 'Osnabrück', '2007-07-17')
```

Beachten Sie, dass Sie unter Access die Menüoption *Abfrage / Ausführen* wählen müssen, um diese »Anfügeabfrage« zu starten.

Ungültige Datumswerte

Üblicherweise werden von den Datenbanken ungültige Datumswerte zurückgewiesen. Das gilt aber nicht generell für alle möglichen Werte. So akzeptiert MySQL auch einen 30. Februar, weil der Wert für die Tagesangabe maximal 31 betragen darf. Sie müssen daher gegebenenfalls selbst auf ein korrektes Datum achten.

Alle Spaltenwerte berücksichtigen

Wenn Sie alle Spalten mit Daten füllen wollen, können Sie auf die Aufzählung der Spalten in der `INSERT`-Anweisung verzichten. In diesem Fall muss aber die `VALUES`-Klausel alle Spalten berücksichtigen. Dabei können Sie dennoch einzelne Spalten freilassen, indem Sie den betreffenden Spalten den sogenannten `NULL`-Wert zuweisen:

```
INSERT INTO Kunden
VALUES (123, 'Bauer OHG', 'Bauer', NULL,
       NULL, 'Osnabrück', NULL, NULL, NULL, NULL,
       NULL, NULL,NULL)
```

Das vorstehende Beispiel füllt eigentlich nur vier Spalten mit »richtigen« Werten. Alle anderen Spalten erhalten den Wert `NULL` zugewiesen, bleiben also leer. Ein komplettes Beispiel, das alle Spalten unserer *Kunden*-Tabelle mit passenden Werten versorgt, könnte folgende Form haben:

```
INSERT INTO Kunden
VALUES (123, 'Bauer OHG', 'Bauer', 'Peter',
       'Schmaler Pfad 33', 'Osnabrück', '49123',
       '0534-567433', 'pet.bauer@internet.de',
       'Gewerbe', true, 1000.22, '22.02.2007')
```

Logische Datentypen

Beachten Sie auch den Eintrag im Feld *Aktiv* (*Ja/Nein*-Feld). Diesen haben wir hier auf den logischen Wert true gesetzt. Andere Datenbanken kennen diesen Typ in dieser Form nicht. In MySQL verwenden Sie stattdessen den Typ `BIT`, der die Werte 1 (= true) bzw. 0 (= false) annehmen kann.

Berechnungen in Spaltenwerten

Die Werte in der `VALUES`-Klausel können zudem Berechnungen enthalten. Das folgende Beispiel berechnet für das Umsatzfeld den Nettoumsatz:

```
INSERT INTO Kunden (Firma, Ort, Umsatz)
VALUES ('Bauer OHG', 'Osnabrück', 1190/1.19)
```

Wie schon früher gezeigt, sind Dezimalzahlen mit einem Dezimalpunkt, nicht mit einem Komma, anzugeben. Auch ist es nicht zulässig, eine Formel in Anführungszeichen zu setzen.

Daten aus anderen Tabellen einfügen

In großen Datenbanken müssen häufig Datensätze in andere Tabellen kopiert werden. Das ist beispielsweise der Fall, wenn

Daten archiviert werden sollen. Für viele Daten gelten zudem gesetzliche Aufbewahrungsfristen. So sind Rechnungsdaten in der Regel zehn Jahre lang aufzubewahren. Solche Daten sollen aber nicht die ganze Zeit in den Arbeitstabellen verbleiben, weil sie das Zeitverhalten und damit die Leistung des Systems negativ beeinflussen. Der Zugriff wird aufgrund der wachsenden Datenmenge mit der Zeit immer langsamer.

Daten archivieren

In regelmäßigen Abständen landen daher ältere Daten in Archiven. Darunter sind Tabellen zu verstehen, die eine ähnliche Struktur aufweisen wie die eigentlichen Arbeitstabellen. Um Daten in andere Tabellen zu kopieren, werden üblicherweise `INSERT`-Anweisungen verwendet.

Die Syntax

Für eine Anweisung, die Datensätze aus einer Tabelle oder Abfrage in eine andere Tabelle einfügt, gilt folgende Syntax:

```
INSERT INTO Zieltabelle (Spalte1, Spalte2, ...)
SELECT Spalte1, Spalte2, ...
FROM Quelltabelle
WHERE Bedingung
```

Die Anweisung verbindet praktisch eine `INSERT`- und eine `SELECT`-Anweisung. Die `SELECT`-Anweisung bestimmt, welche Spalten und welche Datensätze aus der Quelltabelle übernommen werden. Für die Auswahl der Datensätze ist eine `WHERE`-Klausel zuständig. Diese bezieht sich auf die `SELECT`-Anweisung, also die Datensätze in der Quelltabelle.

Daten in Zieltabelle kopieren

Der `INSERT`-Zweig legt nur noch die Zieltabelle und die Spalten fest, in welche die Daten geschrieben werden sollen. Das folgende Beispiel kopiert Daten aus der Tabelle *Kunden*, die zum Kundensegment *Freiberufler* gehören, in die Tabelle *Kundenauswahl*:

```
INSERT INTO Kundenauswahl (KundenNr, Firma,
                           Kundensegment, Datum)
SELECT KundenNr,
       Firma,
       Kundensegment,
       Datum
FROM Kunden
WHERE Kunden.Kundensegment = 'Freiberufler'
```

Die Zieltabelle (hier *Kundenauswahl*) muss zuvor erstellt worden sein. Ohne die `WHERE`-Klausel werden alle Datensätze aus der Quelltabelle in die Zieltabelle übernommen. Beachten Sie, dass die Operation die Daten in der Quelltabelle unverändert lässt. Es findet also nur ein Kopiervorgang statt. Sollen die betreffenden Datensätze auch aus der Quelltabelle entfernt werden, müssen Sie diese separat löschen.

Tabellen mit ungleicher Struktur

Das vorstehende Beispiel verwendet Tabellen mit identischer Struktur, was aber nicht unbedingt erforderlich ist. Häufig werden Sie die Struktur der Zieltabelle nicht beeinflussen können. Meistens ist das auch nicht nötig, weil schon eine relativ ähnliche Struktur genügt, um Datensätze oder zumindest Teile davon in die Zieltabelle kopieren zu können.

Die Spalten des `INSERT`- und des `SELECT`-Zweiges müssen lediglich bezüglich Zahl und Typ übereinstimmen. Das gilt jedoch nicht für die Spaltenbezeichnungen. Im folgenden Beispiel, das wegen der Datumsberechnung in der `WHERE`-Klausel nur mit Access funktioniert, unterscheiden sich die Spaltenbezeichnungen:

```
INSERT INTO Rechnungsarchiv (Nr, KdNr,
                             Betrag, Datum)
SELECT RechnungsNr,
       KundenNr,
       Rechnungsbetrag,
       Datum
```

```
FROM Rechnungen
WHERE Datum <  (DATE() - 365)
```

Die Anweisung kopiert alle Rechnungen, die älter als ein Jahr (365 Tage) sind, in die Tabelle *Rechnungsarchiv*. Beachten Sie aber, dass die Datensätze auch noch weiterhin in der Quelltabelle (*Rechnungen*) enthalten sind. Damit sich die Operation auch lohnt und Ihre Rechnungstabelle von alten Rechnungen entlastet wird, müssen Sie die gleichen Datensätze nun in der Rechnungstabelle löschen. In Kapitel 7 *DELETE – Datensätze löschen* zeigen wir, was dabei zu beachten ist.

Berechnete Felder kopieren

Es ist durchaus möglich, auch Daten in die Zieltabelle zu »kopieren«, die in der Quelltabelle gar nicht existieren. In diesem Fall bilden Sie im `SELECT`-Teil der Abfrage einfach ein berechnetes Feld. Für dieses Feld muss allerdings in der Zieltabelle ein Feld passenden Typs vorhanden sein.

Für das folgende Beispiel wollen wir annehmen, dass in der Zieltabelle *Kundenauswahl* Felder mit der Bezeichnung *Nettoumsatz* und *Bruttoumsatz* enthalten sind. Unsere Kundentabelle verfügt jedoch nur über ein Feld mit der Bezeichnung *Umsatz*, das sich auf den Nettoumsatz bezieht. Um beim Kopieren dennoch beide Felder der Zieltabelle füllen zu können, müssen wir ein Feld berechnen, beispielsweise mit der folgenden Formel:

```
(Umsatz * 0.19) + Umsatz As Brutto
```

Die komplette Abfrage könnte folgende Form haben:

```
INSERT INTO Kundenauswahl (KundenNr, Firma, Ort,
                           Nettoumsatz,
                           Bruttoumsatz)
SELECT KundenNr, Firma, Ort, Umsatz,
(Umsatz * 0.19) + Umsatz As Brutto
FROM Kunden
```

Es ist nicht einmal nötig, dem berechneten Feld den gleichen Namen zu geben wie dem Zielfeld. Im vorstehenden Beispiel trägt das Feld in der Zieltabelle die Bezeichnung *Bruttoumsatz*, während wir das berechnete Feld einfach *Brutto* genannt haben. Entscheidend ist die Reihenfolge, in der die Felder im `INSERT`- bzw. im `SELECT`-Teil erscheinen.

TIPP

Beachten Sie, dass unter Access wieder die Menüoption *Abfrage / Ausführen* für den Start der Operation erforderlich ist. Da wir für das letzte Beispiel keine spezielle Funktion verwendet haben, können Sie es praktisch mit jedem Datenbanksystem verwenden.

Hinweise zur Typkompatibilität

Wie schon angemerkt, genügt es, wenn die Typen der Quell- und der Zielspalte kompatibel sind. Es ist nicht erforderlich, dass beide genau den gleichen Typ aufweisen. Dennoch sind einige Regeln zu beachten, um Fehlfunktionen auszuschließen:

1. Sie können numerische Werte nur kopieren, wenn das Zielformat auch in der Lage ist, die Daten aufzunehmen. Es ist in der Regel nicht möglich, einen `DOUBLE`-Wert (Fließkommazahl) in ein Feld vom Typ `INTEGER` (Ganzzahl) zu kopieren. Umgekehrt sollte es hingegen keine Probleme geben.
2. Bei Textfeldern ist auf die Länge der Felder zu achten. Das Zielfeld muss mindestens die Länge des Quellfelds haben. Andernfalls werden Teile der zu kopierenden Zeichenfolgen einfach abgeschnitten.

L6 UPDATE – Datensätze ändern

Für Änderungen an bestehenden Datensätzen verwenden Sie UPDATE-Anweisungen. Sie definieren damit sogenannte Aktualisierungsabfragen, bei denen sich einzelne Spaltenwerte ändern lassen. Die Syntax des UPDATE-Befehls hat folgende Form:

```
UPDATE Tabelle
SET Spalte1 = NeuerWert,
    Spalte2 = NeuerWert,

      ...

WHERE Bedingung
```

Zunächst ist die Tabelle zu benennen, in der Sie Daten ändern wollen. In der SET-Klausel bestimmen Sie dann die zu ändernden Spalten und auch gleich den zugehörigen neuen Wert. Wie üblich sind Zeichenfolgen in Anführungszeichen einzuschließen. Jede Zuweisung in der SET-Klausel trennen Sie von der vorhergehenden durch ein Komma. Auf die letzte Zuweisung folgt kein Komma mehr.

TIPP

Beachten Sie, dass Sie unter Access die Menüoption *Abfrage / Ausführen* wählen müssen, um diese Änderungsabfrage zu starten. Alternativ können Sie auch den gleichnamigen Symbolschalter betätigen.

Einzelne Datensätze ändern

Mit UPDATE können Sie gleich mehrere Datensätze auf einmal ändern. Wenn Sie auf eine WHERE-Klausel verzichten, also keine Datensätze auswählen, bezieht sich eine Aktualisierungsabfrage gleich auf alle Datensätze der betreffenden Tabelle. Die WHERE-Klausel ist daher in der Regel unverzichtbar. Diese bestimmt, welche Datensätze geändert werden sollen.

Datensatz auswählen

Wenn Sie lediglich einen bestimmten Datensatz ändern wollen, müssen Sie ein eindeutiges Kriterium wählen, das auch wirklich nur für diesen einen Datensatz gilt. Normalerweise wird es sich dabei um den Primärschlüssel handeln. In der Bedingung geben Sie dann die Nummer, beispielsweise die Kunden- oder Artikelnummer, des zu ändernden Datensatzes an:

```
UPDATE Kunden
SET Umsatz = 5000,
    Kundensegment = 'Freiberufler'
WHERE KundenNr = 14
```

Das vorstehende Beispiel ändert für den Datensatz mit der Nummer 14 die Einträge in den Feldern *Umsatz* und *Kundensegment*. Bei einer solchen Bedingung können Sie sicher sein, dass auch höchstens ein Datensatz geändert wird. Andere Bedingungen, insbesondere mit Größer/Kleiner-Vergleichen, können sich auf unbestimmt viele Datensätze beziehen. Das gilt aber auch für Bedingungen, die auf den ersten Blick eindeutig erscheinen. Das folgende Beispiel ändert beispielsweise die Adresse des Kunden *Maier KG*:

```
UPDATE Kunden
SET PLZ = '33333',
    Ort = 'Dreibrücken',
    Strasse = "Unter den Linden 15"
WHERE Firma = 'Maier KG'
```

Das gilt jedoch nur, wenn sich in der Tabelle nur ein Kunde mit diesem Firmennamen befindet. Gibt es mehrere Maier KGs, erhalten alle die neue Adresse zugewiesen, auch die, die nicht umgezogen sind.

UPDATE nur mit WHERE-Klausel

Der `UPDATE`-Befehl ist ähnlich gefährlich wie der noch vorzustellende `DELETE`-Befehl. Sie sollten ihn daher auch mit großer Vorsicht einsetzen und die Bedingung der `WHERE`-Klausel am besten erst einmal testen. Solange Sie sich noch nicht als SQL-Experte betrachten, ist daher ein Vorgehen in zwei bzw. drei Schritten zu empfehlen:

1. Im ersten Schritt führen Sie eine SELECT-Anweisung mit der gleichen WHERE-Klausel wie in der geplanten UPDATE-Anweisung aus:

   ```
   SELECT * FROM Kunden
   WHERE Firma = 'Maier KG'
   ```

2. Nur wenn die Auswahlabfrage genau den zu ändernden Datensatz liefert, kommt die UPDATE-Anweisung zum Zuge.

3. Wenn Sie ganz sichergehen wollen, rufen Sie zum Schluss die SELECT-Anweisung erneut auf, um den Erfolg der Änderung überprüfen zu können.

Entspricht kein Datensatz der WHERE-Bedingung, wird auch keine Änderung vorgenommen.

Numerische Werte ändern

Dezimalwerte sind wie üblich mit einem Dezimalpunkt an Stelle des üblichen Dezimalkommas zu übergeben. Eine Einschließung in Anführungszeichen ist nicht erforderlich und in der Regel auch nicht zu empfehlen:

```
UPDATE Kunden
SET Umsatz = 345.78
WHERE KundenNr = 5
```

Einige Datenbanksysteme können aber auch mit Dezimalwerten umgehen, die in Anführungszeichen übergeben werden. Das gilt beispielsweise für Access. In diesem Fall erwartet die deutsche Version jedoch einen Dezimalwert mit dem im deutschsprachigen Raum üblichen Dezimalkomma. Die UPDATE-Anweisung hat dann folgende Form:

```
UPDATE Kunden
SET Umsatz = '345,78'
WHERE KundenNr = 5
```

Die Verwendung eines Dezimalpunkts erzeugt in diesem Fal sogar einen falschen Eintrag. Access ignoriert dann den Punkt und behandelt den kompletten Wert als Integer (Ganzzahl). Weil jedoch zu bezweifeln ist, dass andere Datenbanksysteme dem Access-Beispiel folgen, würden wir Ihnen empfehlen, nur die Variante ohne Anführungszeichen zu verwenden. In diesem Fall ist auch der Dezimalpunkt erforderlich.

Unproblematisch sind natürlich ganzzahlige Werte. Diese können bei vielen Datenbanksystemen auch in Anführungszeichen übergeben werden, ohne falsche Einträge zu erzeugen.

Datumswerte ändern

Bei der Zuweisung von Datumswerten ist wieder auf das Format zu achten. Üblicherweise wird das amerikanische Format erwartet (Jahr-Monat-Tag). Der Wert selbst ist in Anführungszeichen bzw. Nummernzeichen (nur Access) einzuschließen:

```
UPDATE Kunden
SET Datum = #2008-01-15#
WHERE Datum < #2008-01-15#
```

Die vorstehende Variante funktioniert mit Access. Hier muss zumindest in der `WHERE`-Klausel das Nummernzeichen verwendet werden. Access akzeptiert aber auch folgende Version:

```
UPDATE Kunden
SET Datum = '2008-01-15'
WHERE Datum < #15/1/2008#
```

Zumindest in der `SET`-Klausel kann unter Access auch das übliche deutsche Format stehen:

```
SET Datum = '15.01.2008'
```

Für MySQL und andere SQL-Datenbankserver ist die folgende Version gedacht:

```
UPDATE Kunden
SET Datum = '2008-01-15'
WHERE Datum < '2008-01-15'
```

Die Bedingung in der WHERE-Klausel kann auch nach folgendem Schema gebildet werden. Zumindest MySQL und andere Datenbanksysteme unterstützen diese Variante:

```
WHERE Datum < {D '2008-01-15'}
```

Diese Schreibweise lässt sich auch auf andere Typen anwenden, beispielsweise Zeitwerte. In der Regel sollten Sie aber mit den schon gezeigten Varianten auskommen.

Datumsformat beachten

Beachten Sie, dass viele SQL-Datenbanken zwar das deutsche Datumsformat darstellen können, für die Eingabe und die Definition von Bedingungen aber die amerikanische Schreibweise (JJJJ-MM-TT) erforderlich ist.

Tagesdatum zuweisen

Die Zuweisung des Tagesdatums kann mit Hilfe einer Datumsfunktion erfolgen. Unter Access ist das die Funktion DATE:

```
UPDATE Kunden
SET Datum = DATE()
WHERE Datum <= #2008-01-15#
```

MySQL stellt dafür die Funktion CURDATE zur Verfügung. Wir sind bereits weiter oben darauf eingegangen.

```
UPDATE Kunden
SET Datum = CURDATE()
WHERE Datum <= {D '2008-01-15'}
```

Das Ergebnis ist natürlich von der Einstellung der Systemzeit auf Ihrem Rechner abhängig.

Mehrere Datensätze gezielt ändern

Die Änderung mehrerer Datensätze mit einer UPDATE-Anweisung ist gelegentlich sogar erwünscht. Auch in diesem Fall müssen Sie aber genau auf die Bedingung in der WHERE-Klausel achten, um nicht unbeabsichtigt auch andere Datensätze zu ändern. Hier gilt ebenfalls die Empfehlung, die Bedingung zuvor mit einer SELECT-Anweisung zu testen. Diese könnte beispielsweise wie folgt aussehen:

```
SELECT * FROM KUNDEN
WHERE Kundensegment = 'Gewerbe'
```

Wichtig ist wieder nur die Bedingung der WHERE-Klausel. Liefert diese die gewünschten (die zu ändernden) Datensätze, übernehmen Sie die WHERE-Klausel für die UPDATE-Anweisung. Das folgende Beispiel ändert für die mit SELECT angezeigten Datensätze den Eintrag im Feld *Kundensegment*:

```
UPDATE Kunden
SET Kundensegment = 'Gewerbebetrieb'
WHERE Kundensegment = 'Gewerbe'
```

Häufiger werden Sie Änderungen in betrieblichen Tabellen, etwa in Artikeltabellen, vornehmen müssen. Das folgende Beispiel ändert in der Tabelle *Artikel* den Mehrwertsteuersatz für alle Artikel, die bisher zum Satz von 19% (0.19) abgerechnet wurden, auf den Wert 22% (0.22):

```
UPDATE Artikel
SET MwStSatz = 0.22
WHERE MwStSatz = 0.19
```

Lassen Sie die Bedingung mit der WHERE-Klausel weg, werden die betreffenden Spalten in allen Datensätzen geändert. Das dürfte in unserem Fall aber nicht erwünscht sein, weil in der Tabelle auch Artikel enthalten sein können, die nur zum halben Steuersatz abzurechnen sind. Die Anweisung funktioniert mit Access, MySQL und eigentlich jeder anderen SQL-Datenbank.

Berechnete Werte zuweisen

In unseren bisherigen Beispielen wurden die Einträge unabhängig von ihrem alten Inhalt ersetzt. Sie können den Inhalt aber auch durch einen berechneten Wert ersetzen, der den bisherigen Wert (den alten Feldinhalt) berücksichtigt, beispielsweise nach dem folgenden Schema:

```
Alter Wert +/- x = neuer Wert
```

Natürlich sind Sie nicht auf Plus und Minus beschränkt, sondern können praktisch alle Operatoren nutzen. Sie nehmen damit eine relative Änderung vor.

Das gilt natürlich vor allem für Spalten vom numerischen Typ. So können Sie die Werte der Spalte *Preis* in der Tabelle *Artikel* durch einen berechneten Wert ersetzen, der den bisherigen Wert mit einem bestimmten Faktor multipliziert. Das folgende Beispiel nimmt eine allgemeine Preiserhöhung für alle Artikel (alle Datensätze) der Artikeltabelle vor:

```
UPDATE Artikel
SET Preis = Preis * 1.1
```

Alle Einträge in der Spalte *Preis* werden mit dem Faktor 1.1 (1,1) multipliziert, sodass sich eine zehnprozentige Preisanhebung ergibt. Aus dem Preis 3,00 Euro wird so der Preis 3,30 Euro. Sie können also nicht nur neue Werte einfügen, sondern diese auf Basis alter Werte auch berechnen. Da wir auf eine `WHERE`-Klausel verzichtet haben, werden alle Datensätze, also alle Artikelpreise, geändert.

TIPP

Bei der vorstehenden Anweisung handelt es sich um ein Beispiel, das Sie nicht unbedingt auf eine Geschäftsdatenbank anwenden sollten. In der Regel muss ein Gewerbetreibender geschäftliche Vorgänge dokumentieren und auch noch nach Jahren belegen können. Üblicherweise werden Sie daher bei Preisänderungen einen neuen Datensatz anlegen und den alten Datensatz archivieren.

Berechnungen über mehrere Felder

Die Berechnungsformel kann auch mehrere Felder umfassen. Wenn Sie zudem noch eine `WHERE`-Klausel verwenden, erhalten Sie schon eine recht komplexe Anweisung:

```
UPDATE Artikel
SET Mehrwertsteuer = Preis * MwStSatz,
    Bruttopreis = Preis * MwStSatz + Preis
WHERE MwStSatz > 0
```

Mit dieser Anweisung schreiben wir Einträge in die Felder *Mehrwertsteuer* und *Bruttopreis*. Beachten Sie dabei die Formel für das zweite Feld. Wir können uns nicht auf die gerade berechnete Mehrwertsteuer beziehen (Preis + Mehrwertsteuer), sondern müssen den Mehrwertsteuerteil erneut berechnen. Die Spalte *Bruttopreis* würde sonst leer bleiben.

Berechnungen mit Datumsfeldern

Eine Besonderheit sind natürlich wieder Datumsberechnungen, etwa die Addition oder Subtraktion von Tagen auf ein bestehendes Datum. Die folgende Anweisung erhöht den in der Spalte *Datum* eingetragenen Wert um 10 Tage:

```
UPDATE Kunden
SET Datum = Datum + 10
WHERE Datum <= #1/1/2008#
```

Leider klappt das so einfach nur mit Access und auch nur bei der Addition oder Subtraktion von Tagen. MySQL und andere Datenbanken verwenden die Funktion `DATE_ADD` bzw. `DATE_SUB`. Die Funktion `DATE_ADD` hat folgende Syntax:

```
DATE_ADD(Datum, INTERVAL Ausdruck Typ)
```

Mit `Datum` ist ein Datumswert oder eine Datumsspalte gemeint. `INTERVAL` ist ein Befehlswort und `Ausdruck` steht für den Wert, also beispielsweise 3 (Tage, Monate, Jahre). Im Argument `Typ` geben Sie an, um was für ein Intervall es sich handeln soll. Möglich sind hier die Angaben `DAY`, `MONTH` und `YEAR`. Für das Hinzufügen von drei Monaten zum eingetragenen Datumswert in der Spalte *Datum* ist unter MySQL folgende Anweisung erforderlich:

```
UPDATE Kunden

SET Datum = DATE_ADD(Datum, INTERVAL 3 MONTH)
```

Da wir in diesem Fall auf eine `WHERE`-Klausel verzichtet haben, werden alle Datensätze der Kundentabelle geändert, sofern die Datumsspalte nicht den Wert `NULL` enthält.

Spalteneinträge mit UPDATE »löschen«

Mit Hilfe von UPDATE-Anweisungen können Sie einzelne Spalteneinträge auch löschen. Dazu weisen Sie den betreffenden Spalten je nach Datentyp einfach einen Leerstring oder den Wert 0 zu:

```
UPDATE Artikel
SET Lieferzeit = 0,
    MwStSatz = 0,
    Bruttopreis = 0,
    Artikelgruppe = ''
WHERE Preis = 0
```

Das vorstehende Beispiel »löscht« mehrere Einträge, wenn für einen Artikel kein Preis mehr definiert ist.

Richtig löschen mit dem »Wert« NULL

Allerdings funktioniert das nicht mit Werten vom Typ *Datum*. Auch versetzen Sie das Feld damit nicht in den ursprünglichen Zustand, wie er vor der ersten Zuweisung bestand. Jedes Feld hat zunächst den »Wert« NULL. Damit ist gemeint, dass diese Spalte wirklich keinen Eintrag enthält, auch nicht die Werte 0 oder »Leerstring«. Um diesen Zustand wiederherzustellen, müssen Sie den Spaltenwert auch auf NULL setzen. Ein Beispiel:

```
UPDATE Artikel
SET Lieferzeit = NULL,
    MwStSatz = NULL,
    Bruttopreis = NULL,
    Artikelgruppe = NULL
WHERE  Preis = 0
```

Das Beispiel setzt allerdings voraus, dass die betreffenden Spalten auch den Wert NULL akzeptieren. Ist das nicht der Fall, erhalten Sie eine Fehlermeldung angezeigt. Die Eigenschaft, »NULL-Werte zuzulassen«, wird bereits bei der Erzeugung der

Datentabelle festgelegt. Wir kommen später noch darauf zurück. Der Wert `NULL` lässt sich grundsätzlich auch auf Datums- und Zeitspalten anwenden.

L7 DELETE – Datensätze löschen

Mit `DELETE` löschen Sie alle Datensätze, die einer bestimmten Bedingung genügen. Auch bei diesem Befehl kommt es daher wieder auf die `WHERE`-Klausel an. Wenn Sie darauf verzichten, werden tatsächlich alle Datensätze gelöscht. Wie die Syntax zeigt, ist der Befehl auch recht leicht anzuwenden:

```
DELETE FROM Tabelle
WHERE Bedingung
```

Da die `WHERE`-Klausel nicht unbedingt notwendig ist, genügt bereits folgende Anweisung, um alle Datensätze unserer Tabelle *Kunden* zu löschen:

```
DELETE FROM Kunden
```

Beachten Sie, dass `DELETE` die Datensätze vollständig entfernt. Es wird also nicht nur der Inhalt der betreffenden Datensätze gelöscht.

Keine Rücknahmefunktion

Auch kennt praktisch keine Datenbank eine Rücknahmefunktion, die sonst einen eher sorglosen Umgang mit Daten erlaubt. Auch für Access gilt: Die Daten sind nach dem Löschen mit `DELETE` wirklich weg.

WHERE-Klausel definieren

Üblicherweise wird jede `DELETE`-Anweisung eine `WHERE`-Klausel enthalten. Am sichersten ist eine Bedingung, die sich nur auf einen bestimmten Datensatz bezieht. Die folgende Anweisung löscht nur den Datensatz mit der Artikelnummer 38:

```
DELETE FROM Artikel
WHERE ArtikelNr = 38
```

Bedingungen, die für eine unbestimmte Anzahl von Datensätzen gelten, sind nicht ganz ohne Risiko:

```
DELETE FROM Artikel
WHERE Artikelgruppe = 'Keramik'
```

Das vorstehende Beispiel löscht alle Artikel der Artikelgruppe *Keramik*. Wenn Sie ganz sichergehen wollen, sollten Sie wie bei der `UPDATE`-Anweisung in zwei Schritten vorgehen:

1. Zunächst führen Sie wieder eine `SELECT`-Anweisung mit der für `DELETE` vorgesehenen `WHERE`-Klausel aus.
2. Wenn die Sichtung der angezeigten Datensätze wirklich nur die zu löschenden Daten liefert, kommt `DELETE` mit der gleichen `WHERE`-Klausel zum Einsatz.

Löschen mit Mehrfachbedingungen

Mit der Komplexität der Bedingungen steigt natürlich auch das Risiko, versehentlich die falschen Daten zu löschen. Das folgende Beispiel entfernt alle Kunden aus unserer Kundentabelle, die bereits länger als ein Jahr in der Tabelle gespeichert sind, aber noch keinen Umsatz erzeugt haben. Es handelt sich also um eine zusammengesetzte Bedingung, deren Auswirkung nur noch schwer vorhersehbar ist:

```
DELETE FROM Kunden
WHERE Datum + 365 < NOW
      AND Umsatz <= 0
```

Die Anweisung gilt jedoch nur für Access. Unter MySQL ist die folgende Variante erforderlich:

```
DELETE FROM Kunden
WHERE
FROM_DAYS(TO_DAYS(Datum) + 365) < CURRENT_DATE()
AND Umsatz <= 0
```

Da – wie gezeigt – der `DELETE`-Befehl bei fehlerhafter Anwendung sehr unangenehme Konsequenzen haben kann, ist in diesem Fall noch dringender zu empfehlen, die Bedingung in der WHERE-Klausel erst mit einer SELECT-Anweisung zu testen.

Aufteilung auf einzelne DELETE-Anweisungen

Besonders kritisch sind natürlich sehr komplexe Bedingungen, die sich aus mehreren Einzelbedingungen zusammensetzen. Hier kann es eventuell sinnvoll sein, mehrere einfache DELETE-Anweisungen zu verwenden, die jeweils nur eine Bedingung enthalten. Allerdings funktioniert das nur, wenn sich die Bedingungen mit OR verknüpfen lassen. Bei Verknüpfungen mit AND ist eine Aufteilung auf mehrere Einzelanweisungen in der Regel nicht möglich.

Markieren statt Löschen

In Geschäftsdatenbanken werden Datensätze selten sofort gelöscht. Es ist vielmehr üblich, Datensätze, die irgendwann gelöscht (oder archiviert) werden sollen, zunächst als gelöscht zu markieren. Dazu enthalten die Tabellen oft eine zusätzliche Spalte, etwa mit dem Namen *Status*. Hier kann dann mit UPDATE-Anweisungen beispielsweise der Wert »D« für »Deleted« eingetragen werden:

```
UPDATE Artikel
SET Status = 'D'
WHERE Artikelgruppe = 'Holz'
```

Der Satz gilt dann als gelöscht, auch wenn er eigentlich noch vorhanden ist. In SELECT-Abfragen sollen solche Sätze natürlich nicht erscheinen. Daher muss die WHERE-Klausel immer auch eine Bedingung enthalten, die »gelöschte« Datensätze von der Anzeige ausschließt. Die folgende Anweisung berücksichtigt diese Forderung:

```
SELECT Artikelname, Lagerbestand, Status
FROM Artikel
WHERE (Lagerbestand > 0) AND (Status <> 'D')
```

Das Beispiel setzt allerdings voraus, dass immer ein Eintrag im Feld *Status* erfolgt, das Feld also nicht leer (NULL) bleibt. Access akzeptiert die Bedingung sonst nicht. Sie müssen daher eventuell noch auf den Wert NULL prüfen, sodass sich folgende Variante ergibt:

```
SELECT Artikelname, Lagerbestand, Status
FROM Artikel
WHERE (Lagerbestand > 0)
  AND (Status <> 'D' OR Status IS NULL)
```

Natürlich können Sie sich nun auch sehr leicht anzeigen lassen, welche Datensätze als »gelöscht« markiert sind. Dazu dient die folgende Anweisung:

```
SELECT Artikelname, Lagerbestand
FROM Artikel
WHERE Status = 'D'
```

Wenn Sie dabei feststellen, dass, wie vorgesehen, genau die richtigen Datensätze als »gelöscht« markiert wurden, können Sie diese irgendwann auch richtig löschen. Dazu genügt dann eine DELETE-Anweisung:

```
DELETE FROM Artikel
WHERE Status = 'D'
```

Dieser Weg dürfte für den Umgang mit Löschoperationen wohl der sicherste sein. Sie handeln sich damit allerdings etwas mehr Verwaltungsaufwand ein.

L8 GROUP BY – Datensätze gruppieren

Mit den schon vorgestellten Klauseln haben wir noch keineswegs alle Erweiterungen des SELECT-Befehls kennengelernt. Insbesondere fehlt noch die GROUP BY-Klausel, die eine Zusammenfassung (Gruppierung) von Datensätzen erlaubt. Ganz eng mit der GROUP BY-Klausel verbunden sind die sogenannten Aggregatfunktionen. Diese und andere Erweiterungen wollen wir nun im vorliegenden Kapitel besprechen.

Gruppierung von Datensätzen

Daten zusammenfassen

Mit der Klausel GROUP BY bewirken Sie eine Gruppierung von Datensätzen. Damit ist gemeint, dass nicht mehr einzelne Datensätze betrachtet (und ausgegeben) werden, sondern nur noch Zusammenfassungen. In einer Zusammenfassung (Gruppierung) gehen dann die einzelnen Datensätze auf. Da dieser Vorgang nicht so leicht zu verstehen ist, wollen wir ein kurzes Beispiel präsentieren. Unsere Kundentabelle könnte beispielsweise die folgenden zwei Datensätze enthalten:

```
FirmaOrtUmsatz

Maier AGDresden20.000

Müller KGDresden15.000
```

Wenn wir diese Datensätze nach dem Feld *Ort* gruppieren, erhalten wir beispielsweise die folgende Gruppierung:

```
Anzahl der Kunden aus Dresden: 2
```

Die Einzelinformationen sind also weitgehend untergegangen. Wir erhalten nur noch die Information angezeigt, dass unsere Kundentabelle zwei Kunden aus Dresden enthält.

Gruppierungsfeld

Da wir als Gruppierungsfeld die Spalte *Ort* verwendet haben, erhalten wir in diesem Fall in der Ergebnistabelle für jeden in der Kundentabelle vorhandenen Ort einen Datensatz (eine Gruppe). Es ist zudem möglich, den Umsatz zu berücksichtigen und wieder bezüglich des Orts zu gruppieren. Eine Gruppe könnte dann beispielsweise folgende Form haben:

```
Umsatz der Kunden aus Dresden: 35.000
```

Welcher Kunde welchen Umsatz verursacht hat, ist hier nicht mehr zu erkennen. Wir erfahren nur noch, wie viel Umsatz wir mit allen Kunden aus Dresden zusammen gemacht haben.

Gruppieren ohne Aggregatfunktion

Die `GROUP BY`-Klausel lässt sich ohne Aggregatfunktionen einsetzen. Die damit erzielten Informationen sind in der Regel jedoch sehr dürftig. So liefert die folgende Anweisung lediglich eine Tabelle, die alle Orte ausgibt, die in unserer Kundentabelle enthalten sind. Wir erfahren damit, wo wir überall Kunden haben:

```
SELECT Ort
FROM Kunden
GROUP BY Ort
```

Der Vorteil dieser Anweisung besteht darin, dass jeder Ort nur einmal ausgegeben wird, auch wenn viele Kunden im selben Ort wohnen. Lassen Sie die `GROUP BY`-Klausel weg, erhalten Sie ebenfalls alle Orte angezeigt, jedoch erscheinen dann Datensätze mit der gleichen Ortsangabe auch mehrfach in der Ergebnistabelle.

Etwas sinnvoller ist sicher die folgende Anweisung, die alle Artikelgruppen der Tabelle *Artikel* liefert:

```
SELECT Artikelgruppe
FROM Artikel
GROUP BY Artikelgruppe
```

Sie sollten versuchen, sich den Unterschied zu den bisherigen SELECT-Abfragen zu verdeutlichen. Die Einträge der Ergebnistabelle stehen nicht mehr für bestimmte (einzelne) Datensätze in der Ursprungstabelle, sondern für alle Datensätze, die zu einer Gruppe, in diesem Fall zu einer Artikelgruppe, gehören. Sie können daher auch nicht mehr die Feldliste um beliebige Felder erweitern oder gar das Ersatzzeichen * verwenden. Die folgende Anweisung erzeugt daher eine Fehlermeldung:

```
SELECT * FROM Artikel
GROUP BY Artikelgruppe     »fehlerhafte Anweisung"
```

Für jede Gruppe wird in der Ergebnistabelle nur eine Zeile angezeigt. Wenn die Tabelle maximal zehn Artikelgruppen enthält, erscheinen in der Ergebnistabelle auch maximal zehn Zeilen (Gruppen). Zu jeder Gruppe können aber Tausende von Datensätzen gehören. Wollten Sie in der Ergebnistabelle auch noch den Artikelnamen oder andere Spalten ausgeben, findet sich dafür keine sinnvolle Möglichkeit. Die Artikelnamen müssten ja jeweils in der Zeile erscheinen, die für die ganze Gruppe steht. Etwas verständlicher wird die Gruppierung, wenn sich diese mit Aggregatfunktionen verbindet. Wir werden weiter unten darauf eingehen.

GROUP BY und WHERE-Klausel

Auch ohne Aggregatfunktion kann die GROUP BY-Klausel Sinn machen, wenn sie zusammen mit einer WHERE-Klausel eingesetzt wird. So lässt sich mit dieser Kombination beispielsweise folgende Frage beantworten:

In welchen Orten gibt es Kunden mit einem Umsatz von mehr als 10.000 Euro?

Als Antwort erwarten wir lediglich eine Liste mit diesen Orten. Dabei soll jeder Ort nur einmal erscheinen, auch wenn dort mehrere Kunden diese Bedingung erfüllen. Die Abfrage hat dann folgende Form:

```
SELECT Ort
FROM Kunden
WHERE Umsatz > 10000
GROUP BY Ort
```

Allerdings erhalten Sie damit keine Informationen darüber, in welchen Orten der meiste Umsatz gemacht wird. Es ist durchaus möglich, dass die Kunden aus Leipzig zusammen einen wesentlich größeren Umsatz erzielen als die aus Dresden. Wenn aber kein Leipziger einen Umsatz von 10.000 erreicht, kommt Leipzig in der Ergebnistabelle nicht vor.

Unterschiede zwischen WHERE und GROUP BY

Sie sollten sich daher über die Wirkungen der beiden Klauseln im Klaren sein: Die `WHERE`-Klausel sortiert zunächst alle Datensätze aus, die nicht der Bedingung gehorchen. Erst dann wird die `GROUP BY`-Klausel wirksam. Die Gruppierung wirkt also nur noch auf die Datensätze, die von der `WHERE`-Klausel übrig gelassen werden.

Gruppierung für Spalten mit wenigen Wertausprägungen

Wenn Sie `GROUP BY` ohne eine sogenannte Aggregatfunktion verwenden, eignen sich dafür nur Spalten mit relativ wenigen Wertausprägungen. Würden Sie beispielsweise das Feld *Artikelname* als Gruppierungsfeld nutzen, erhielten Sie für jeden Artikel eine eigene Gruppe. Sinnvoll ist die Verwendung von `GROUP BY`, um beispielsweise ein HTML-Formular mit einer Auswahlliste zu bestücken, die dem Anwender die verfügbaren Artikelgruppen zur Auswahl anbietet.

Aggregatfunktionen

Mit Hilfe von Aggregatfunktionen erzeugen Sie statistische Auswertungen. So lassen sich beispielsweise Summen und Durchschnittswerte berechnen. Tabelle L8.1 zeigt Aggregatfunktionen, die normalerweise in allen SQL-Datenbanken verfügbar sind.

> Aggregatfunktionen gelten immer für die ganze Spalte bzw. eine Auswahl von Werten dieser Spalte, nicht für einzelne Zeilenwerte. Sie werden daher auch als Spaltenfunktionen bezeichnet.

TIPP

Funktion	Bedeutung
COUNT	Ermittelt für eine Spalte die Zahl der Datensätze.
MAX	Ermittelt den höchsten Wert einer Spalte.
MIN	Ermittelt den niedrigsten Wert einer Spalte.
AVG	Ermittelt den Durchschnittswert der Einträge einer Spalte.
SUM	Ermittelt die Summe der Werte einer Spalte.

Tab. L8.1: Aggregatfunktionen

Die Funktionen beziehen sich üblicherweise auf eine bestimmte Spalte. Diese ist im Argument der Funktion anzugeben. Wenn die Spalte bei bestimmten Datensätzen keine Einträge enthält (NULL), wird der betreffende Datensatz nicht berücksichtigt. Wollen Sie beispielsweise alle Datensätze zählen, sollten Sie daher eine Spalte verwenden, die auch für alle Datensätze einen Eintrag enthält. Üblicherweise wird es sich dabei um das Schlüsselfeld der betreffenden Tabelle, also beispielsweise die Kunden- oder Artikelnummer, handeln. Ein Beispiel:

```
SELECT COUNT(KundenNr)
FROM Kunden
```

Sie können aber auch jedes andere Feld in die Funktion einsetzen, beispielsweise das Feld *Firma*:

```
SELECT COUNT(Firma)
FROM Kunden
```

Möglicherweise wird aber ein abweichendes Ergebnis angezeigt, etwa wenn die Tabelle auch Privatkunden enthält, für die das Feld *Firma* natürlich leer ist. Sie müssen also sehr genau darauf achten, welche Felder Sie als Argumente der Aggregatfunktionen einsetzen. Unsere vorstehenden Beispiele liefern jeweils nur einen Wert: die Anzahl der Datensätze bzw. die Anzahl der Datensätze, die im betreffenden Feld einen Eintrag enthalten.

Als Argument der Aggregatfunktion können Sie zudem das Ersatzzeichen (*) verwenden, wenn auch nur für die Funktion `COUNT`. Mit den meisten Datenbanken sollte daher auch das folgende Beispiel funktionieren:

```
SELECT COUNT(*)
FROM Kunden
```

Zu empfehlen sind jedoch die früher vorgestellten Varianten, die auch mit anderen Aggregatfunktionen Ergebnisse liefern.

Alias verwenden

Wenn andere Anwender den Ergebniswert interpretieren sollen, ist es sinnvoll, noch einen Aliasnamen zu bestimmen. SQL vergibt nämlich einen eigenen Namen. Das gilt auch dann, wenn Sie, wie im ersten Beispiel, als Argument der `COUNT`-Funktion eine bestimmte Tabellenspalte benennen. Um einen ordentlichen Namen für die Ergebnisspalte zu erhalten, können Sie daher einen Aliasnamen vorgeben. Unser erstes Beispiel hat dann folgende Form:

```
SELECT COUNT(KundenNr) AS Zahl_der_Kunden
FROM Kunden
```

Die Ergebnisspalte erhält hier die Bezeichnung *Zahl_der_Kunden*. Unter diesem Namen lässt sich das Ergebnis auch weiterverarbeiten, beispielsweise beim Einbetten von SQL-Anweisungen in andere Programmiersprachen wie VBA oder PHP. Wir kommen später noch darauf zurück.

Summen bilden

COUNT

Für die Funktion COUNT ist es relativ nebensächlich, auf welche Spalte sie angewendet wird. Sie zählt lediglich die Einträge. Alle anderen Aggregatfunktionen arbeiten aber mit diesen Einträgen. Die Funktionen lassen sich daher praktisch nur auf Spalten mit numerischen Daten anwenden. Häufig wird es sich dabei um Spalten handeln, die Währungsangaben oder Mengen enthalten. Das folgende Beispiel ermittelt die Summe der Umsätze in unserer Kundentabelle:

```
SELECT SUM(Umsatz) AS Gesamtumsatz
FROM Kunden
```

Wenn Sie eine WHERE-Klausel hinzufügen, erhalten Sie die Umsätze nach bestimmten Kriterien angezeigt. So berechnet das folgende Beispiel den Gesamtumsatz aller Leipziger Kunden:

```
SELECT SUM(Umsatz) AS Gesamtumsatz_Leipzig
FROM Kunden
WHERE Ort = 'Leipzig'
```

Sie erhalten damit bereits eine Art Gruppierung, auch wenn wir die GROUP BY-Klausel momentan noch nicht verwenden.

Durchschnittswerte bilden

Für die Durchschnittsbildung ist die Funktion AVG zuständig. Das folgende Beispiel liefert den durchschnittlichen Umsatz aller unserer Kunden:

```
SELECT AVG(Umsatz) AS Durchschnitt
FROM Kunden
```

Das gilt allerdings nur, wenn die Spalte *Umsatz* für jeden Kunden einen Wert enthält. Wenn Sie in der Tabelle *Kunden* auch potenzielle Kunden (Interessenten) speichern, werden diese nicht berücksichtigt. In der Regel ist das auch so gewollt. Durch Hinzufügen einer WHERE-Klausel lässt sich die Funktion wieder auf eine bestimmte Kundengruppe anwenden:

```
SELECT AVG(Umsatz) AS Durchschnitt
FROM Kunden
WHERE Kundensegment = 'Freiberufler'
```

Innerhalb des Arguments kann auch ein komplexer Ausdruck stehen, der zudem mehr als nur ein Feld enthalten darf. Die folgende Anweisung berechnet beispielsweise den durchschnittlichen Bruttopreis der Artikel in der gleichnamigen Tabelle:

```
SELECT AVG(Preis + (Preis*MwStSatz)) AS Durchschnitt
FROM Artikel
```

Innerhalb der Argumentklammer verwenden wir gleich zwei Felder der betreffenden Tabelle (*Preis* und *MwStSatz*). Natürlich lassen sich auch mehrere Ergebnisse gleichzeitig anzeigen. So erzeugt das folgende Beispiel drei Durchschnittswerte:

```
SELECT AVG(Preis) AS Durchschnitt_Netto,
AVG(Preis*MwStSatz) AS Durchschnitt_MwSt,
AVG(Preis + (Preis*MwStSatz)) AS Durchschnitt_Brutto
FROM Artikel
```

Achten Sie dabei auf das Komma, das, wie bei der Aufzählung von Spalten, jede Spaltendefinition abschließt.

TIPP

> Wichtig ist auch, dass sämtliche »Spalten« in der `SELECT`-Anweisung von Aggregatfunktionen gebildet werden. Es ist also nicht zulässig, ein normales Feld in die Liste aufzunehmen. Das wird erst möglich, wenn wir die Ausgabe auch noch gruppieren. Weiter unten kommen wir darauf zurück.

MAX und MIN

Mit den Funktionen `MIN` und `MAX` ermitteln Sie den kleinsten bzw. größten Wert einer Spalte bzw. einer Auswahl der Spaltenwerte. Den maximalen Preis erhalten Sie mit Anweisungen wie der folgenden:

```
SELECT MAX(Preis) AS maximaler_Preis
FROM Artikel
```

Wenn Sie eine Bedingung hinzufügen, gilt der Wert nur für eine Auswahl der Datensätze:

```
SELECT MAX(Preis) AS maximaler_Preis
FROM Artikel
WHERE Artikelgruppe = 'Glas'
```

Mit dieser Anweisung erhalten wir den höchsten Preis der Artikel, die zur Artikelgruppe *Glas* gehören. Sind für diese Artikelgruppe keine Artikel definiert, wird ein leeres Feld zurückgegeben. Wir werden weiter unten sehen, wie sich ähnliche Ergebnisse auch mit Hilfe der `GROUP BY`-Klausel erzielen lassen.

Aliasnamen hinzufügen

Die vorstehenden Beispiele erzeugen lediglich einen Wert, für den SQL einen eigenen Namen vergibt. Um den Namen der Ergebnisspalte selbst bestimmen zu können, ist daher wieder ein Aliasname erforderlich.

MIN und MAX für Textspalten

Grundsätzlich können Sie `MIN` und `MAX` auch auf Textspalten anwenden. Sie erhalten dann den in der alphanumerischen Sortierordnung ersten bzw. letzten Wert. Wir haben für diese Option aber keine sinnvolle Anwendung gefunden.

MIN und MAX für Datumsspalten

Hilfreicher ist die Möglichkeit, Datumsspalten mit `MIN` und `MAX` auszuwerten. `MIN` liefert dann das älteste Datum, `MAX` das jüngste:

```
SELECT MAX(Datum) AS Kunde_seit
FROM Kunden
```

Mit dem vorstehenden Beispiel erhalten Sie das Datum, an dem der neueste Kunde in die Tabelle *Kunden* aufgenommen wurde.

Ausdrücke als Funktionsargument

Berechnungen durchführen

Das Argument einer Aggregatfunktion muss nicht notwendig aus nur einer Spalte bestehen. Auch Ausdrücke, die gegebenenfalls mehrere Spalten umfassen, lassen sich darin unterbringen. So ist es beispielsweise möglich, im Argument der Funktionen Berechnungen durchzuführen. Das folgende Beispiel berechnet den Wert des Lagerbestands für alle in der Tabelle *Artikel* gespeicherten Artikel:

```
SELECT SUM(Preis*Lagerbestand) AS Warenwert
FROM Artikel
```

Zu diesem Zweck multiplizieren wir Preis und Lagerbestand und summieren dann alle so berechneten Werte. Eine erweiterte Variante könnte auch noch den Abschreibungsbedarf errechnen, zumindest, wenn alle Artikel mit der gleichen Rate abgeschrieben werden. Das folgende Beispiel unterstellt einen Satz von 20 Prozent:

```
SELECT SUM(Preis*Lagerbestand) AS Warenwert,
       SUM(Preis*Lagerbestand*0.2)
       AS Abschreibungsbedarf
FROM Artikel
WHERE Artikelgruppe = 'Glas'
```

Die Anweisung verwendet zudem eine `WHERE`-Klausel, welche die Berechnung auf eine bestimmte Artikelgruppe beschränkt. Wir werden im nächsten Kapitel sehen, wie sich durch Verwendung der `GROUP BY`-Klausel alle Artikelgruppen berücksichtigen lassen, ohne für jede Gruppe eine neue Abfrage definieren zu müssen.

GROUP BY und Aggregatfunktionen

Sehr interessant ist die Möglichkeit, Aggregatfunktionen im Zusammenhang mit Gruppen einzusetzen. So können Sie beispielsweise den Durchschnittsumsatz der einzelnen Kundensegmente mit einer Anweisung wie der folgenden ermitteln:

```
SELECT Kundensegment,
       AVG(Umsatz) AS durchschnittlicher_Umsatz
FROM Kunden
GROUP BY Kundensegment
```

Beachten Sie die Auflistung in der SELECT-Zeile: Die Liste besteht aus einem normalen Feld (*Kundensegment*) und einer Aggregatfunktion, also aus zwei Spalten. Diese Kombination ist nur möglich, wenn das »normale« Feld in der GROUP BY-Klausel auch als Gruppierungsfeld verwendet wird.

Im Beispiel werden die Kundensegmente und die Durchschnittswerte der Umsätze ermittelt und ausgegeben. Die Ergebnistabelle (Abbildung L8.1) enthält also zwei Spalten.

Kundensegment	durchschnittlicher_Umsatz
Freiberufler	98.333,56 €
Gewerbe	7.449,18 €
Privat	1.600,00 €

Abb. L8.1: Nach Kundensegmenten gruppierte Umsätze

Die Aggregatfunktion fasst also immer nur die Umsätze der in der GROUP BY-Klausel genannten Gruppe zusammen. In der Ergebnistabelle erhalten wir für jede Wertausprägung in der Gruppierungsspalte eine Zeile.

Beachten Sie, dass wir in diesem Fall keine WHERE-Klausel verwendet haben. GROUP BY sorgt selbst dafür, dass die richtigen Datensätze für jede Gruppe ausgewählt werden. Wir werden später sehen, wie GROUP BY und WHERE zusammenarbeiten.

Mehrere Aggregatfunktionen verwenden

Natürlich lassen sich auch wieder mehrere Aggregatfunktionen gleichzeitig verwenden. Das folgende Beispiel ermittelt den minimalen und den maximalen Preis der einzelnen Artikel in unserer Artikeltabelle:

```
SELECT Artikelgruppe,
       MIN(Preis) AS minimaler_Preis,
       MAX(Preis) AS maximaler_Preis
FROM Artikel
GROUP BY Artikelgruppe
```

Die Anweisung liefert die genannten Preise für jede in der Tabelle enthaltene Artikelgruppe (Abbildung L8.2).

	Artikelgruppe	minimaler_Preis	maximaler_Preis
	Glas	22,67 €	123,45 €
	Holz	10,00 €	22,11 €
	Keramik	29,75 €	370,00 €
	Kupfer	123,45 €	222,45 €
	Papier	22,33 €	123,45 €

Abb. L8.2: Ergebnistabelle einer SELECT-Abfrage mit GROUP BY

Damit nicht unendlich viele Dezimalstellen ausgegeben werden, können Sie auf den berechneten Ausdruck auch noch die ROUND-Funktion anwenden. Sie erhalten dann eine Anweisung wie die folgende:

```
SELECT Artikelgruppe,
       ROUND(MIN(Preis), 2) AS minimaler_Preis,
       ROUND(MAX(Preis), 2) AS maximaler_Preis
FROM Artikel
GROUP BY Artikelgruppe
```

Das Feld *Artikelgruppe* lässt sich nur deshalb in der SELECT-Zeile verwenden, weil es auch in der GROUP BY-Klausel erscheint. In der vorstehenden Anweisung ist es nicht möglich, beispielsweise das Feld *Artikelname* hinzuzufügen. Dieses erscheint nicht als Gruppierungsfeld und darf daher auch nicht in der SELECT-Zeile stehen.

Weitere Aggregatfunktionen verwenden

Allerdings können Sie weitere Aggregatfunktionen verwenden. Im Argument der Aggregatfunktionen lassen sich dabei auch andere Felder einsetzen. Sinnvoll ist das jedoch nicht, weil sich die Berechnungen dann auf unterschiedliche Spalten beziehen. Wollen Sie beispielsweise den Durchschnittspreis, die Anzahl der Artikel und den maximalen Preis für jede Artikelgruppe ermitteln, sollten Sie auch das gleiche Feld als Argument der Aggregatfunktionen verwenden:

```
SELECT Artikelgruppe,
       AVG(Preis) AS Durchschnittspreis,
       COUNT(Preis) AS Artikelzahl,
       MAX(Preis) AS maximaler_Preis
```

```
FROM Artikel
GROUP BY Artikelgruppe
```

Das Beispiel erzeugt eine Ergebnistabelle mit vier Spalten. Für jede Artikelgruppe wird dabei jeweils eine Zeile angezeigt. Zudem berücksichtigt die Anweisung alle Datensätze der Tabelle. Wollen Sie nur bestimmte Datensätze zulassen, müssen Sie wieder eine `WHERE`-Klausel hinzufügen.

GROUP BY-Klausel und WHERE-Klausel

Kommt noch eine `WHERE`-Klausel hinzu, ändert sich das Ergebnis in der Regel, weil `WHERE` bereits eine Vorauswahl trifft. Im folgenden Beispiel werden nur solche Datensätze berücksichtigt, die im Feld *Lagerbestand* mindestens den Wert 1 enthalten:

```
SELECT Artikelgruppe,
       AVG(Preis) AS Durchschnittspreis,
       COUNT(Preis) AS Artikelzahl,
       MAX(Preis) AS MaxPreis
FROM Artikel
WHERE Lagerbestand > 0
GROUP BY Artikelgruppe
```

Durchschnittspreis, maximaler Preis und Artikelzahl beziehen sich auch nur noch auf diese Datensätze. Alle anderen werden erst gar nicht ausgewertet. Es ist zudem möglich, dass sich die Zahl der angezeigten Artikelgruppen verringert. Das wird der Fall sein, wenn alle Artikel einer bestimmten Artikelgruppe momentan keinen Lagerbestand aufweisen. Die komplette Gruppe erscheint dann auch nicht in der Ergebnistabelle.

Kurz: Die `WHERE`-Klausel filtert bereits die Datensätze. Nur solche Datensätze werden von der Aggregatfunktion und der `GROUP BY`-Klausel berücksichtigt, die `WHERE` übrig lässt.

Komplexe Bedingungen

Wie üblich kann die `WHERE`-Klausel auch aus sehr komplexen Bedingungen bestehen. Sollen beispielsweise nur bestimmte Artikelgruppen angezeigt werden, lassen sich diese in der

WHERE-Klausel angeben. Die Einzelbedingungen sind dabei mit dem Operator OR zu verknüpfen:

```
SELECT Artikelgruppe,
       AVG(Preis) AS Durchschnittspreis,
       COUNT(Preis) AS Artikelzahl,
       MAX(Preis) AS maximaler_Preis
FROM Artikel
WHERE Artikelgruppe = 'Holz' OR
      Artikelgruppe = 'Keramik'
GROUP BY Artikelgruppe
```

Das vorstehende Beispiel berücksichtigt lediglich die Artikelgruppen *Holz* und *Keramik*. Weil nur diese von der WHERE-Klausel zugelassen werden, kann GROUP BY auch nur diese gruppieren. Ein ähnlicher Effekt lässt sich mit der HAVING-Klausel erzielen.

Gruppierung über mehrere Spalten

Eine Gruppierung kann mehrere Spalten umfassen. Anders formuliert: Die GROUP BY-Klausel kann eine Liste mit Spaltennamen enthalten. Wie bei anderen Listen üblich, sind die einzelnen Spaltenbezeichnungen durch Kommata abzugrenzen. Die folgende Anweisung verwendet die Felder *Artikelgruppe* und *Lagerort*:

```
SELECT Artikelgruppe,
       Lagerort,
       COUNT(Artikelname) AS Anzahl_der_Artikel,
       SUM(Preis * Lagerbestand) AS Warenwert
FROM Artikel
GROUP BY Artikelgruppe, Lagerort
```

Die in der SELECT-Liste aufgeführten »normalen« Felder müssen auch in der GROUP BY-Klausel erscheinen. Das vorstehende Beispiel enthält zudem noch die Anzahl der Artikel pro Gruppe bzw. Untergruppe. Dieses Feld hilft vielleicht, die Wirkung der Abfrage besser zu verstehen. Praktisch wird jede Artikelgruppe mit jedem Lagerort kombiniert, vorausgesetzt, dass es dazu passende Datensätze gibt. Abbildung L8.3 zeigt zunächst das Ergebnis.

Artikelgruppe	Lagerort	Anzahl_der_Artikel	Warenwert_in_Euro
Glas	Bremen	1	22,67
Glas	Köln	1	123,45
Glas	Leipzig	2	28
Holz	Dresden	3	176,21
Keramik	Dresden	1	113,7
Keramik	Köln	4	1956,7
Keramik	Leipzig	2	151,85

Abb. L8.3: Ergebnistabelle mit Gruppen und Untergruppen

Die Spalte *Artikelgruppe* bildet praktisch eine Art Obergruppe. Innerhalb dieser Gruppe erhalten wir nun für jeden Lagerort, an dem Artikel dieser Gruppe gelagert sind, eine Untergruppe. Wie aus der Abbildung hervorgeht, lagern Artikel der Gruppe *Glas* beispielsweise an den Orten Bremen, Köln und Leipzig. Für die Gruppe *Glas* erhalten wir folglich drei Ergebniszeilen. Alle Artikel, die zur Gruppe *Holz* gehören, lagern hingegen in Dresden. Folglich erhalten wir dafür auch nur eine Ergebniszeile.

Ergebnis interpretieren

Die Anzahl der Artikel bezieht sich nur auf die Anzahl der verschiedenen Artikel, nicht auf den Lagerbestand. So lagern in Leipzig zwei verschiedene Artikel der Gruppe *Glas*, beispielsweise kleine und große Gläser. Folglich liefert die Spalte auch nur den Wert 2. Es können aber Tausende von Gläsern sein. Der Lagerbestand ist damit nicht erfasst. Dieser wird nur indirekt bei der Berechnung des Warenwerts verwendet (`Preis * Lagerbestand`). Zwar könnten wir den Lagerbestand ermitteln, beispielsweise durch Einfügen der folgenden Zeile:

```
SUM(Lagerbestand) AS Menge_der_Artikel,
```

Die Menge der Artikel (Lagerbestand der Artikel) würde sich aber immer auf die Gruppe bzw. die Untergruppe beziehen. Wenn wir beispielsweise für die Gruppe Glas/Leipzig als Ergebnis den Wert 2000 erhalten und damit zwei verschiedene Artikel gemeint sind, können wir nicht sagen, wie viele davon nun kleine und wie viele große Gläser sind. Wir können allerdings für jeden Artikel eine weitere Untergruppe erzeugen, beispielsweise mit der folgenden Anweisung:

```
SELECT Artikelgruppe,
       Lagerort,
       Artikelname,
       COUNT(Artikelname) AS Anzahl_der_Artikel,
       SUM(Preis * Lagerbestand) AS Warenwert
FROM Artikel
GROUP BY Artikelgruppe, Lagerort, Artikelname
```

Der Artikelname muss dann sowohl in der `SELECT`-Liste als auch in der `GROUP BY`-Klausel erscheinen. Da wir nun jeden Artikel als separate Gruppe betrachten, erhalten wir auch sehr viele Zeilen. Zudem muss die Zählung der Artikel (der Artikelnamen) eigentlich immer den Wert 1 liefern. Die Berechnung der Anzahl der Artikel (`COUNT(Artikelname)`) könnte damit eigentlich entfallen. Wir haben sie zur Ergebniskontrolle dennoch beibehalten. Zumindest bei `NULL`-Werten in der Spalte *Artikelname* oder bei gleichen Artikelnamen kann es hier zu Abweichungen kommen.

Gruppenauswahl mit HAVING

Mit der `WHERE`-Klausel bestimmen Sie, welche Datensätze bei der Abfrage berücksichtigt werden. `HAVING` ist hingegen für die Auswahl von Gruppen zuständig. Hat eine `SELECT`-Abfrage mit `GROUP BY` bestimmte Gruppen erzeugt, können Sie nun mit `HAVING` vorgeben, welche davon in der Ergebnistabelle erscheinen sollen. Das weiter oben gezeigte Beispiel mit der `WHERE`-Klausel lässt sich daher auch wie folgt schreiben:

```
SELECT Artikelgruppe,
       AVG(Preis) AS Durchschnittspreis,
       COUNT(Preis) AS Artikelzahl,
       MAX(Preis) AS maximaler_Preis
FROM Artikel
GROUP BY Artikelgruppe
HAVING Artikelgruppe = 'Holz' OR
```

```
        Artikelgruppe = 'Keramik'
```

Der einfache Austausch der WHERE-Klausel gegen eine HAVING-Klausel könnte nun zu der Annahme verleiten, dass beide die gleiche oder zumindest eine ähnliche Funktion erfüllen. Das gilt jedoch nur für das vorstehende Beispiel, bei dem es sich eher um eine Ausnahme handelt. Beide Klauseln erfüllen grundsätzlich unterschiedliche Funktionen. So lässt sich das folgende Beispiel nur mit HAVING realisieren:

```
SELECT Artikelgruppe,
       AVG(Preis) AS Durchschnittspreis,
       COUNT(Preis) AS Artikelzahl,
       MAX(Preis) AS maximaler_Preis
FROM Artikel
GROUP BY Artikelgruppe
HAVING AVG(Preis) >= 100
```

Das Beispiel zeigt nur Artikelgruppen an, deren Artikeldurchschnittspreis größer oder gleich 100 ist. Mit WHERE könnten Sie lediglich einzelne Artikel (Datensätze) ausschließen. Damit würden Sie aber eine ganz andere Ergebnistabelle erhalten. HAVING wirkt also erst ganz zum Schluss, wenn eine SELECT/FROM/WHERE/GROUP BY-Anweisung bereits Datensätze ausgewählt und Gruppen erzeugt hat.

WHERE, GROUP BY und HAVING

Für das Verständnis komplexer Abfragen ist es wichtig, zu verstehen, dass die drei Klauseln nacheinander wirksam werden:

1. Zunächst selektiert die WHERE-Klausel bestimmte Datensätze.
2. Aus diesen Datensätzen erzeugt GROUP BY dann die gewünschten Gruppen.
3. HAVING wählt schließlich noch unter den Gruppen aus.

HAVING sieht folglich auch keine Datensätze mehr, sondern nur noch Gruppen. Kurz: HAVING und GROUP BY arbeiten sehr eng zusammen. Wie WHERE erwartet HAVING eine Bedingung. Die folgende Anweisung fasst alle drei Klauseln in einer Abfrage zusammen:

```
SELECT Artikelgruppe,
       AVG(Preis) AS Durchschnittspreis,
       COUNT(Preis) AS Artikelzahl,
       MAX(Preis) AS maximaler_Preis
FROM Artikel
WHERE Lagerbestand > 0
GROUP BY Artikelgruppe
HAVING AVG(Preis) >= 100
```

Die Anweisung zeigt, wie die drei Klauseln zu verwenden sind. Die hier vorgestellte Reihenfolge ist zudem zwingend. Andernfalls erhalten Sie eine Fehlermeldung angezeigt.

HAVING-Bedingung definieren

Die Bedingung in der HAVING-Klausel kann sich nur auf Felder beziehen, die in der SELECT-Anweisung verwendet werden. Im vorstehenden Beispiel sind das nur vier Felder: das Feld *Artikelgruppe* und die temporären Felder, die durch die Anwendung der Aggregatfunktionen entstehen. Nur diese Felder bekommt die HAVING-Klausel noch zu sehen. Für unser vorstehendes Beispiel sind folglich noch HAVING-Bedingungen wie die folgenden möglich:

```
HAVING Artikelgruppe = 'Keramik'
HAVING Count(Preis) > 10
HAVING Max(Preis) > 100
```

Sie müssen also die Ausdrücke verwenden, mit denen Sie die temporären Spalten gebildet haben. Auch wenn Sie Aliasnamen definieren, können Sie diese nicht einsetzen.

Zusammengesetzte Bedingungen

HAVING-Bedingungen lassen sich, wie schon in der WHERE-Klausel, aus mehreren Einzelbedingungen zusammensetzen. Einen Sonderfall bildet das Zählen von Zeilen pro Gruppe. Die folgende Anweisung liefert nur Artikelgruppen, die mehr als zwei Artikel (Zeilen pro Gruppe) enthalten:

```
SELECT Artikelgruppe,
       AVG(Preis) AS Durchschnittspreis
FROM Artikel
GROUP BY Artikelgruppe
HAVING COUNT(*) > 2
```

Die `HAVING`-Bedingung bezieht sich in diesem Fall auf die Datensätze (Zeilen), die in der jeweiligen Gruppe enthalten sind.

L9 Abfragen über mehrere Tabellen

Damit Abfragen über mehrere Tabellen möglich sind, müssen die betreffenden Tabellen über Spalten verfügen, die sich als Verknüpfungsspalten eignen. Zudem müssen die Verknüpfungsfelder in der Regel mit einem Index versehen sein, um die Abfrage zu ermöglichen. Wir kommen auf diesen Punkt noch zurück.

Verknüpfung über Fremdschlüssel

Häufig wird es sich dabei um ein Schlüsselfeld, beispielsweise die Kundennummer, handeln. Dieses Feld ist dann auch in der zweiten Tabelle vorhanden. Hier fungiert es als sogenannter *Fremdschlüssel*. Abfragen über mehrere Tabellen liefern Ergebnistabellen, die sich nicht mehr als Untermenge bestehender Tabellen interpretieren lassen. Die Ergebnistabellen enthalten in der Regel Daten aus mindestens zwei Ursprungstabellen.

Tabellen verknüpfen

Für die Verknüpfung sind spezielle Sprachelemente definiert, auf die weiter unten noch eingegangen werden soll. Für ein erstes Beispiel kommen wir aber schon mit der `WHERE`-Klausel aus. Eigentlich genügt es, die beteiligten Tabellen in der `FROM`-Klausel durch Kommata getrennt aufzulisten und eine Verknüpfungsbedingung zu definieren.

Verknüpfungsbedingung definieren

Als Verknüpfungsbedingung verlangen wir, dass der Primärschlüssel und der Fremdschlüssel identisch sein sollen. Wenn wir Datensätze aus den Tabellen *Kunden* und *Rechnungen* verknüpfen wollen, muss in beiden Tabellen ein Feld für die Kundennummer enthalten sein. Die beiden Felder müssen nicht den gleichen Namen tragen. Ist das jedoch der Fall, sind qualifizierte (vollständige) Bezeichnungen erforderlich, die auch den Tabellennamen umfassen. Die Bedingung kann dann folgende Form haben:

```
WHERE Kunden.KundenNr = Rechnungen.KundenNr
```

Tragen die Spalten unterschiedliche Bezeichnungen, können Sie in der Regel auf die Tabellennamen verzichten. Dennoch dürfte es sinnvoll sein, diese aus Gründen der Übersichtlichkeit zu verwenden. Die vollständige Anweisung hat folgende Form:

```
SELECT *
FROM Kunden, Rechnungen
WHERE Kunden.KundenNr = Rechnungen.KundenNr
```

Damit erhalten Sie alle Datensätze aus der Tabelle *Kunden*, denen Datensätze in der Tabelle *Rechnungen* zugeordnet sind. Die Bedingung bezieht sich auf die Spalte *KundenNr* in der Tabelle *Kunden* und die gleichnamige Spalte der Tabelle *Rechnungen*. Wenn diese übereinstimmen, wird ein Ergebnisdatensatz erzeugt. Natürlich ist es wieder sinnvoll, nur die gewünschten Spalten in der SELECT-Liste anzugeben.

Da für einen Datensatz aus der Tabelle *Kunden* oft mehrere Rechnungen existieren, kann ein Datensatz aus der Kundentabelle auch mehrfach vorkommen. Für jeden zugehörigen Datensatz aus der Rechnungstabelle wird immer wieder auch der betreffende Kunde ausgegeben.

Firma	Name	RechnungsNr	Rechnungsbetrag
Maier KG	Maier	1	2.130,00 €
Maier KG	Maier	2	15,20 €
Maier KG	Maier	3	1.385,55 €

Tab. L9.1: Mehrfachanzeige eines Datensatzes (Teilansicht)

Wenn für Maier 20 Rechnungen vorhanden sind, erscheint der Kunde Maier auch zwanzigmal in der Ergebnistabelle. Wie wir später im Kapitel noch zeigen werden, lassen sich aber auch bei Abfragen über mehrere Tabellen die Gruppierungsfunktionen verwenden.

> Das vorstehende Beispiel gibt nur Kunden aus, für die schon Rechnungen vorhanden sind. Ist das noch nicht der Fall, erscheint der Kunde auch nicht in der Ergebnistabelle.

TIPP

Natural Join

Die Verknüpfung, die wir mit dem Beispiel erzeugt haben, wird üblicherweise als Natural Join bezeichnet, weil sie quasi als natürliche Verknüpfung betrachtet wird. Wir werden später zeigen, wie Sie einen Natural Join mit anderen Sprachelementen definieren können.

Probleme bei Verwendung von mehreren Tabellen

Die Verwendung von mehreren Tabellen kann zu erheblichen Problemen führen, wenn die Verknüpfung nicht korrekt definiert ist oder Sie diese ganz vergessen. Wenn Sie beispielsweise in der zuletzt gezeigten Anweisung die `WHERE`-Klausel weglassen, wird jeder Datensatz aus der ersten Tabelle mit jedem Datensatz aus der zweiten Tabelle verknüpft. Bei zwei Tabellen mit je 100 Datensätzen erhalten Sie dann eine Ergebnistabelle mit 10.000 Zeilen. Die Verknüpfung muss daher mit größter Sorgfalt erfolgen.

Spalten benennen

Bei Verwendung des Ersatzzeichens * liefert die Abfrage alle Spalten der verknüpften Tabellen. Das ist aber selten erforderlich. Üblicherweise benötigen Sie nur eine Untermenge. In der `SELECT`-Anweisung sind dann die Spalten aufzulisten, die in der Ergebnistabelle erscheinen sollen. Grundsätzlich können Sie die Spalten wie gewohnt mit ihrem Namen auflisten, auch wenn diese zu unterschiedlichen Tabellen gehören:

```
SELECT Kunden.KundenNr, Firma, Ort,
       RechnungsNr,
       Rechnungsbetrag,
```

```
        Rechnungen.Datum
FROM Kunden, Rechnungen
WHERE Kunden.KundenNr = Rechnungen.KundenNr
```

Vollständige Spaltenbezeichnungen

Dabei ist jedoch auf gleichnamige Spalten zu achten. Um diese unterscheiden zu können, müssen Sie die Feldnamen gegebenenfalls mit dem vorangestellten Tabellennamen kennzeichnen.

Firma	Ort	RechnungsNr	Rechnungsbetrag	Datum
Maier KG	Dresden	2	15,20 €	29.06.2007
Maier KG	Dresden	3	1.385,55 €	21.07.2007
Meier GmbH	Osnabrück	4	977,04 €	12.05.2007
Müller OHG	Bad Homburg	5	222,33 €	12.06.2007

Tab. L9.2: Kunden und Rechnungen (Teilansicht)

Im vorstehenden Beispiel gilt das beispielsweise für die *KundenNr* und das *Datum*. Abbildung L9.2 zeigt die Ergebnistabelle für die von uns verwendeten Beispieldaten. Die nachfolgende Anweisung vermeidet Zweideutigkeiten, indem sie genau festlegt, welches Feld aus welcher Tabelle gemeint ist:

```
SELECT Kunden.KundenNr,
       Kunden.Firma,
       Kunden.Ort,
       Rechnungen.RechnungsNr,
       Rechnungen.Rechnungsbetrag,
       Rechnungen.Datum
FROM Kunden, Rechnungen
WHERE Kunden.KundenNr = Rechnungen.KundenNr
```

Eine solche Schreibweise erleichtert zudem die Lesbarkeit des Codes. Wollen Sie gleichnamige Felder ausgeben, ist dafür ein Aliasname zu bestimmen, damit sich die Felder in der Ergebnistabelle unterscheiden:

```
SELECT Kunden.Datum AS Kundendatum ...
SELECT Rechnungen.Datum AS Rechnungsdatum ...
```

Eine Umbenennung wird vor allem dann erforderlich sein, wenn Sie die Spaltenbezeichnungen noch benötigen, beispielsweise bei der Einbettung von SQL-Anweisungen in andere Programmiersprachen.

Die JOIN-Klauseln

Mit einer WHERE-Bedingung, die zwei ähnliche Felder aus verschiedenen Tabellen verknüpft, wird bereits ein sogenannter Join definiert. Dieser funktioniert so, dass nur Kunden angezeigt werden, für die in der untergeordneten Tabelle auch schon Rechnungen existieren. An Stelle der WHERE-Klausel können Sie dafür auch die JOIN-Klausel (genauer: die Klausel INNER JOIN) einsetzen. Diese wird mit der FROM-Klausel verbunden, sodass sich beispielsweise die folgende Anweisung ergibt:

```
SELECT Kunden.KundenNr,
       Kunden.Firma,
       Kunden.Ort,
       Rechnungen.RechnungsNr,
       Rechnungen.Rechnungsbetrag,
       Rechnungen.Datum
FROM Kunden INNER JOIN Rechnungen
ON Kunden.KundenNr = Rechnungen.KundenNr
```

INNER JOIN

Diese Anweisung funktioniert mit praktisch jedem Datenbanksystem, auch mit Access und MySQL. Die Anwendung von INNER JOIN stellt eigentlich eine Erweiterung der FROM-Klausel dar. INNER JOIN benötigt zudem die ON-Klausel, die praktisch wie eine WHERE-Klausel wirkt. So ergibt sich das folgende Schema:

```
...
FROM Tabelle1 INNER JOIN Tabelle2
ON Tabelle1.Spalte = Tabelle2.Spalte
```

Grundsätzlich ist auch die folgende Variante möglich, die auf die ON-Klausel verzichtet und dafür die Erweiterung USING verwendet. Hier ist dann die Verknüpfungsspalte anzugeben:

```
...
FROM Tabelle1 INNER JOIN Tabelle2
USING (Spalte)
```

Diese Variante setzt aber schon voraus, dass das Verknüpfungsfeld in beiden Tabellen die gleiche Bezeichnung trägt. In diesem Fall können Sie aber auch gleich die folgende Variante verwenden:

```
...
FROM Tabelle1 NATURAL JOIN Tabelle2
```

Da hier die Verknüpfungsspalten erst gar nicht benannt werden, muss es genau eine Spalte geben, die in beiden Tabellen die gleiche Bezeichnung trägt. Die Verknüpfung kann sonst nicht funktionieren.

Am sichersten ist wohl die etwas umständliche erste Variante, die praktisch keine Voraussetzungen bezüglich der Spaltenbenennung macht. Sie dürfte zudem mit praktisch allen Datenbanken funktionieren, was von den letztgenannten nicht unbedingt gesagt werden kann. Zumindest Access akzeptiert nur die erste Variante.

Verschiedene Join-Typen

Ein Natural Join (oder Inner Join) bildet praktisch die Standardverknüpfung. Gelegentlich sollen jedoch alle Datensätze der ersten Tabelle (beispielsweise alle Kunden) ausgegeben werden, auch wenn dafür noch keine Datensätze in der untergeordneten Tabelle (etwa der Rechnungstabelle) vorhanden sind. Die folgende Übersicht zeigt, welche Join-Typen grundsätzlich zur Verfügung stehen.

- Natural Join / Inner Join
- Outer Join
- Theta Join

Die schon vorgestellten Varianten Natural Join, Equi Join und Inner Join sind praktisch identisch. Sie bilden Verknüpfungen, bei denen grundsätzlich nur Datensätze angezeigt werden, für die in den Verknüpfungsfeldern beider Tabellen gleiche Einträge enthalten sind.

Natural Join / Inner Join

Beim Outer Join werden immer alle Datensätze der linken oder alle Datensätze der rechten Tabelle angezeigt, auch wenn in der jeweils anderen Tabelle keine zugeordneten Datensätze enthalten sind. Folglich lassen sich Outer Joins noch mit `LEFT`- und `RIGHT`-Klauseln spezifizieren. Bei einem `LEFT OUTER JOIN` werden alle Datensätze der linken Tabelle (der ersten Tabelle) angezeigt, auch wenn dafür keine Datensätze in der rechten Tabelle (der zweiten Tabelle) enthalten sind. Die Bezeichnung `OUTER` kann oft auch entfallen, sodass in der Regel die Angaben `LEFT JOIN` und `RIGHT JOIN` genügen.

Outer Join

Eine eher exotische Variante ist der Theta Join. Normalerweise werden Tabellen über gleiche Einträge in bestimmten Spalten verknüpft. Die Verknüpfungsbedingung muss aber nicht unbedingt mit dem Gleichheitsoperator gebildet werden. Auch Ungleichheit und Kleiner/Größer-Vergleiche sind möglich. Es handelt sich dann um einen sogenannten Theta Join.

Theta Join

Einschränkungen

Die Darstellung der verschiedenen Typen ist nicht in allen Dokumentationen einheitlich, weswegen die vorstehende Übersicht nur eine grobe Einteilung bietet. Auch die Unterstützung der entsprechenden Sprachelemente kann sich je nach Datenbanksystem erheblich unterscheiden. Zudem unterstützen viele Datenbanksysteme nur eine Teilmenge der noch vorzustellenden Sprachelemente. Wir werden gelegentlich auf Einschränkungen, insbesondere bei Access und MySQL, hinweisen.

Variationen

Für die wichtigsten Joins existieren, wie schon teilweise gezeigt, eigene Klauseln, die sich alternativ zur WHERE-Klausel verwenden lassen bzw. diese ganz ersetzen. Auch können Ausdrücke häufig vereinfacht werden. Das folgende Beispiel sollte mit MySQL funktionieren, jedoch nicht mit Access. Es verwendet in der ON-Klausel lediglich eine Spalte. Diese muss in beiden Tabellen enthalten sein:

```
SELECT Firma,
       Rechnungsbetrag
FROM Kunden INNER JOIN Rechnungen
ON KundenNr
```

TIPP

Es ist dringend zu empfehlen, dass Sie sich vor längeren Experimenten mit den verschiedenen Varianten erst einmal die Syntaxbeschreibung in der jeweiligen Dokumentation bzw. dem Hilfesystem anschauen. Wir werden in diesem Buch nicht alle Varianten behandeln können.

OUTER JOIN

Beim Outer Join werden alle Datensätze einer der Tabellen angezeigt. Ob es sich dabei um die linke oder rechte Tabelle handelt, bestimmen Sie mit den Schlüsselwörtern LEFT und RIGHT. Das folgende Beispiel zeigt alle Datensätze der linken Tabelle an, in unserem Fall also der Tabelle *Kunden*:

```
SELECT Firma,
       Rechnungsbetrag,
       Rechnungen.Datum
FROM Kunden
LEFT OUTER JOIN Rechnungen
ON Kunden.KundenNr = Rechnungen.KundenNr
```

Wenn für einen Datensatz der linken Tabelle keine Datensätze in der rechten Tabelle (hier *Rechnungen*) enthalten sind, werden in den betreffenden Spalten Nullwerte ausgegeben. In der Regel können Sie auf das Schlüsselwort OUTER sogar verzichten. Die vorstehende Anweisung lässt sich dann auch wie folgt schreiben:

```
SELECT Firma,
       Rechnungsbetrag,
       Rechnungen.Datum
FROM Kunden
LEFT JOIN Rechnungen
ON Kunden.KundenNr = Rechnungen.KundenNr
```

Damit ist aber immer ein Outer Join gemeint. Eine Left-Join-Verknüpfung werden Sie relativ häufig nutzen können. Sie entspricht der Tabellenbeziehung 1:n, wobei n für beliebig viele Datensätze steht, von 0 bis (theoretisch) unendlich.

Right Join

Wesentlich seltener dürfte ein Right Join sein. Dies würde bedeuten, dass in der rechten Tabelle Datensätze enthalten sind, denen in der linken keine Datensätze entsprechen. Bei der hierarchischen Struktur unserer Beispieltabellen darf das eigentlich gar nicht vorkommen. Alle Rechnungen müssen auch einem Kunden zugeordnet sein, weil sie sonst keinen Sinn machen. Unsere Datenbank wäre dann nicht mehr konsistent. Allerdings sind in komplexen Datenbanken auch Right-Join-Verknüpfungen möglich.

WHERE-Klausel hinzufügen

Auch beim Einsatz von `JOIN` lässt sich zusätzlich noch eine `WHERE`-Klausel verwenden. Das folgende Beispiel zeigt alle Kunden und, wenn vorhanden, alle zugehörigen Rechnungen an, soweit die Kunden nur aus Dresden stammen:

```
SELECT Firma, Ort,
       Rechnungsbetrag,
       Rechnungen.Datum
FROM Kunden
LEFT JOIN Rechnungen
ON Kunden.KundenNr = Rechnungen.KundenNr
WHERE Ort = 'Dresden'
```

Die Bedingung kann sich auf die linke, die rechte oder beide Tabellen beziehen. Wie das folgende Beispiel zeigt, sind also auch zusammengesetzte Bedingungen möglich:

```
SELECT Firma, Ort,
       Rechnungsbetrag,
       Rechnungen.Datum
FROM Kunden
LEFT JOIN Rechnungen
ON Kunden.KundenNr = Rechnungen.KundenNr
WHERE Ort = 'Dresden'  AND Rechnungsbetrag > 200
```

Die Anweisung liefert alle Rechnungen, die zu einem Kunden aus Dresden gehören und die einen Betrag von 200 Euro überschreiten.

Theta Joins

Wenn Sie in Verknüpfungsbedingungen andere Operatoren als das Gleichheitszeichen verwenden, handelt es sich um einen Theta Join. Für Tabellen, die wie unsere Tabellen *Kunden* und *Rechnungen* in einer sehr engen hierarchischen Beziehung stehen, sind Theta Joins nicht gedacht. Sie eignen sich besser dazu, in ähnlich strukturierten Tabellen bestimmte Beziehungen aufzudecken. In dieser Einführung soll nicht weiter darauf eingegangen werden. Sie werden auch nur von wenigen Datenbanksystemen unterstützt.

Gruppierungen

Auch Abfragen über mehrere Tabellen können Gruppierungen erzeugen, also die `GROUP BY`-Klausel und Aggregatfunktionen verwenden. So lassen sich beispielsweise die Umsätze der Kunden für die einzelnen Orte aus den Rechnungsbeträgen ermitteln. Dazu verwenden Sie die Aggregatfunktion `SUM` und gruppieren dann über das Feld *Ort*:

```
SELECT Ort, SUM(Rechnungsbetrag) AS Umsatz
FROM Kunden INNER JOIN Rechnungen
ON Kunden.KundenNr = Rechnungen.KundenNr
GROUP BY Ort
```

Wollen Sie den Umsatz lediglich für bestimmte Kunden ermitteln, wird zusätzlich eine WHERE-Klausel benötigt:

```
SELECT Firma, SUM(Rechnungsbetrag) AS Umsatz
FROM Kunden INNER JOIN Rechnungen
ON Kunden.KundenNr = Rechnungen.KundenNr
WHERE Firma = 'Böger' OR Firma = 'Rumsfeld'
GROUP BY Firma
```

Die WHERE-Klausel sorgt dafür, dass nur Datensätze der Firmen Böger und Rumsfeld berücksichtigt werden. In der Ergebnistabelle erhalten wir dann für jede der genannten Firmen eine Zeile.

Mengenoperationen

Mit Mengenoperationen bilden Sie aus den Daten verschiedener Tabellen Schnittmengen, Vereinigungsmengen oder Differenzmengen. Im Gegensatz zu einer Verknüpfung, die nach bestimmten Regeln Datensätze zuordnet, besteht zwischen den Tabellen einer Mengenoperation keine Abhängigkeitsbeziehung. SQL stellt dafür die Operatoren UNION, EXCEPT und INTERSECT zur Verfügung. Allerdings werden Sie in vielen Datenbanksystemen lediglich UNION nutzen können. Das gilt auch für Access und MySQL.

UNION – Vereinigungsmengen

UNION kann Tabellen und SELECT-Anweisungen verwenden. Voraussetzung ist jedoch, dass die Anzahl der Felder, nicht jedoch deren Typ oder Länge, übereinstimmt. Es können also nur Datensätze aus Tabellen oder Abfragen mit einer sehr ähnlichen Struktur vereint werden. UNION erzeugt wie eine normale

`SELECT`-Abfrage lediglich eine temporäre Ergebnistabelle. Die beteiligten Einzeltabellen werden dadurch nicht verändert.

Die Syntax lässt erkennen, dass Sie mehrere `UNION`-Operatoren einsetzen und somit auch mehr als zwei Tabellen vereinen können:

```
TABLE Tabelle1 UNION [ALL]
TABLE Tabelle2 [UNION [ALL]]
TABLE Tabelle[n]
```

Einer bereits erstellten Tabelle ist das reservierte Wort `TABLE` voranzustellen. Für das Zusammenführen von zwei Tabellen genügt bereits die folgende Anweisung.

```
TABLE Kunden
UNION
TABLE KundenNeu
```

Dieses Beispiel funktioniert auch mit Access. Beide Tabellen müssen natürlich schon vorhanden sein und eine identische bzw. sehr ähnliche Struktur aufweisen.

TIPP

Unter Access können Sie recht leicht die Kopie einer Tabelle anlegen. Dazu markieren Sie die gewünschte Tabelle im Datenbankfenster und betätigen dann nacheinander die Menüoptionen *Bearbeiten / Kopieren* und *Bearbeiten / Einfügen*. Sie müssen anschließend noch einen Namen für die Kopie vergeben. Beachten Sie aber, dass das letzte Beispiel identische Datensätze in beiden Tabellen nur einmal in die Ergebnistabelle übernimmt. Es kann daher sinnvoll sein, in der Kopie einige Datensätze zu ändern.

ALL-Operator

`UNION` unterdrückt zunächst mehrfach vorkommende Datensätze. Verwenden Sie hingegen den optionalen Operator `ALL`, werden alle Datensätze in die Ergebnistabelle übernommen:

```
TABLE Kunden
UNION ALL
TABLE KundenNeu
```

Wesentlich flexibler gestaltet sich die Bildung von Vereinigungsmengen, wenn Sie an Stelle kompletter Tabellen SELECT-Abfragen verwenden. Sie können dann auch WHERE-Klauseln nutzen und eine Auswahl der Tabellenspalten vornehmen. Die Syntax hat etwas vereinfacht folgende Form:

Abfragen statt Tabellen

```
SELECT Spalte1, Spalte2 FROM Tabelle1 WHERE Bedingung
UNION
SELECT Spalte1, Spalte2 FROM Tabelle2 WHERE Bedingung
```

Ein zunächst noch recht einfaches Beispiel (ohne WHERE-Klausel) könnte wie folgt aussehen:

```
SELECT KundenNr, Firma, Umsatz FROM Kunden
UNION
SELECT KundenNr, Firma, Umsatz FROM KundenNeu
```

Wir haben in diesem Beispiel die gleichen Spalten verwendet. In der Regel ist das auch sinnvoll. Es ist aber nicht immer notwendig. Wie die folgende Anweisung zeigt, besteht zudem die Möglichkeit, richtige Tabellen und die Ergebnisse von SELECT-Abfragen zu vereinen:

```
TABLE  Kunden
UNION
SELECT * FROM KundenNeu
```

Da die Zahl der Spalten auf jeden Fall übereinstimmen muss, haben wir in der SELECT-Anweisung das Ersatzzeichen * verwendet. Bei Tabellen mit unterschiedlichen Strukturen werden Sie die Feldliste der SELECT-Anweisung so zusammenstellen müssen, dass sie weitgehend mit der Struktur der Tabelle im ersten Abschnitt übereinstimmt.

WHERE-Klausel verwenden

Die Verwendung von WHERE-Klauseln ermöglicht die Auswahl der Datensätze. Dabei können Sie für jeden Operanden (jede SELECT-Anweisung) eine eigene Bedingung definieren. Das folgende Beispiel sucht alle Dresdner Kunden aus beiden Tabellen (*Kunden* und *KundenNeu*) heraus und fasst diese in der Ergebnistabelle zusammen.

```
SELECT Firma, Name, Ort
FROM Kunden
WHERE Ort = 'Dresden'
UNION
SELECT Firma, Name, Ort
FROM KundenNeu
WHERE Ort = 'Dresden';
```

Die Verbindung von zwei `SELECT`-Abfragen ist wohl die sinnvollste Variante, weil hier die Felder in beiden Teilabfragen vorgegeben werden können und damit die Übereinstimmung durch die Abfragedefinition sichergestellt ist.

TIPP

> Bei `UNION`-Abfragen mit unterschiedlichen Spaltenbezeichnungen bestimmen üblicherweise die Spalten der ersten `SELECT`-Anweisung, wie die Spalten in der Ergebnistabelle benannt werden.

Gruppierte Datensätze vereinen

Natürlich lassen sich die Daten der Teilabfragen auch wieder gruppieren (`GROUP BY`). Um ein sinnvolles Ergebnis zu erhalten, müssen Sie in diesem Fall aber tatsächlich auf die vollständige Übereinstimmung der Spalten in den beiden Teilabfragen achten:

```
SELECT Kundensegment, SUM(Umsatz)
FROM Kunden
GROUP BY Kundensegment
UNION
SELECT Kundensegment, SUM(Umsatz)
FROM KundenNeu
GROUP BY Kundensegment
```

Sie sollten sich vergegenwärtigen, was diese Anweisung bewirkt: Mit jeder Teilabfrage erhalten Sie Umsatzzahlen nach Kundensegmenten gruppiert. Die Vereinigung bedeutet, dass in der Ergebnistabelle gegebenenfalls Gruppen (hier Kundensegmente wie Gewerbe oder Freiberufler) doppelt auftreten.

EXCEPT – Differenzmengen

EXCEPT ermöglicht die Anzeige aller Datensätze, in denen sich zwei Tabellen bzw. SELECT-Abfragen unterscheiden. Die Syntax hat folgende Form:

```
TABLE Tabelle1
EXCEPT [ALL]
TABLE Tabelle2
```

Die Anwendung ist ebenso einfach wie beim UNION-Operator. Das folgende Beispiel zeigt alle Datensätze an, die nicht gleichzeitig in der jeweils anderen Tabelle enthalten sind:

```
TABLE Kunden
EXCEPT
TABLE KundenNeu
```

Auch die anderen schon vorgestellten Möglichkeiten lassen sich mit EXCEPT realisieren. Wir wollen an dieser Stelle aber nicht weiter darauf eingehen, zumal die Anweisung mit keiner unserer Referenzdatenbanken (Access und MySQL) funktioniert.

INTERSECT – Schnittmengen

Die Anwendung des Operators für Schnittmengen (INTERSECT) ist recht ähnlich wie die des Vereinigungsoperators. Die Ergebnisse weichen in diesem Fall jedoch stark voneinander ab. INTERSECT ist praktisch das Gegenteil von EXCEPT. Während EXCEPT übereinstimmende Datensätze von der Anzeige ausschließt, zeigt INTERSECT gerade diese (und nur diese) an. Die Syntax hat vereinfacht folgende Form:

```
TABLE Tabelle1
INTERSECT [ALL]
TABLE Tabelle2
```

`INTERSECT` ermöglicht es vor allem, Datensätze aufzuspüren, die in verschiedenen Tabellen in gleicher Form vorhanden sind. So ermittelt die folgende Anweisung Datensätze, die sich sowohl in der Tabelle *Kunden* als auch in der Tabelle *KundenNeu* befinden:

```
TABLE Kunden
INTERSECT
TABLE KundenNeu
```

Allerdings genügt schon eine kleine Abweichung in einer Spalte, damit keine Übereinstimmung mehr vorliegt und die betreffenden Datensätze von der Anzeige ausgeschlossen werden. Auch `INTERSECT` kann mit `SELECT`-Abfragen verwendet werden.

TIPP

> Beachten Sie, dass das vorstehende Beispiel nicht mit Access und auch nicht mit MySQL funktioniert. Auch mit dem Borland-SQL-Server Interbase konnten wir die Anweisungen nicht testen.

Keine Memo-Felder

Wollen Sie komplette Tabellen mit den Mengenoperatoren zusammenführen, müssen Sie darauf achten, dass darin keine Memo- oder Objektfelder enthalten sind. `UNIQUE`-Felder, etwa Primärschlüsselfelder, stellen hingegen kein Problem dar. Die Mengenoperationen fügen auch Datensätze mit identischen Werten in diesen Feldern zusammen, ohne Fehlermeldungen zu erzeugen. Das ist auch nicht weiter tragisch, weil Sie die Ergebnistabellen nicht editieren können. Das Ergebnis ist eben nur eine temporäre Kopie der Basistabellen. Die Ursprungstabellen bleiben unverändert erhalten.

L10 Datenbankstruktur erzeugen

Mit SQL-Anweisungen ermitteln und bearbeiten Sie nicht nur Daten, Sie können auch neue Datenbanken erzeugen und die komplette Struktur der Datenbank definieren bzw. ändern. Bestehende Datenbanken lassen sich um Tabellen und Indizes ergänzen und natürlich auch löschen. Änderungen sind auf allen Ebenen (Datenbank, Tabelle, Spalte) möglich. Allerdings werden Sie nicht in jeder Umgebung alle Operationen durchführen können. Insbesondere beim indirekten Zugriff, beispielsweise über `JDBC` oder `ODBC`, ist mit Einschränkungen zu rechnen. So können Sie über `ODBC` nicht die Datenbank löschen, die Sie gerade als Datenquelle verwenden.

TIPP

Mit jedem weiteren Kapitel stoßen wir in SQL-Bereiche vor, die nicht mehr von allen Datenbanksystemen unterstützt werden. Es kann Ihnen daher hin und wieder passieren, dass Sie bestimmte Beispiele der folgenden Kapitel weder mit Access noch mit MySQL nachvollziehen können.

Datenbank erzeugen

Bereits im ersten Kapitel haben wir eine Definition des Begriffs »Datenbank« versucht. Dieser wird von den verschiedenen Datenbanksystemen keineswegs so einheitlich interpretiert, wie das vielleicht erscheinen mag.

Was ist eine Datenbank?

Grundsätzlich besteht eine Datenbank aus Tabellen und anderen Datenbankobjekten, etwa Views und Indizes. Größere Datenbanksysteme verwalten solche Objekte in einem Katalog, dem sogenannten *Data Dictionary*. Gelegentlich wird daher auch dieser Katalog als Datenbank betrachtet.

Data Dictionary

Oft verfügen Datenbanksysteme über die Möglichkeit, gleichzeitig auf mehrere Kataloge zuzugreifen. Die Kataloge bilden dann ein Cluster und damit in ihrer Gesamtheit die Datenbank. Wir wollen uns in diesem Einsteigerseminar mit einer schlichteren Variante des Begriffs »Datenbank« abfinden, wie er etwa von Access und MySQL verwendet wird.

CREATE DATABASE

Die Erzeugung einer neuen Datenbank erfolgt mit Hilfe der Anweisung `CREATE DATABASE`. Als Parameter ist der Name der Datenbank zu übergeben. Die Syntax hat folgende Form:

```
CREATE DATABASE Datenbankname
```

Bei vielen Datenbanksystemen ist mit »Datenbank« nur ein spezieller Ordner gemeint. Das gilt beispielsweise für MySQL. Erst Tabellen und andere Objekte, die als separate Dateien in diesem Ordner abgelegt werden, bilden in ihrer Gesamtheit dann die eigentliche Datenbank. Der `CREATE`-Befehl erzeugt also häufig nur einen leeren Ordner. In der einfachsten Form genügt dafür die folgende Anweisung:

```
CREATE DATABASE Faktura
```

Mit dieser Anweisung erstellen Sie die Datenbank *Faktura*. Existiert bereits eine Datenbank gleichen Namens, erhalten Sie eine Fehlermeldung angezeigt. Diese Meldung lässt sich unterdrücken, wenn Sie die optionale Klausel `IF NOT EXISTS` hinzufügen. Die komplette Anweisung wird in diesem Fall wie folgt aussehen:

```
CREATE DATABASE IF NOT EXISTS Faktura
```

Wenn Sie die Klausel verwenden (nur MySQL), müssen Sie jedoch selbst prüfen, ob die Datenbank erstellt wurde.

`CREATE DATABASE` gehört eigentlich nicht zum SQL-Sprachumfang. Der Befehl wird jedoch von vielen Datenbanksystemen unterstützt (MySQL, Oracle) und sollte daher an dieser Stelle nicht fehlen.

TIPP

Probleme bei der Benennung

Bei der Erstellung von Datenbanken vergeben Sie Namen für die Datenbank, für Tabellen, für Indizes und Felder (Spalten). Vor der Erzeugung solcher Objekte sollten Sie sich unbedingt Gedanken über die Namensgebung machen.

Einige Datenbanken, beispielsweise Access, sind in dieser Hinsicht sehr tolerant. Sie können Leerzeichen und auch Sonderzeichen wie die deutschen Umlaute verwenden. Andere Datenbanken mögen gerade diese Zeichen nicht. Hinzu kommt, dass Sonderzeichen und Leerzeichen bei der Erzeugung von Abfragen Probleme bereiten können. Access behilft sich damit, dass sich kritische Namen in eckige Klammern einschließen lassen. Das funktioniert aber mit keiner anderen Datenbank.

Keine Leer- und Sonderzeichen

Auch wenn Sie nur mit Access arbeiten, kann es daher sinnvoll sein, bei der Benennung etwas Zurückhaltung zu üben und folgende Regeln zu beachten:

1. Namen sollten keine Leer- und Sonderzeichen enthalten.
2. Die Namen für Tabellen und Spalten sollten möglichst kurz sein.
3. Zusammengesetzte Namen sollten nur nach einem der folgenden Muster gebildet werden:

   ```
   MeineDatenbank
   Meine_Datenbank
   MeineTabelle
   Meine_Tabelle
   ```

Der Unterstrich (nicht der Bindestrich) ist also zulässig. Bei Datenbanken und Tabellen handelt es sich häufig um Verzeichnisse bzw. separate Dateien, beispielsweise unter MySQL. Die Namen stehen dann für Verzeichnis- und Dateinamen, sodass auf LINUX/UNIX-Systemen auch noch Groß- und Kleinschreibung zu berücksichtigen sind. Am sichersten dürften Bezeichnungen sein, die nur kleingeschrieben werden, etwa: *meine_tabelle*. Unbedingt notwendig ist eine solche Schreibweise aber nicht.

Weitere Einschränkungen

Access

Beachten Sie, dass Sie aus einer Access-Abfrage heraus keine Datenbank erstellen können. Die `CREATE DATABASE`-Anweisungen funktionieren daher nur mit MySQL (und einigen anderen SQL-Datenbanken). Der Grund liegt darin, dass Sie auf den Abfrage-Editor nur zugreifen können, wenn bereits eine Datenbank geöffnet ist. Da unter Access aber immer nur eine Datenbank geöffnet sein kann, müsste die gerade geöffnete beim Anlegen einer neuen Datenbank geschlossen werden.

ODBC

Die vorgenannte Einschränkung gilt auch für den `ODBC`-Zugriff. Während sich eine direkte Verbindung immer auf einen Datenbankserver bezieht, und nicht auf eine Datenbank, gilt eine `ODBC`-Verbindung gerade für eine bestimmte Datenbank. Beim Zugriff über `ODBC` lässt sich folglich keine Datenbank erstellen (oder löschen). Nur Operationen unterhalb der Datenbankebene sind auch per `ODBC` möglich.

Tabellen erzeugen

Eigentlich beginnt die Datenbankerzeugung erst mit der Definition von Tabellen. Zudem sind die hierzu erforderlichen Anweisungen und Klauseln wieder weitgehend einheitlich geregelt, sodass Sie die folgenden Beispiele mit praktisch allen Datenbanksystemen nutzen können.

CREATE TABLE

Nachdem eine Datenbank erstellt wurde, können Sie Tabellen erzeugen. Zuständig ist dafür der Befehl `CREATE TABLE`. Die Basis-Syntax hat folgende Form:

```
CREATE TABLE Tabellenname
```

Nach dem Befehl geben Sie den Namen der zu erzeugenden Tabelle an. Allerdings können Sie in der Regel keine strukturlose Tabelle erzeugen. Die Definition muss daher mindestens auch eine Spalte umfassen. Die Syntax ist dann wie folgt zu erweitern:

```
CREATE TABLE Tabellenname
( Spaltenname Typ(Länge),
  Spaltenname Typ(Länge),
   ... )
```

Die Felddefinitionen, die aus dem Spaltennamen und der Typangabe bestehen, sind in runde Klammern einzuschließen. Eine Längenangabe ist nur bei bestimmten Feldtypen, etwa `CHAR`, erforderlich. Die meisten Typen kommen ohne diese Angabe aus. Ein erstes Beispiel:

```
CREATE TABLE Kunden
(KundenNr INTEGER)
```

Diese Anweisung erzeugt eine Tabelle mit nur einer Spalte. Die Spalte ist vom Typ *Integer*. Es können also nur ganzzahlige numerische Werte darin gespeichert werden. Um auch noch eine Spalte für den Firmennamen zu erhalten, ist die Anweisung wie folgt zu erweitern:

```
CREATE TABLE Kunden
( KundenNr INTEGER,
  Firma CHAR(50) )
```

In diesem Fall fügen wir eine Spalte vom Typ `CHAR` hinzu. Dabei handelt es sich um einen Typ für alphanumerische Daten, der erst vollständig definiert ist, wenn auch die Zahl der maximal darin zu speichernden Zeichen (die Feldlänge) angegeben wurde. Die Zahl ist in Klammern einzuschließen.

Keine gleichnamigen Tabellen

Wenn Sie die Anweisung ausführen wollen, sollten Sie darauf achten, dass nicht schon eine gleichnamige Tabelle existiert. Um Kollisionen zu vermeiden, können Sie den Namen etwas abändern.

Unter Access starten Sie die Abfrage wieder, indem Sie den Schalter *Ausführen* betätigen oder die funktional gleichwertige Menüoption *Abfrage / Ausführen* wählen.

Feldliste definieren

Üblicherweise werden Sie beim Anlegen der Tabelle gleich eine ganze Liste mit Felddefinitionen übergeben. Das folgende Beispiel erzeugt unsere bereits mehrfach verwendete Kundentabelle:

```
CREATE TABLE Kunden (
   KundenNr INTEGER,
   Firma CHAR(50),
   Name CHAR(50),
   Vorname CHAR(50),
   Strasse CHAR(50),
   Ort CHAR(50),
   PLZ CHAR(5),
   Telefon CHAR (50),
   eMail CHAR (50),
   Kundensegment CHAR(20),
   Aktiv BIT,
   Umsatz CURRENCY,
   Datum DATE)
```

Jede Felddefinition ist von der vorhergehenden durch ein Komma abzutrennen. Wie üblich folgt auf die letzte Definition kein Komma mehr. Das Beispiel funktioniert in dieser Form nur unter Access. MySQL mag den Typ `CURRENCY` (Währung) nicht. Wenn Sie die Definition für die Spalte *Umsatz* weglassen oder zumindest den Datentyp CURRENCY durch den Typ DOUBLE ersetzen, sollte es auch mit MySQL (und anderen Datenbanksystemen) klappen:

```
Umsatz DOUBLE,
```

Die Definition einer Tabellenstruktur setzt Kenntnisse der im jeweiligen Datenbanksystem verfügbaren Datentypen voraus. Das vorstehende Beispiel verwendet jedoch lediglich die schon häufig benötigten Typen. Eine ausführliche Darstellung der SQL-Datentypen finden Sie im Kapitel *SQL-Datentypen*.

Primärschlüssel

Ein Schlüssel ist eine Spalte, deren Werte einen Datensatz eindeutig identifizieren. Weil die Werte in einer Schlüsselspalte immer eindeutig sein müssen, also in der Spalte nur einmal vorkommen dürfen, »erschließen« sie den betreffenden Datensatz. Sind in einer Tabelle mehrere Schlüsselspalten enthalten, wird normalerweise eine davon zum Primärschlüssel erklärt. Schlüsselspalten und insbesondere der Primärschlüssel werden häufig für die Verknüpfung mit untergeordneten Tabellen benötigt.

Primärschlüssel definieren

Sie können gleich bei der Definition ein Feld, auf das die Anforderung (nur eindeutige Werte) zutrifft, zum Primärschlüsselfeld erklären. Der Programm-Code ist dann wie folgt zu erweitern (Access):

```
CREATE TABLE Kunden (
   KundenNr INTEGER,
   PRIMARY KEY (KundenNr),
   Firma CHAR(50),
   Name CHAR(50),
   ...
   Kundensegment CHAR(20),
   Aktiv BIT,
   Umsatz CURRENCY,
   Datum DATE)
```

Einige Felder (...) haben wir ausgelassen, um ein wenig Platz zu sparen. Nach dem zuvor gezeigten Beispiel können Sie diese leicht ergänzen. Mit dem Beispiel, das in dieser Form unter Access funktioniert, wird das gerade erzeugte Feld *KundenNr* zum Primärschlüssel ernannt. Die Position ist relativ unwichtig. Sie müssen den Primärschlüssel also nicht unbedingt nach der betreffenden Spaltendefinition einfügen. Achten Sie aber darauf, die Primärschlüsseldefinition wie eine Spaltendefinition durch ein Komma zu separieren. Das gilt jedoch nicht für MySQL. Eine etwas verkürzte Variante, die auch mit MySQL funktioniert, könnte wie folgt aussehen:

```
CREATE TABLE Kunden (
   KundenNr INTEGER PRIMARY KEY,
   Firma CHAR(50),
   Name CHAR(50),
   Kundensegment CHAR(20),
   Aktiv BIT,
   Datum DATE)
```

Hier wird die Klausel für den Primärschlüssel an die zuständige Spaltendefinition (*KundenNr*) angehängt. Diese Variante lässt sich auch unter Access einsetzen. Der Primärschlüssel wird dann praktisch wie eine Eigenschaft der Felddefinition behandelt. Die meisten Datenbanksysteme, auch MySQL, unterstützen beide Varianten. Sie erwarten dann aber für die erste Variante, dass das Schlüsselfeld zuvor als `NOT NULL` definiert wurde:

```
CREATE TABLE Kunden (
   KundenNr INTEGER NOT NULL,
   PRIMARY KEY (KundenNr),
   … )
```

Die Punkte im vorstehenden Beispiel (...) gehören natürlich nicht zur Syntax. Sie stehen lediglich für eine unvollständige Anweisung, die von Ihnen noch ergänzt werden muss. Auf die Einschränkung `NOT NULL` kommen wir später noch zurück.

Mehrfelderschlüssel

Ein Primärschlüssel kann über mehrere Spalten gehen. Diese sind dann in der Klammer nach der Klausel `PRIMARY KEY` anzugeben.

```
CREATE TABLE Kunden (
   KundenNr INTEGER NOT NULL,
   Firma CHAR(50),
   PRIMARY KEY (KundenNr, Firma),
   ... )
```

Die einzelnen Spalten des Primärschlüssels sind durch Kommata zu trennen. Mehrere Spalten werden Sie jedoch selten verwenden, da Primärschlüssel sich regelmäßig auf ein künstliches Schlüsselfeld beziehen.

Indizes definieren

KEY und INDEX

Mit der Tabellendefinition können Sie auch »normale« Indizes anlegen. Wir werden auf die Funktion von Indizes im Kapitel *Index* noch ausführlich eingehen. Unter MySQL verwenden Sie dafür die Klauseln `KEY` und `INDEX`. Ein MySQL-Beispiel:

```
CREATE TABLE Kunden (
   KundenNr INTEGER NOT NULL,
   PRIMARY KEY (KundenNr),
   Firma CHAR(50), KEY(Firma),
   Name CHAR(50),
   Ort CHAR(50),
   Aktiv BIT,
   Datum DATE )
```

CONSTRAINT-Klausel

Access unterstützt diese Variante nicht. Hier ist, wie im folgenden Beispiel gezeigt, die `CONSTRAINT`-Klausel erforderlich, die sogenannte Einschränkungen für Spalten definiert und die wir weiter unten noch etwas ausführlicher vorstellen:

```
CREATE TABLE Kunden (
   KundenNr INTEGER,
   PRIMARY KEY (KundenNr),
   Firma CHAR(50) CONSTRAINT Firma UNIQUE,
   Name CHAR(50),
   Ort CHAR(50),
   Aktiv BIT,
   Umsatz CURRENCY,
   Datum DATE)
```

Diese Option ist aber wenig sinnvoll, weil sie nur einen Index erstellt, wenn `UNIQUE` angegeben wird. Sie erhalten damit immer einen eindeutigen Index. Unter Access verwenden Sie besser die `CREATE INDEX`-Anweisung, die wir im Kapitel *Index* vorstellen.

Eigenschaften festlegen

Für die einzelnen Spalten lassen sich noch bestimmte Eigenschaften definieren, die das Verhalten der betreffenden Spalten bei der späteren Eingabe von Daten steuern.

NOT NULL

Mit `NOT NULL` bestimmen Sie, dass eine Spalte keine `NULL`-Werte akzeptiert. Damit ist gemeint, dass diese Spalte unbedingt einen Eintrag erhalten muss. Eine Spalte, die Sie als Primärschlüssel definieren, wird automatisch mit dieser Eigenschaft ausgestattet. Bei anderen Spalten müssen Sie selbst dafür sorgen.

NOT NULL nur begründet einsetzen

Allerdings sollten Sie mit der Zuweisung der `NOT NULL`-Eigenschaft vorsichtig umgehen. Viele Felder werden häufig frei bleiben müssen. Erzwungene Einträge darf es nur geben, wo dies vom Datenmodell her unbedingt erforderlich ist. Das folgende Beispiel definiert die Spalten *PLZ* und *Ort* als `NOT NULL`:

```
CREATE TABLE Kunden (
   KundenNr INTEGER NOT NULL,
   PRIMARY KEY (KundenNr),
   Firma CHAR(50),
   PLZ CHAR(5) NOT NULL,
   Ort CHAR(50) NOT NULL,
   Aktiv BIT,
   Datum DATE)
```

Beachten Sie, dass wir in diesem Fall auch die Spalte *KundenNr* mit NOT NULL gekennzeichnet haben. Eigentlich ist das hier nicht erforderlich. Die folgende PRIMARY KEY-Klausel sorgt automatisch dafür, dass das Feld die Eigenschaft NOT NULL zugewiesen erhält. Unter früheren MySQL-Versionen mussten Sie jedoch eine Spalte, die Sie als Primärschlüssel verwenden wollen, ausdrücklich als NOT NULL kennzeichnen. Da Access nichts gegen diese Form einzuwenden hat, funktioniert das vorstehende Beispiel mit beiden Datenbanksystemen.

DOUBLE statt CURRENCY

Beachten Sie auch, dass wir zur Schonung der Wälder wieder nur einen Teil der Felder unserer früher definierten Kundentabelle verwendet haben. Es sollte Ihnen keine Probleme bereiten, die fehlenden Spalten zu ergänzen. Bedenken Sie dabei, dass MySQL den Datentyp CURRENCY nicht akzeptiert. Als Ersatz ist dann beispielsweise der DOUBLE-Typ zu verwenden.

UNIQUE

Eine Spalte, die Sie als Primärschlüssel definiert haben, kann nur noch eindeutige Einträge aufnehmen. Sie akzeptiert zudem keine Leerwerte (NULL) mehr. Diese Eigenschaften können Sie auch solchen Spalten zuweisen, die Sie nicht unbedingt als Primärschlüssel verwenden wollen. Die Spalte ist dann als UNIQUE zu kennzeichnen. Eine entsprechende Spaltendefinition ist wie folgt zu erweitern:

```
KundenNr INTEGER UNIQUE,
```

In unserer Kundentabelle findet sich eigentlich nur eine Spalte, die wir mit dieser Eigenschaft ausstatten könnten, eben die Kundennummer. Diese wird aber schon dadurch zu einem `UNIQUE`-Feld, dass wir sie als Primärschlüssel benötigen. Mit den meisten Datentabellen, die Sie in Geschäftsanwendungen benötigen, dürfte es Ihnen ähnlich ergehen. `UNIQUE` wird daher nur selten zum Einsatz kommen. Sie müssen sogar darauf achten, `UNIQUE` nicht leichtfertig einzusetzen, weil Sie damit die Funktion einer Tabelle gefährden. Für die meisten Spalten gilt, dass sie mehrfach die gleichen Einträge zulassen müssen.

AUTO_INCREMENT

Eine Spalteneigenschaft, die eigentlich nicht zum Standardsprachumfang von SQL gehört, ist `AUTO_INCREMENT`. Diese Eigenschaft wird inzwischen jedoch von vielen Datenbanksystemen unterstützt, sodass wir sie hier ebenfalls aufgenommen haben.

AUTO_ INCREMENT für Schlüsselspalten

`AUTO_INCREMENT` definiert eine Spalte als Autowert-Spalte. Der Eintrag erfolgt dann automatisch durch Hochzählen eines ganzzahligen Werts. Im Grunde handelt es sich also um eine Spalte vom Typ *Integer*. Sobald ein neuer Datensatz erzeugt wird, errechnet das Datenbanksystem den neuen Wert und nimmt dann den Eintrag selbst vor. `AUTO_INCREMENT` ist damit ein sehr bequemer Typ, der sich besonders für Spalten wie Kunden- oder Artikelnummern eignet. Sie müssen sich dann nicht mehr selbst um eindeutige Einträge kümmern. Eine `AUTO_INCREMENT`-Spalte ist automatisch eine `UNIQUE`-Spalte. Das folgende Beispiel erzeugt eine Kundentabelle, bei der wir für die Spalte *KundenNr* den Typ `AUTO_INCREMENT` verwendet haben. Das Beispiel lässt sich in dieser Form nur mit MySQL einsetzen:

```
CREATE TABLE Kunden (
   KundenNr INTEGER AUTO_INCREMENT,
   PRIMARY KEY (KundenNr),
   Firma CHAR(50),
   PLZ CHAR(5) NOT NULL,
```

```
    Ort CHAR(50) NOT NULL,
    Aktiv BIT,
    Datum DATE)
```

AUTO_INCREMENT funktioniert jedoch auch mit Access. Sie müssen dann aber die folgende (unvollständige) Variante wählen:

```
CREATE TABLE Kunden (
    KundenNr AUTOINCREMENT,
    ...
```

Access akzeptiert den Unterstrich also nicht, sondern erwartet die Angabe eines einzigen Worts. Andere Datenbanksysteme, die sich etwas mehr an den SQL-Standard halten, unterstützen diese Eigenschaft nicht.

DEFAULT

DEFAULT sorgt dafür, dass beim Anlegen eines neuen Datensatzes automatisch ein bestimmter Wert in die betreffende Spalte eingetragen wird. Der Wert kann vom Anwender überschrieben werden. Allerdings handelt es sich dabei nicht um ein Standardsprachelement, auch wenn es von mehreren Datenbanksystemen unterstützt wird. Das folgende Beispiel beschränkt sich auf wenige Spalten. Es definiert für die Spalte *MwStSatz* in der Tabelle *Artikel* eine Vorbelegung mit dem Wert 0.19:

```
CREATE TABLE Artikel (
  ArtikelNr INTEGER PRIMARY KEY,
  Preis DOUBLE,
  MwStSatz FLOAT DEFAULT 0.19 )
```

Die Anweisung funktioniert nur mit MySQL. Access kennt, wie auch andere Datenbanksysteme, keine DEFAULT-Klausel.

Einschränkungen

Constraints sind Einschränkungen, die für einzelne Spalten oder die ganze Tabelle gelten. So lässt sich beispielsweise die

Referenzielle Integrität, die wir später noch vorstellen, per CONSTRAINT-Klausel sicherstellen. Allerdings können schon die Typbestimmung der Spalten und die Klauseln PRIMARY KEY, NOT NULL, UNIQUE usw. als Einschränkungen gelten. Sie begrenzen die Möglichkeit, Daten in den Spalten einzugeben.

CONSTRAINT

Die CONSTRAINT-Klausel, die über eine Reihe von Erweiterungen verfügt, wird jedoch je nach Datenbanksystem sehr unterschiedlich behandelt. Die Basissyntax hat folgende Form:

```
CONSTRAINT Name Art_der_Einschränkung
```

Nach der Klausel ist die Einschränkung zu benennen. Dieser Name wird beispielsweise benötigt, wenn die Einschränkung später wieder aufgehoben werden soll. Die Art der Einschränkung besteht wiederum aus einer Klausel, beispielsweise der CHECK-Klausel. Diese prüft, ob eine bestimmte Bedingung eingehalten wurde. Die Syntax kann dann wie folgt aussehen:

```
CONSTRAINT Name CHECK Bedingung
```

Für eine CREATE TABLE-Anweisung, die lediglich zwei Spalten definiert, würde die Umsetzung folgende Form haben:

```
CREATE TABLE Artikel  (
  ArtikelNr INTEGER,
  PRIMARY KEY (ArtikelNr),
  Preis DOUBLE CONSTRAINT abc CHECK (Preis >= 0)
  INITIALY DEFFERED DEFERRABLE )
```

Leider konnten wir die Anweisung weder mit Access noch mit MySQL testen. Wenn Sie nicht über ein leistungsfähiges Datenbanksystem wie beispielsweise Oracle verfügen, werden Sie sich ebenfalls auf eine Trockenübung beschränken müssen.

Zeitpunkt der Überprüfung

Klauseln wie CHECK bewirken, dass eine Überprüfung vorgenommen wird. Den Zeitpunkt der Überprüfung bestimmen Sie mit zusätzlichen Klauseln wie INITIALY IMMEDIATE, INITIALY DEFERRED und DEFERRABLE. Erstere bewirkt, dass die Überprüfung unmittelbar nach der Änderung der Daten erfolgt, während INITIALY DEFERRED dafür sorgt, dass die Überprüfung erst am Ende einer Transaktion vorgenommen wird.

TIPP

Das zuletzt gezeigte Beispiel definiert eine Einschränkung auf Spaltenebene. Die CONSTRAINT-Klausel kann aber auch auf Tabellenebene wirken. Die Klausel ist dann nicht innerhalb, sondern außerhalb der Spaltendefinition anzugeben. Zudem lassen sich Einschränkungen auch noch nachträglich, also nach Erstellung einer Tabelle, setzen.

FOREIGN KEY

Verknüpfung über Schlüsselspalten

Für die Verknüpfung zwischen zwei Tabellen wird in der abhängigen Tabelle eine Spalte benötigt, die ähnliche Daten enthält wie die Schlüsselspalte. Diese Spalte, die wir in der übergeordneten Tabelle als Schlüssel bzw. Primärschlüssel bezeichnen, wird in der abhängigen Tabelle Fremdschlüssel genannt. Mit FOREIGN KEY lässt sich eine solche Spalte festlegen. Die etwas vereinfachte Syntax hat folgende Form:

```
CONSTRAINT Name FOREIGN KEY (Fremdschlüsselspalte)
REFERENCES übergeordnete Tabelle
```

Wenn wir annehmen, dass eine Rechnungstabelle einen Fremdschlüssel enthält, der auf den Primärschlüssel der übergeordneten Kundentabelle verweist, dann muss die Spaltenaufzählung der Rechnungstabelle (also der untergeordneten Tabelle) folgende Anweisung enthalten:

```
CONSTRAINT abc FOREIGN KEY (KundenNr)
REFERENCES Kunden
```

In der FOREIGN KEY-Klausel ist zunächst die Spalte zu benennen, die als Fremdschlüssel dienen soll. In unserer Rechnungstabelle haben wir dafür die Spalte *KundenNr* eingefügt. Diese soll auf den Primärschlüssel der Tabelle Kunden verweisen. Da wir auch in der Tabelle *Kunden* eine Spalte mit der Bezeichnung *KundenNr* verwenden, tragen Primärschlüssel und Fremdschlüssel die gleichen Namen. Das ist aber nicht unbedingt erforderlich.

Allerdings wird `FOREIGN KEY` nicht von allen Datenbanksystemen unterstützt. Die folgende Anweisung können Sie beispielsweise nicht mit MySQL, wohl aber mit Access testen:

```
CREATE TABLE Rechnungen (
   RechnungsNr INTEGER PRIMARY KEY,
   KundenNr INTEGER,
       CONSTRAINT abc FOREIGN KEY (KundenNr)
       REFERENCES Kunden,
   Datum DATE,
   Zahlungsziel INTEGER,
   Rechnungsbetrag CURRENCY,
   Zahlungsmittel CHAR(30),
   Bankverbindung CHAR(50),
   Kontonummer CHAR(20),
   Bankleitzahl CHAR(10) )
```

Damit erhalten Sie eine komplette Rechnungstabelle, die automatisch mit der Kundentabelle verknüpft ist. Beachten Sie, dass die `CONSTRAINT`-Klausel wie eine eigenständige Spaltendefinition durch Kommata abzugrenzen ist, obwohl sie sich auf die unmittelbar zuvor definierte Spalte bezieht.

FOREIGN KEY und Referenzielle Integrität

Das Einfügen der obigen `CONSTRAINT`- bzw. `FOREIGN KEY`-Klausel bewirkt, dass die Datenbank selbst auf Referenzielle Integrität achtet. Etwas verkürzt ist damit gemeint, dass zu einem Datensatz in der untergeordneten Tabelle (*Rechnungen*) immer ein Datensatz in der übergeordneten Tabelle (*Kunden*) existieren muss. So können Sie keinen Datensatz in der Tabelle *Kunden* löschen, wenn noch zugehörige Datensätze (Rechnungen) in der Tabelle *Rechnungen* vorhanden sind. Wir werden im

Zusammenhang mit der Datenbanktheorie noch einmal ausführlich auf die Referenzielle Integrität eingehen.

TIPP

In der von uns verwendeten MySQL-Version konnten wir die `FOREIGN KEY`-Klausel zwar verwenden, diese blieb jedoch wirkungslos. Laut Dokumentation wird die Klausel momentan zwar akzeptiert, aber noch nicht unterstützt. Sie müssen wohl auch bei anderen SQL-Sprachelementen damit rechnen, dass MySQL diese aus Kompatibilitätsgründen akzeptiert, aber nicht verarbeitet.

Erweiterte FOREIGN KEY-Klausel

Die `FOREIGN KEY`-Klausel kann in der Regel noch um zusätzliche Elemente erweitert werden, sodass beispielsweise beim Löschen eines Datensatzes in der übergeordneten Tabelle (*Kunden*) auch die zugehörigen Datensätze (Rechnungen) der untergeordneten Tabelle gelöscht werden. Dazu stehen die folgenden Klauseln zur Verfügung:

```
ON DELETE CASCADE
ON UPDATE CASCADE
```

Löschweitergabe

`ON DELETE` sorgt für die Löschweitergabe, während `ON UPDATE` bewirkt, dass bei der Aktualisierung von Einträgen mit der `UPDATE`-Anweisung automatisch auch die Daten in den zugehörigen Tabellen aktualisiert werden. Die Klauseln werden lediglich an die schon bekannte `CONSTRAINT`-Klausel angefügt:

```
CONSTRAINT abc FOREIGN KEY (KundenNr)
REFERENCES Kunden
ON DELETE CASCADE
ON UPDATE CASCADE,
```

Allerdings unterstützt selbst Access die `CONSTRAINT`-Klausel nur sehr begrenzt. Die vorgestellten Erweiterungen wurden jedenfalls nicht akzeptiert.

Andere Datenbankobjekte erzeugen

Mit CREATE erzeugen Sie nicht nur Datenbanken und Tabellen. SQL kennt noch eine Reihe weiterer Objekte, die sich ebenfalls mit CREATE erstellen lassen. Das gilt jedoch nur, wenn diese Objekte vom betreffenden Datenbanksystem auch unterstützt werden:

```
CHARACTER SET
DOMAIN
INDEX
SCHEMA
VIEW
```

Das INDEX-Objekt stellen wir noch ausführlich in einem späteren Kapitel vor. Die anderen Objekte wollen wir nachfolgend nur kurz ansprechen. Sie werden diese weder mit Access noch mit MySQL verwenden können.

SCHEMA

Schemata verwalten andere Datenbankobjekte, beispielsweise Tabellen und Views, die inhaltlich zusammengehören, sie ermöglichen den Zugriff auf die darin zusammengefassten Objekte unter einem gemeinsamen Namen. Die eingeschränkte Syntax hat folgende Form:

```
CREATE SCHEMA Name
CREATE TABLE Tabellendefinition
CREATE VIEW Viewdefinition
...
```

Innerhalb einer SCHEMA-Anweisung lassen sich also gleich Tabellen und andere Objekte erzeugen. Obwohl es sich bei SCHEMA um ein SQL-Sprachelement handelt, wird es nur von wenigen Datenbanken unterstützt, beispielsweise von Oracle und DB2 (IBM). Access- und MySQL-Anwender können die Anweisung nicht nutzen.

DOMAIN

Domains sind Wertebereiche, die bestimmen, welche Werte in einer Spalte zulässig sein sollen. Damit lassen sich beispielsweise Spalten, die über den gleichen Datentyp verfügen, gegeneinander abgrenzen. Die Basissyntax hat folgende Form:

```
CREATE DOMAIN Domain_Definition
```

Nach der Definition kann die Domain in einer `CREATE TABLE`-Anweisung verwendet werden. Auch für Domains gilt die Einschränkung, dass sie nur von wenigen Datenbanksystemen unterstützt werden. Access und MySQL gehören nicht dazu.

Sonstige CREATE-Anweisungen

Schon die in den letzten Unterkapiteln vorgestellten `CREATE`-Anweisungen werden Sie nicht in jedem Datenbanksystem finden. Noch seltener anzutreffen sind die folgenden Anweisungen:

```
CREATE ASSERTION
CREATE CHARACTER SET
CREATE COLLATION
CREATE TRANSLATION
```

Assertions sind schemagebundene Einschränkungen. Sie haben daher Ähnlichkeit mit den schon vorgestellten Constraints. Der Einsatz ist an `SCHEMA`-Objekte gebunden. *Character Sets* sind Zeichensätze. Diese lassen sich in einigen Datenbanken auch mit einer entsprechenden `CREATE`-Anweisung erstellen. *Collations* ermöglichen die Vereinbarung einer Sortierordnung für ein bestimmtes Character Set. `TRANSLATION`-Objekte definieren Übersetzungsvorschriften.

TIPP

Wir werden auf diese Anweisungen nicht weiter eingehen. Sie dürften auch größte Probleme haben, ein Datenbanksystem zu finden, das diese unterstützt. Selbst so »dicke Systeme« wie Oracle und DB2 verzichten darauf oder verwenden sie nur teilweise.

Views – virtuelle Tabellen

Views sind keine realen Tabellen. Dazu fehlen ihnen vor allem die Daten. Es handelt sich vielmehr um fest in der Datenbank gespeicherte `SELECT`-Abfragen. Da der Anwender sie aber wie normale Tabellen mit ihrem Namen aufrufen kann, verhalten sie sich wie reale Tabellen. Ihre Daten werden jedoch erst bei Bedarf, also auf Anforderung, aus den Daten der realen Tabellen erzeugt.

Views für die Anwendersicht

Views dienen dazu, die oft technische Struktur der Datenbank einer speziellen Anwendersicht anzupassen. Der Anwender will beispielsweise nur die Umsätze des letzten Quartals ermitteln. Statt jedes Mal eine Abfrage zu erstellen, die aus Kundendaten und Rechnungen die gewünschten Daten ermittelt, ruft er lediglich den View *Umsatz* auf. Dahinter verbirgt sich dann die genannte `SELECT`-Abfrage.

Vermeidung von Datenredundanz

Views ermöglichen es, nicht normalisierte Tabellen zu verwenden, ohne die Daten redundant halten und damit die Konsistenz der Datenbank gefährden zu müssen. Views können mit realen Tabellen verknüpft werden und ihre Daten auch aus anderen Views beziehen. Sie lassen sich also fast ohne Einschränkungen wie reale Tabellen verwenden.

Einschränkungen in Access

Access unterstützt Views nur eingeschränkt. Sie können `SELECT`-Abfragen speichern und diese dann teilweise wie Views verwenden. Eine `CREATE VIEW`-Anweisung kennt Access aber nicht. In MySQL sind Views hingegen seit Version 5 nahezu vollständig implementiert. Die folgenden Beispiele lassen sich daher größtenteils nur mit MySQL (Version 5.x) nutzen.

Views erzeugen

In der einfachsten Syntaxvariante erzeugen Sie einen View nach dem folgenden Schema:

```
CREATE VIEW Name
AS SELECT Spalte1, Spalte2, ...
FROM Tabelle
WHERE Bedingung
```

Die Erzeugung eines Views erfolgt also grundsätzlich mit Hilfe einer `SELECT`-Anweisung. Die folgende Anweisung erzeugt auf Basis unserer Kundentabelle einen View mit dem Namen *KundenLeipzig*:

```
CREATE VIEW KundenLeipzig
AS SELECT KundenNr, Firma, Ort
FROM Kunden
WHERE Ort = 'Leipzig'
```

Wie Namen und `WHERE`-Klausel schon andeuten, liefert der View alle Kunden aus Leipzig. Nach der Erzeugung des Views können Sie diesen wie eine Tabelle in einer `SELECT`-Anweisung verwenden. Der View wird eben auf der Festplatte gespeichert und steht daher dauerhaft zur Verfügung:

```
SELECT * FROM KundenLeipzig
```

Wenn Sie unter Access eine Abfrage mit dem Namen *KundenLeipzig* erstellt haben, funktioniert das auch mit Access. Zudem können Sie nun über den View Daten einfügen, die dann natürlich in der Basistabelle (hier *Kunden*) landen:

```
INSERT INTO KundenLeipzig
VALUES (126, 'Müller & Söhne', 'Leipzig')
```

Auch diese Anweisung funktioniert nicht nur mit MySQL, sondern auch mit Access, sofern Sie dort eine passende Abfrage mit dem Namen *KundenLeipzig* erstellt haben.

Beachten Sie, dass unser Beispiel-View nur für die Spalten *KundenNr*, *Firma* und *Ort* definiert ist und Sie folglich auch nur Daten für diese drei Spalten einfügen können.

Einschränkungen bei Datenänderung

Grundsätzlich lassen sich Views wie Tabellen verwenden. Sie können also auch Daten hinzufügen, ändern oder löschen. Die Möglichkeit, View-Daten zu bearbeiten, gilt jedoch nicht für alle Views. Eine Bearbeitung ist unter anderem dann unmöglich, wenn der View eine `GROUP BY`-Klausel enthält. Auch Views über mehrere Tabellen können kritisch sein.

View über mehrere Tabellen

Es ist auch möglich, einen View über mehrere Tabellen einzurichten. Um über die Tabellen *Kunden* und *Rechnungen* einen View für die Kundenumsätze zu erhalten, ist folgende Anweisung erforderlich:

```
CREATE VIEW Umsatz
AS SELECT Kunden.KundenNr, Firma,
          Ort, Rechnungsbetrag
FROM Kunden, Rechnungen
WHERE Kunden.KundenNr = Rechnungen.KundenNr
```

Wir haben hier also eine `SELECT`-Abfrage über zwei Tabellen als View definiert. Wollen Sie beispielsweise die Umsätze des letzten Quartals ermitteln, genügt dann folgende Anweisung:

```
SELECT * FROM Umsatz
WHERE Rechnungsbetrag > 2000
```

Sie müssen sich beispielsweise nicht mehr um die gewünschten Spalten kümmern, da diese bereits im View ausgewählt wurden. Es ist nicht einmal erforderlich, dass Sie die realen Tabellen kennen, die sich dahinter verbergen. Kurz: Views vereinfachen die Abfrage und schützen gleichzeitig die Datenbank, weil weniger direkte Zugriffe durch den Anwender benötigt werden.

Spalten benennen

Normalerweise übernimmt ein View die Spaltenbezeichnungen der Basistabellen. Die `CREATE VIEW`-Anweisung unterstützt optional aber auch eine Spaltenliste, in der sich andere Namen vorgeben lassen. Die Spaltenliste muss bezüglich der Spaltenzahl mit der Anzahl der Spalten in der SELECT-Anweisung übereinstimmen.

```
CREATE VIEW KundenDresden (Kdnr, Kundenname, Stadt)
AS SELECT KundenNr, Firma, Ort
FROM Kunden
WHERE Ort = 'Dresden';
```

Aliasnamen statt Spaltenliste

Sie nehmen damit praktisch eine Umbenennung der Spalten vor. Die Umbenennung gilt natürlich nur für den View selbst; in der Basistabelle bleiben die ursprünglichen Spaltennamen erhalten. Alternativ können Sie statt der Spaltenliste auch Aliasnamen verwenden. Diese werden wie früher schon gezeigt in der SELECT-Anweisung vorgegeben:

```
CREATE VIEW KundenDresden
AS SELECT KundenNr, Firma AS Kundenname, Ort AS Stadt
FROM Kunden
WHERE Ort = 'Dresden';
```

Bei der Verwendung des Views müssen Sie dann auch die neuen Namen der Spaltenliste bzw. die Aliasnamen verwenden:

```
SELECT Kundenname, Stadt
FROM KundenDresden;
```

Die Spaltennamen der Ursprungstabelle sind ja im View nicht mehr definiert und führen dann zum Abbruch der SELECT-Anweisung.

Erweiterte Syntax

Die VIEW-Anweisung lässt sich durch zusätzliche Syntaxelemente erweitern, mit denen Sie die Zulässigkeit der Datenänderung und Dateneingabe steuern. Die erweiterte Syntax hat dann folgende Form:

```
CREATE VIEW Name [(Spalte1, Spalte2, …)]
    AS SELECT-Anweisung
WHERE Bedingung
[WITH [CASCADED | LOCAL] CHECK OPTION]
```

Mit den Angaben CASCADED und LOCAL bestimmen Sie, wie beim Einfügen und Ändern von Daten die Einhaltung der WHERE-Bedingungen übergeordneter Views kontrolliert wird. LOCAL bewirkt, dass lediglich die Bedingung des aktuellen Views berücksichtigt wird. Bei der direkten Ableitung von einer Tabelle genügt die Klausel WITH CHECK OPTION:

```
CREATE VIEW KundenLeipzig
AS SELECT KundenNr, Firma, Ort
FROM Kunden
WHERE Ort = 'Leipzig'
WITH CHECK OPTION
```

In diesen View können Sie nur Leipziger Kunden eingeben. Alle INSERT-Anweisungen, die für das Feld *Ort* einen anderen Eintrag als *Leipzig* enthalten, werden mit einer Fehlermeldung abgebrochen. Das gilt auch für den Versuch, im Feld *Ort* keinen Eintrag vorzusehen, etwa durch die Verwendung des NULL-Werts:

```
INSERT INTO KundenLeipzig
VALUES (129, 'Müller & Söhne', NULL)
```

Es hilft auch nicht, wenn Sie in der INSERT-Anweisung die Felder angeben und dabei den Ort weglassen:

```
INSERT INTO KundenLeipzig (KundenNr, Firma)
VALUES (131, 'Müller & Söhne')
```

Beide INSERT-Anweisungen scheitern, weil die Klausel WITH LOCAL CHECK OPTION die Einhaltung der WHERE-Klausel erzwingt und in unserem Beispiel für den Ort zwingend die Angabe *Leipzig* erwartet.

Bedingungen übergeordneter Views berücksichtigen

Da Views nicht nur auf Tabellen, sondern auch auf anderen Views basieren können, stellt sich das Problem, wie die WHERE-Bedingungen der übergeordneten (vorgeordneten) Views bei der Datenänderung berücksichtigt werden. Die Erweiterung LOCAL bewirkt, dass nur die WHERE-Bedingung des aktuellen Views gilt. Mit CASCADED bestimmen Sie, dass auch alle WHERE-Klauseln übergeordneter Views gelten sollen. Der folgende View basiert auf unserem schon zuvor definierten View *KundenLeipzig*:

```
CREATE VIEW KundenLeipzigNeu
AS SELECT KundenNr, Firma, Ort
FROM KundenLeipzig
WHERE KundenNr < 130
```

Obwohl dieser View den View *KundenLeipzig* verwendet und daher in SELECT-Abfragen auch wieder nur Leipziger Kunden anzeigt, können Sie mit INSERT auch Dresdner Kunden eingeben oder das Feld *Ort* ohne Eintrag lassen. Um das zu verhindern, müssen Sie die Klausel WITH CASCADED CHECK OPTION hinzufügen.

L11 Datenbankstruktur ändern

Die Datenbankstruktur besteht aus Tabellen, Views, Indizes, Tabellenspalten und anderen Objekten. Grundsätzlich lassen sich alle diese Objekte mit Hilfe von SQL-Anweisungen erzeugen und auch wieder ändern. Die Datenbank selber kann natürlich gelöscht werden. In diesem Kapitel wollen wir nun die Anweisungen behandeln, die Sie für das Ändern und Löschen benötigen. Es sind vor allem zwei Kommandos, die dafür in Frage kommen:

`ALTER`

`DROP`

`ALTER` dient der Änderung bestehender Objekte. So können Sie damit beispielsweise den Typ oder Namen einer Datenspalte ändern. Mit `DROP` löschen Sie Objekte vollständig. Auf Erweiterungen und Parameter gehen wir im Folgenden noch ausführlich ein.

Strukturänderungen und Datenverlust

Bei der nachträglichen Änderung von Datenbankstrukturen ist zu bedenken, dass dabei Daten verloren gehen können. So kann die Änderung des Typs zu Datenverlust führen, weil sich die ursprünglichen Daten nicht mehr mit dem neuen Typ darstellen lassen. Auch die Verkürzung der Feldlänge führt häufig zu Datenverlust. Dass beim Löschen kompletter Objekte, etwa von Tabellen und Spalten, auch die darin enthaltenen Daten verloren gehen, dürfte Sie nicht sonderlich überraschen.

Tabellenstruktur ändern

Die Änderung der Tabellenstruktur dürfte besonders häufig vorkommen, obwohl ein guter Datenbankentwurf gerade das verhindern sollte. Jedes größere Projekt wird im Laufe der Entwicklung zusätzliche Spalten benötigen, während andere sich als überflüssig erweisen. Die Änderung der Tabellenstruktur meint also vor allem das Hinzufügen und Löschen von Spalten. Im Folgenden wollen wir zunächst nur das Hinzufügen von Spalten betrachten. Diese Operation ist relativ unkritisch, weil dabei keine Daten verloren gehen.

Spalten hinzufügen

Das Hinzufügen von Spalten wird sehr häufig vorkommen. Der `ALTER`-Befehl ist zu diesem Zweck um die Klausel `ADD COLUMN` zu ergänzen. Die vereinfachte Syntax hat folgende Form:

```
ALTER TABLE Tabellenname
ADD COLUMN Spaltenname Datentyp [(Feldlänge)]
```

ADD COLUMN

Im `ALTER TABLE`-Befehl ist zunächst die Tabelle zu benennen, deren Struktur geändert werden soll. Mit `ADD COLUMN` wird dann die anzufügende Spalte benannt. Dabei ist mindestens der Typ anzugeben. Textfelder benötigen in der Regel noch eine Längenangabe. Das folgende Beispiel, das mit MySQL und Access funktioniert, fügt der Tabelle *Artikel* die Spalte *Beschreibung* hinzu:

```
ALTER TABLE Artikel
ADD COLUMN Beschreibung CHAR(255)
```

Als Argumente übergeben wir den Namen der neuen Spalte und deren Typ. Längenangaben sind in runde Klammern zu setzen. Für eine Spalte vom Typ *Integer* ist folgende Anweisung erforderlich:

```
ALTER TABLE Artikel
ADD COLUMN Spaltenname INTEGER
```

Ein Datumsfeld erstellen Sie wie üblich als `DATE`- (Access, MySQL) oder `DATETIME`-Typ (MySQL):

```
ALTER TABLE Artikel
ADD COLUMN Eingangsdatum DATE
```

Grundsätzlich sollte es auch möglich sein, mehrere Spalten gleichzeitig zu erzeugen. Jede Spaltendefinition ist dann durch ein Komma von der vorhergehenden abzugrenzen, sodass beispielsweise auch folgende Anweisung möglich wird:

```
ALTER TABLE Artikel
ADD COLUMN Beschreibung CHAR(255),
           Mindestbestellmenge INTEGER,
           Hersteller CHAR(50)
```

Allerdings funktioniert das nur mit Access. MySQL mag immer nur eine Spalte gleichzeitig hinzufügen. Auch andere Datenbanksysteme sind in dieser Beziehung etwas zurückhaltend. Zudem haben wir auch eine Syntaxbeschreibung gefunden, welche die komplette Spaltendefinition in runde Klammern setzt:

```
ALTER TABLE Tabelle
ADD (NeueSpalte Spaltentyp [Länge])
```

Die von uns verwendeten Datenbanksysteme kamen jedoch ohne äußere Klammern aus.

Weitere Spalteneigenschaften

Zudem lassen sich auch wieder die Erweiterungen einsetzen, die schon in früheren Kapiteln vorgestellt wurden. Dazu gehören beispielsweise `NOT NULL`, `AUTO_INCREMENT` und `DEFAULT`. Mit Access funktioniert daher auch folgende Anweisung:

```
ALTER TABLE Artikel
ADD COLUMN Skonto FLOAT NOT NULL
```

Da die Tabelle zu diesem Zeitpunk aber bereits Daten enthält, können Erweiterungen, die eigentlich erzwingen sollen, dass Daten eingegeben werden, problematisch sein. Sie erhalten dann eine neue Spalte, die zunächst ohne Werte ist. Nur beim Hinzufügen neuer Datensätze besteht das Datenbanksystem dann darauf, dass in der neuen Spalte auch Einträge vorgenommen werden.

Spalten ändern

ALTER COLUMN

Für die Änderung von Spalten ist ALTER COLUMN zuständig. Die Anweisung muss praktisch zweimal aufgeführt werden, zunächst für die Benennung der Tabelle und dann nochmals für die Spalte, sodass sich folgende Syntax ergibt:

```
ALTER TABLE Tabellenname
ALTER COLUMN Spaltenname Änderung
```

Die »Änderung« ist davon abhängig, was Sie ändern wollen. Soll beispielsweise der Datentyp geändert werden, fügen Sie an Stelle des alten Typs lediglich die neue Typangabe hinzu. Sie können aber auch Einschränkungen (Constraints) entfernen oder hinzufügen.

MySQL bietet statt ALTER COLUMN noch die eigene MODIFY COLUMN-Klausel an. Diese sollten Sie jedoch nicht unbedingt verwenden, weil sie nicht zum SQL/92-Standard gehört und auch in anderen Datenbanksystemen kaum zu finden ist.

Spaltentyp ändern

In der COLUMN-Klausel ist die Spaltendefinition anzugeben, wobei der Typ vom aktuellen Typ der betreffenden Spalte abweichen muss. Die Typbezeichnung haben wir bereits weiter oben vorgestellt:

```
ALTER TABLE Artikel
ALTER COLUMN Lagerbestand INTEGER
```

Datenverlust bei Typumwandlung

Das vorstehende Beispiel ändert den Typ des Felds *Lagerbestand* in den Typ INTEGER. Da INTEGER ein Typ ist, der die möglichen Werte auf ganze Zahlen begrenzt, müssen Sie gegebenenfalls mit Datenverlust rechnen. Unter MySQL sollte die nächste, nicht ganz SQL-konforme Anweisung den gleichen Effekt erzielen:

```
ALTER TABLE Artikel
MODIFY COLUMN Lagerbestand INTEGER
```

Die folgende Anweisung (Access) verwendet den Typ DOUBLE. War zuvor der Typ INTEGER gesetzt, gehen dabei in der Regel keine Daten verloren. DOUBLE ist in der Lage, die meisten Integer-Werte aufzunehmen.

```
ALTER TABLE Artikel
ALTER COLUMN Lagerbestand DOUBLE
```

Beachten Sie, dass sich nicht jeder Typ ohne Datenverlust in jeden anderen Typ verwandeln lässt. Handelt es sich beim neuen Typ um ein Textfeld, ist in Klammern noch die gewünschte Feldlänge anzugeben:

```
ALTER TABLE Artikel
ALTER COLUMN Lagerbestand CHAR(20)
```

Bewirkt die Typänderung eine Verkürzung der Spaltenlänge (der Anzahl der Zeichen), müssen Sie wieder mit Datenverlust rechnen.

Einschränkungen hinzufügen

Grundsätzlich lassen sich alle Einschränkungen (Constraints), die wir in Kapitel 10 *Datenbankstruktur erzeugen* vorgestellt haben, auch noch nachträglich hinzufügen. Sehr häufig benötigt wird natürlich die Einschränkung NOT NULL. Wenn diese nicht schon bei der Erzeugung der Tabelle angegeben wurde, lässt sie sich unter Access und anderen Datenbanksystemen wie nachfolgend gezeigt hinzufügen:

```
ALTER TABLE Artikel
ALTER COLUMN Artikelname CHAR(50) NOT NULL
```

Die Einschränkung ist einfach an den Spaltennamen und den Datentyp anzuhängen. Beachten Sie, dass zumindest Access die komplette Typangabe (mit Feldlänge) erwartet, auch wenn Sie diese nicht ändern wollen. Sie müssen also die alten Werte kennen, um diese nicht versehentlich zu ändern. Unter Access funktioniert vielleicht auch folgende Anweisung:

```
ALTER TABLE Artikel
ALTER COLUMN Artikelname CHAR(50) NOT NULL UNIQUE
```

Allerdings akzeptiert Access diese Änderung nur, wenn die betreffende Spalte keine doppelten Einträge enthält. `UNIQUE` lässt eben nur eindeutige Werte zu. Als »doppelte Einträge« gelten in diesem Fall auch Leerwerte (`NULL`), soweit diese mehrfach in der Spalte vorkommen. Beachten Sie auch, dass `UNIQUE` unter Access die Erzeugung eines Index bewirkt. Wollen Sie die gleiche Anweisung unter MySQL verwenden, ist an Stelle von `ALTER` wieder `MODIFY` einzusetzen:

```
ALTER TABLE Artikel
MODIFY COLUMN Artikelname CHAR(50) NOT NULL UNIQUE
```

MySQL kennt für `ALTER` bzw. `MODIFY` eine Reihe von Erweiterungen wie beispielsweise `RENAME`. Im Kapitel *MySQL-Datenbankserver* gehen wir auf solche Abweichungen vom SQL-Standard etwas ausführlicher ein.

Andere Datenbankobjekte ändern

Die `ALTER`-Anweisung lässt sich grundsätzlich noch auf viele andere Datenbankobjekte anwenden. So sind unter anderem folgende Befehle denkbar:

```
ALTER DOMAIN
ALTER VIEW
ALTER USER
```

Insbesondere Oracle kennt eine lange Liste von Objekten, die sich mit `ALTER` bearbeiten lassen. Die meisten Datenbanken beschränken sich jedoch im Wesentlichen auf Tabellen und Spalten. Zudem müssen Sie selbst bei `ALTER TABLE` und `ALTER COLUMN` mit Abweichungen bei der Implementierung rechnen.

Datenbankobjekte löschen

Das Löschen von Datenbankobjekten ist natürlich die radikalste Änderung. Dabei gehen praktisch immer Daten verloren. Löschen lassen sich unter anderem Einschränkungen (Constraints), Spalten, Tabellen, Views und eventuell auch die Datenbank selbst.

DROP-Anweisung

Für das Löschen ist die DROP-Anweisung zuständig. Wenn Sie Datenbankobjekte wie Spalten oder Einschränkungen löschen wollen, müssen Sie die DROP-Anweisung in eine ALTER TABLE-Anweisung einbetten, weil natürlich die Tabelle benannt werden muss. Daraus ergibt sich folgende Basissyntax:

```
ALTER TABLE Tabellenname
DROP Spaltenname
```

In der Regel sollte es nicht erforderlich sein, beim Löschen von Spalten noch die Art des Objekts (COLUMN) anzugeben. Zur Sicherheit können Sie aber auch folgende Syntax verwenden:

```
ALTER TABLE Tabellenname
DROP COLUMN Spaltenname
```

Für die Aufhebung einer Einschränkung ist eine kleine Änderung der Syntax erforderlich:

```
ALTER TABLE Tabellenname
DROP CONSTRAINT Constraint_Name
```

Soll eine komplette Tabelle gelöscht werden, entfällt die Notwendigkeit für die ALTER TABLE-Anweisung, weil die Tabelle direkt in der DROP-Anweisung benannt werden muss. Wir kommen weiter unten darauf zurück.

Einschränkungen löschen

Einschränkungen (Constraints) werden Sie eigentlich nur löschen müssen, wenn Sie beim Tabellenentwurf etwas zu restriktiv vorgegangen sind. Unter Access können Sie beispielsweise Indizes mit DROP CONSTRAINT löschen:

```
ALTER TABLE Artikel
DROP CONSTRAINT Artikelname
```

DROP INDEX

Die vorstehende Anweisung löscht nicht etwa das Feld (die Spalte) *Artikelname*, sondern einen gleichnamigen Index. Das

Feld selbst bleibt erhalten. Andere Datenbanken, beispielsweise MySQL, unterstützen diese Variante nicht. Hier verwenden Sie `DROP INDEX`, um Einschränkungen wie einen Index zu löschen. Um unter MySQL den Index *Artikelname* zu entfernen, genügt folgende Anweisung:

```
ALTER TABLE Artikel
DROP INDEX Artikelname
```

Auf die Erzeugung und Bearbeitung von Indizes gehen wir in Kapitel 12 *Index* noch ausführlich ein.

Spalten löschen

Um komplette Spalten zu löschen, verwenden Sie die Klausel `DROP` bzw. `DROP COLUMN`. Die Klausel erwartet lediglich den Namen der zu löschenden Spalte als Argument. Das folgende Beispiel löscht, soweit vorhanden, die Spalte *Lagerbestand*:

```
ALTER TABLE Artikel
DROP COLUMN Lagerbestand
```

Es sollte klar sein, dass dabei alle Daten der betreffenden Spalte verloren gehen. Existiert die Spalte nicht, erhalten Sie eine Fehlermeldung angezeigt. Üblicherweise genügt schon die Kurzform ohne `COLUMN`:

```
ALTER TABLE Artikel
DROP Lagerbestand
```

Diese einfachen Anweisungen werden von praktisch allen Datenbanksystemen korrekt interpretiert, auch von Access und MySQL.

Tabellen löschen

DROP TABLE

Eine radikale Änderung der Tabellenstruktur stellt das Löschen der ganzen Tabelle dar. Dazu verwenden Sie den Befehl `DROP TABLE`. Als Argument ist lediglich der Name der zu löschenden Tabelle anzugeben:

```
DROP TABLE Artikel
```

Für den Fall, dass die Tabelle nicht existiert, können Sie unter MySQL zusätzlich die Klausel `IF EXISTS` verwenden. Die sonst fällige Fehlermeldung wird dann unterdrückt. Die Klausel muss vor dem Tabellennamen erscheinen:

```
DROP TABLE IF EXISTS Artikel
```

Diese Variante wird allerdings von Access (und anderen Datenbanksystemen) nicht unterstützt.

Keine Sicherheitsabfragen

Beachten Sie, dass alle SQL-Anweisungen ohne Sicherheitsabfragen ausgeführt werden, auch das Löschen ganzer Tabellen. Zudem erlaubt `DROP TABLE` die Angabe einer ganzen Liste von Tabellen. Mit der folgenden Anweisung löschen wir zugleich Kunden- und Rechnungstabelle. Die Tabellennamen sind durch Kommata zu trennen:

```
DROP TABLE Kunden, Rechnungen
```

Aufgrund der massiven Wirkung dieses Befehls sollten Sie `DROP TABLE` möglichst immer nur auf eine einzige Tabelle anwenden.

Views löschen

Einen View löschen Sie wie eine normale Tabelle mit Hilfe der `DROP`-Anweisung. Lediglich die Erweiterung `VIEW` und der Name sind anzugeben. Die folgende Anweisung (nur MySQL) löscht beispielsweise einen View mit der Bezeichnung *Artikelauswahl*. Dieser muss natürlich existieren, wenn Sie keine Fehlermeldung erhalten wollen.

```
DROP VIEW Artikelauswahl
```

Beachten Sie, dass dabei lediglich die Definition der virtuellen Tabelle gelöscht wird. Die eigentlichen Daten, die sich ja in realen Tabellen befinden, bleiben erhalten.

Andere Datenbankobjekte löschen

In Kapitel 10 *Datenbankstruktur erzeugen* haben wir bereits einige Objekte kennengelernt, die sich nur in wenigen Datenbanksystemen finden. Dazu gehören unter anderem Assertions, Character Sets und Translations. Solche Objekte lassen sich beispielsweise mit folgenden Anweisungen löschen:

```
DROP ASSERTION Name;
DROP CHARACTER SET Name;
DROP TRANSLATION Name;
```

Mit `Name` ist wie üblich der Name des betreffenden Objekts gemeint. Weitere Angaben sind in der Regel nicht erforderlich. Wir werden in diesem Buch nicht weiter darauf eingehen.

TIPP

> Auch Indizes gehören zu den Objekten, die sich mit `DROP` löschen lassen. Wir werden Indizes in Kapitel 12 *Index* ausführlich vorstellen und dabei auch die passende `DROP`-Anweisung berücksichtigen.

Datenbank löschen

Schließlich können Sie auch noch komplette Datenbanken löschen. Dazu verwenden Sie die folgende Anweisung:

```
DROP DATABASE Datenbankname
```

Allerdings funktioniert das nur, wenn Sie über das Datenbanksystem auf die Datenbank zugreifen können. So lässt sich die Anweisung nicht innerhalb einer Access-Abfrage verwenden, weil diese selbst Teil der Datenbank ist.

Voraussetzungen für Datenbankänderungen

Unter MySQL sollte das Löschen kompletter Datenbanken keine größeren Probleme machen. Allerdings sind beim Löschen grundsätzlich einige Voraussetzungen zu erfüllen.

Kein Löschen von geöffneten Objekten

Sie können nur Objekte löschen, die nicht gerade von anderen Anwendern benutzt werden. Andernfalls erzeugen die Datenbanksysteme nur entsprechende Fehlermeldungen. Unter Access genügt es bereits, wenn Sie selbst ein zu löschendes Objekt, beispielsweise eine Tabelle, geöffnet haben. In einer Netzwerkumgebung, in der viele Anwender auf eine Datenbank zugreifen, dürfte das Löschen daher gar nicht so einfach sein. Sie müssen eventuell die Datenbank oder einzelne Tabellen für andere Anwender sperren, um die Löschung vornehmen zu können.

L12 Index

Indizes dienen der schnellen Suche und Sortierung von Daten. Sie werden über bestimmte Spalten bzw. Spaltenkombinationen gebildet. Im Grunde handelt es sich dabei um sortierte Listen, die lediglich die Werte der betreffenden Spalte und einen Zeiger auf den zugehörigen Datensatz in der Tabelle enthalten. Allerdings verwenden moderne Datenbanken eine sogenannte *Binärbaumstruktur*, die das Suchen noch erheblich beschleunigt.

Zahl der Indizes begrenzen

Indexaktualisierung

Es ist nicht ratsam, zu viele Indizes zu erzeugen, weil diese auch einen kleinen Nachteil haben: Sie müssen nämlich auch beim Ändern von Daten aktualisiert werden. Der damit verbundene Zeitaufwand kann bei vielen Indizes und vielen zu aktualisierenden Datensätzen zu spürbaren Verzögerungen führen. Ist ein Index vorhanden, wird dieser für SQL-Abfragen auch genutzt. Fast alle SQL-Anweisungen können daher von sinnvollen Indizes profitieren.

Welche Spalten indizieren?

Den Aufgaben entsprechend werden Indizes üblicherweise nur für Spalten erzeugt, die häufig zur Suche oder Sortierung benötigt werden. In einer Kundentabelle können das beispielsweise Spalten wie *Kundennummer* oder *Firma* sein. Grundsätzlich gilt: Alle Spalten, die regelmäßig in Klauseln wie `WHERE`, `ORDER BY` oder `GROUP BY` vorkommen, sind natürliche Kandidaten für einen Index. Dazu kommen die Spalten, die für Joins, also die Verknüpfung von Tabellen, benötigt werden, also sogenannte Schlüssel- bzw. Fremdschlüsselspalten.

Primärschlüssel indizieren

Der Primärschlüssel wird in fast jedem Join verwendet und muss daher unbedingt einen Index erhalten. Weil sich das aber eigentlich schon von selbst versteht, erzeugen die meisten Datenbanksysteme beim Anlegen eines Primärschlüssels mit `PRIMARY KEY` automatisch auch den zugehörigen Index. Das gilt jedoch nicht für alle Systeme. Im Zweifelsfall müssen Sie daher auch für Primärschlüssel einen Index anlegen.

Indizes erstellen

CREATE INDEX

Indizes erstellen Sie entweder schon bei der Erzeugung der Tabelle oder nachträglich mit Hilfe des Befehls `CREATE INDEX`. Mit zusätzlichen Klauseln lässt sich die Operation präzisieren. Die Grundsyntax (ohne Angabe der Sortierrichtung) hat folgende Form:

```
CREATE [UNIQUE] INDEX Indexname
ON Tabelle (Spalte1, Spalte2, …)
```

Ein Index kann über mehrere Spalten gehen. Die Hauptsortierung wird dann durch die erste Spalte bestimmt. Mit der optionalen `UNIQUE`-Klausel erhalten Sie einen Index, der nur noch eindeutige Einträge akzeptiert. Diese Klausel dürfen Sie nicht auf Spalten anwenden, die in mehreren Datensätzen gleichlautende Einträge enthalten können. Das folgende Beispiel erzeugt einen nicht eindeutigen Index für die Spalte *Firma*. Der Index selbst erhält ebenfalls den Namen *Firma*:

```
CREATE INDEX Firma
ON Kunden (Firma)
```

Es ist jedoch nicht unbedingt erforderlich, als Indexnamen einen Spaltennamen zu verwenden. Mit der folgenden Zeile erhalten Sie daher grundsätzlich den gleichen Index, nur dass dieser eine andere Bezeichnung (hier *Kunde*) trägt:

```
CREATE INDEX Kunde
ON Kunden (Firma)
```

Den Indexnamen werden Sie in SQL-Anweisungen allerdings kaum verwenden können. Erst wenn Sie aus anderen Anwendungen auf eine Datentabelle zugreifen, wird auch der Indexname wichtig. Sie haben damit die Möglichkeit, die Sortierung zu ändern. Unter SQL benötigen Sie den Namen nur, um einen Index zu löschen.

Indexnamen

Eindeutige Indizes

Eindeutige Indizes definieren eine Spalte bzw. eine Spaltenkombination als Schlüssel. Zuständig ist dafür in der Regel die Erweiterung `UNIQUE`. Die Verwendung von `UNIQUE` hat zur Folge, dass die betreffende Spalte auch nur noch eindeutige Werte akzeptiert. Damit ist praktisch eine massive Einschränkung verbunden. Werte, die nicht eindeutig sind, werden vom Datenbanksystem zurückgewiesen. Das folgende Beispiel erstellt einen solchen Index:

UNIQUE

```
CREATE UNIQUE INDEX nr
ON Artikel (ArtikelNr)
```

Üblicherweise eignen sich nur Schlüssel für einen eindeutigen Index. Das Beispiel verwendet daher die Schlüsselspalte *ArtikelNr*, die unbedingt eindeutig sein muss. Beachten Sie aber, dass diese Spalte üblicherweise schon bei der Erzeugung der Tabelle als Primärschlüssel vereinbart wird. Ein zusätzlicher Index ist dann in der Regel nicht erforderlich.

Mehrfelderindex

Soll der Index über mehrere Spalten (Felder) gehen, ist die Reihenfolge der Spaltennamen zu beachten. Das folgende Beispiel erzeugt einen Index mit dem Namen *Kunde*, der die Spalten *Firma* und *Ort* verwendet. Die erste Spalte (hier *Firma*) bestimmt die Hauptsortierung. Nur wenn in dieser Spalte identische Einträge enthalten sind, kommt das zweite Indexfeld zum Zuge:

```
CREATE INDEX Kunde
ON Kunden (Firma, Ort)
```

Soll der Index eindeutig sein, also nur eindeutige Werte oder (bei mehrspaltigen Indizes) eindeutige Wertkombinationen enthalten, müssen Sie die `UNIQUE`-Klausel hinzufügen.

Eindeutige Indizes

Beachten Sie aber, dass Sie eindeutige Indizes nicht auf Spalten wie *Firma* oder *Ort* anwenden dürfen. Sie würden damit nur noch einen Kunden mit dem Namen Müller in Ihre Datenbank aufnehmen können. Auch das zuletzt gezeigte Beispiel eignet sich kaum für einen eindeutigen Index, weil es schon in jedem größeren Dorf mehr als einen Müller geben dürfte. Die Klausel `UNIQUE` bleibt also ganz wenigen Spalten vorbehalten, die tatsächlich nur eindeutige Werte aufnehmen können. Dazu gehören fast nur Felder wie *Kundennummer*, *Artikelnummer* und *Rechnungsnummer*. Mehrfelderindizes können sich auch auf Felder mit unterschiedlichen Datentypen beziehen.

TIPP

Beachten Sie, dass der Aufbau und die Aktualisierung komplexer Mehrfelderindizes Datenbankoperationen erheblich verzögern kann. Zudem werden solche Indizes selten für Standardaufgaben bei der Datenbankabfrage benötigt. Mehrfelderindizes sollten daher nur in gut begründeten Fällen zum Einsatz kommen. Oft ist es sinnvoll, sie nur für bestimmte Operationen zu erzeugen und nach der Verwendung wieder zu löschen.

Sortierordnung berücksichtigen

Die Syntax der `INDEX`-Anweisung kann auch eine Sortierrichtung enthalten, Dafür sind die Erweiterungen `ASC` (aufsteigend) und `DESC` (absteigend) zuständig, sodass sich etwa folgende Syntax ergibt:

```
CREATE [UNIQUE] INDEX Indexname
ON Tabelle (Spalte1 [ASC|DESC],
            Spalte2 [ASC|DESC], …)
```

Die Sortierung lässt sich für jedes am Index beteiligte Feld separat einstellen. Voreingestellt ist eine aufsteigende Sortierung, die Sie mit ASC erhalten. Sie können daher auch auf diese Erweiterung verzichten. Sinnvoll ist die Angabe von ASC eigentlich nur aus Gründen der besseren Lesbarkeit. Für absteigende Sortierungen müssen Sie hingegen DESC verwenden.

Indizes für numerische Felder

Bei der Erzeugung eines Index für numerische Felder sind eigentlich keine Besonderheiten zu beachten. Eine kleine Ausnahme macht allerdings die Sortierung, die sich hier sinnvoll einsetzen lässt. Diese soll eben nicht immer aufsteigend erfolgen. Vielmehr wird gelegentlich eine absteigende Sortierung benötigt, um beispielsweise die größten Umsatzzahlen zuerst anzeigen zu können. Ein Beispiel:

```
CREATE INDEX Umsatz
ON Kunden (Umsatz DESC)
```

Indizes werden grundsätzlich für Primärschlüssel benötigt. Allerdings erzeugen praktisch alle Datenbanken bei der Definition des Primärschlüssels auch eine entsprechende Indexdatei. Wenn Sie bei der Erzeugung der Tabelle keinen Primärschlüssel definiert haben, können Sie dafür aber auch einen normalen Index verwenden. Fügen Sie noch die UNIQUE-Klausel hinzu, verhält sich das Feld praktisch wie ein Primärschlüssel.

```
CREATE UNIQUE INDEX KundenNr
ON Kunden (KundenNr)
```

Einen UNIQUE-Index erzeugen Sie nur für Schlüsselfelder. Diese Felder werden aber regelmäßig schon bei der Erzeugung der Tabelle als Primärschlüsselfelder definiert und erhalten damit automatisch einen eindeutigen Index. Sie werden UNIQUE also relativ selten benötigen.

Indizes für Datumsfelder

Sehr interessant sind Indizes auch für Datumsfelder. Hier kommt ebenfalls hinzu, dass Sie die Sortierung nutzen können, die beispielsweise dafür sorgt, dass die aktuelleren Datumswerte (beispielsweise die neuesten Rechnungen) zuerst angezeigt werden. Das folgende Beispiel verwendet zunächst die Standardsortierung:

```
CREATE INDEX Datum
ON Rechnungen (Datum ASC)
```

Die ältesten Datumswerte (beispielsweise die ältesten Rechnungen) erscheinen in diesem Fall an erster Stelle. Die folgende Anweisung dreht die Sortierung um:

```
CREATE INDEX Datum
ON Rechnungen (Datum DESC)
```

Es kann sinnvoll sein, zwei Sortierungen vorzunehmen. Je nach Anforderung lässt sich dann leicht zwischen diesen umschalten. Allerdings werden Sie diese Möglichkeit nicht direkt in SQL-Abfragen nutzen können. Nur indirekt wirken sich solche Indizes aus, indem sie die Verarbeitungsgeschwindigkeit erhöhen. Die Sortierung muss weiterhin mit einer `ORDER BY`-Klausel in der `SELECT`-Abfrage vorgenommen werden. Viele Datenbanksysteme mit grafischer Benutzeroberfläche ermöglichen jedoch eine Umschaltung zwischen verschiedenen Indizes. Der jeweils aktive Index steuert dann die Anzeige der Daten und damit auch deren Sortierung.

Problematische Datentypen

Wir hatten schon festgestellt, dass Mehrfelderindizes die Leistung des Datenbanksystems erheblich beeinträchtigen können. Das gilt auch für die Indizierung bestimmter Datentypen, insbesondere von Typen mit variabler Länge. Zudem eignen sich Typen mit großen Wertebereichen, etwa der Typ `LONG`, nur bedingt für Indizes. Datentypen wie `BLOB` (dieser speichert

Binärdaten) oder MEMO können grundsätzlich nicht indiziert werden.

Eher sinnlos ist die Indizierung von Spalten, die immer wieder gleiche Einträge enthalten, etwa der Spalte *Artikelgruppe* aus unserer Artikeltabelle. Was sich nicht wirklich sortieren lässt, weil es sich nicht hinreichend unterscheiden lässt, taugt auch nicht für Indizes.

Indizes löschen

DROP INDEX

Für das Löschen von Indizes ist DROP INDEX zuständig. Der Befehl erwartet als Argument den Namen des zu löschenden Index und als Argument der ON-Klausel den Tabellennamen:

```
DROP INDEX Indexname
ON Tabellenname
```

Das folgende Beispiel löscht den Index *Artikel* in der Tabelle *Artikel*:

```
DROP INDEX Artikel
ON Artikel
```

Das Löschen eines Index ist unkritisch, weil dabei keine »echten« Daten verloren gehen. Ein Index kann, wie weiter oben gezeigt, sehr leicht wieder aufgebaut werden. Früher konnte es sogar sinnvoll sein, Indizes gelegentlich zu löschen und neu zu erstellen, um Fehleinträge zu beseitigen. Inzwischen sollten aber praktisch alle Datenbanksysteme über eine saubere Indexverwaltung verfügen.

Temporäre Indizes

Indizes unterstützen die schnelle Sortierung und Filterung von Datensätzen und können daher Abfragen beschleunigen. Aus diesem Grunde ist es gelegentlich sogar sinnvoll, temporäre Indizes zu verwenden. Diese löschen Sie anschließend wieder, damit der Server sie im laufenden Betrieb nicht unnötig aktualisieren muss. Temporäre Indizes lassen sich beispielsweise auch für Mehrfelderindizes einsetzen, die im laufenden Betrieb kaum benötigt werden.

Indizes ändern

Einige Datenbanksysteme, beispielsweise Oracle, unterstützen auch die Möglichkeit, einen Index zu ändern. Dazu dient in der Regel eine `ALTER INDEX`-Anweisung. Bei den meisten Datenbanksystemen werden Sie aber darauf verzichten müssen, zumal der entsprechende Befehl nicht zum SQL-Standard zählt. Üblicherweise ändern Sie einen Index, indem Sie den alten löschen und anschließend einen neuen erzeugen.

L13 Zugriffsrechte

Datenbanken sind grundsätzlich sehr gefährdet. Schon wenige fehlerhafte Änderungen können genügen, die Daten inkonsistent und damit zumindest teilweise unbrauchbar zu machen. Um Gefährdungen durch die Benutzer weitgehend auszuschließen, sind daher Sicherheitsstrategien erforderlich. Üblich sind unter anderem folgende Techniken:

- Beschränkung des Zugriffs auf solche Personen, die unbedingt mit der Datenbank arbeiten müssen
- Zugriff nur auf die Objekte (Tabellen etc.), die der betreffende Benutzer für seine Arbeit benötigt
- Einschränkung des Zugriffs auf reine Leserechte, wenn Änderungen nicht erforderlich sind
- Überwachung des Zugriffs bezüglich Person, Zeit und Art des Zugriffs (*Audit Trail*)

Die drei ersten Punkte sind Thema dieses Kapitels. Die dort beschriebenen Einschränkungen lassen sich mit SQL-Anweisungen realisieren. Der letzte Punkt steht für eine Technik, die nicht unmittelbar verhindert, dass fehlerhafte Änderungen vorgenommen werden. Erst nachträglich lässt sich feststellen, wer dafür verantwortlich ist. Das Audit Trail wirkt daher vornehmlich psychologisch: Wenn die Benutzer wissen, dass ihre Aktionen aufgezeichnet werden, halten sie sich mit vorsätzlichen Manipulationen zurück. Wir werden auf diese Möglichkeit nicht eingehen.

Der Administrator

Die Vergabe von Zugriffsrechten ist Aufgabe des *Administrators* (*Admin*). Bei den meisten Datenbanken müssen Sie schon während der Installation ein Administratorpasswort eingeben.

Der Zugriff auf die Datenbank kann dann grundsätzlich nur noch mit Benutzernamen und Passwort erfolgen. Üblicherweise werden Sie beim Erstellen einer neuen Datenbank einen normalen Benutzer einrichten, auch wenn Sie der einzige Anwender sind und mit Administratorrechten auf alle Datenbanken zugreifen könnten.

Beispiele mit MySQL testen

Access kennt zwar grundsätzlich auch die hier vorzustellenden SQL-Elemente. Diese lassen sich aber nicht auf die üblichen Access-Datenbanken anwenden. Die Beispiele dieses Kapitels funktionieren daher nur mit MySQL und anderen Datenbanken. Denken Sie aber daran, dass bei der Eingabe von SQL-Anweisungen über die MySQL-Schnittstelle das Semikolon als Abschlusszeichen anzugeben ist.

Zugriffsrechte einrichten

GRANT und REVOKE

Sie benötigen Admin-Rechte, um die in diesem Kapitel vorgestellten Anweisungen nutzen zu können. Zuständig sind die Kommandos `GRANT` und `REVOKE`. Mit `GRANT` gewähren Sie Zugriffsrechte, mit `REVOKE` können Sie diese wieder entziehen.

Eingeschränkte Zugriffsrechte

Die meisten Datenbanksysteme unterscheiden abgestufte Zugriffsrechte. So kann der Admin anderen Anwendern nahezu die gleichen Rechte einräumen, über die er auch selbst verfügt, also praktisch einen uneingeschränkten Zugriff.

Nur notwendige Zugriffsrechte vergeben

Die Zugriffsrechte lassen sich aber auch so stark einschränken, dass lediglich noch ein lesender Zugriff auf bestimmte Tabellen möglich ist. Grundsätzlich sollten Sie die Rechte so weit einschränken, dass der Anwender seine Aufgaben noch problemlos erfüllen kann. Je weniger Rechte Sie vergeben, umso besser ist die Konsistenz der Daten gewährleistet. Es gilt folglich die Grundstrategie, nur wirklich die Rechte zu vergeben, die vom jeweiligen Anwender auch benötigt werden.

Privileg-Level

Bei der Gewährung von Zugriffsrechten werden in der Regel objektbezogene Rechte vergeben (siehe Tabelle L13.1). Als Objekte gelten beispielsweise die ganze Datenbank, bestimmte Tabellen, Views und einzelne Spalten. Die meisten Datenbanken unterscheiden bezüglich der Rechte vier Ebenen (Level):

Ebene	Funktion
Global	Der Benutzer kann auf alle Datenbanken des Servers zugreifen.
Datenbank	Der Benutzer kann auf alle Objekte (Tabellen, Views, Spalten) einer bestimmten Datenbank zugreifen.
Tabelle	Der Benutzer kann auf alle Spalten bestimmter Tabellen zugreifen.
Spalten	Der Anwender kann nur auf bestimmte Spalten zugreifen.

Tab. L13.1: Privileg-Level für den Datenbankzugriff

Die Rechte (Privilegien) können natürlich erheblich variieren. Sie werden nach sogenannten Privileg-Typen unterschieden. Die stark vereinfachte Syntax lautet daher zunächst wie folgt:

```
GRANT Privileg1, Privileg2, ...
ON Objekt
TO Benutzer
[IDENTIFIED BY Passwort]
```

Privilegien

Zunächst ist zu klären, was mit »Privileg« gemeint ist. Als Privilegien dienen zum Teil die üblichen Schlüsselwörter wie `SELECT`, `DELETE`, `INSERT` und `UPDATE`. Als Objekte können Datenbanken, Tabellen, Spalten usw. eingesetzt werden. Mit dem Privileg

SELECT (lesender Zugriff) erhalten wir das erste ausführbare Beispiel (nur MySQL):

```
GRANT SELECT
ON Artikel
TO peter
IDENTIFIED BY 'geheim'
```

Lesender Zugriff mit SELECT

Damit gewähren wir das Recht, lesend auf die Tabelle *Artikel* zuzugreifen. In der Klausel TO ist der Name des Benutzers anzugeben, dem wir Rechte einräumen wollen. Dabei handelt es sich üblicherweise um eine Kurzform. Sie dürfen jedenfalls keine Leerzeichen verwenden, also keinen ausgeschriebenen Vor- und Nachnamen. Auch Sonderzeichen, etwa die deutschen Umlaute, sind nicht zulässig. Der Benutzername ist zudem ohne Anführungszeichen einzugeben.

Passwort vergeben

Die optionale Klausel IDENTIFIED BY nimmt ein Passwort auf. Dieses ist in im Gegensatz zum Benutzernamen in Anführungszeichen einzugeben. Auch das Passwort darf keine Leer- und Sonderzeichen enthalten. Erlaubt sind lediglich Buchstaben (ohne Umlaute) und Ziffern.

Mehrere Privilegien verwenden

Es ist auch möglich, gleichzeitig mehrere Rechte zu vergeben. Diese werden dann in der GRANT-Anweisung durch Kommata getrennt aufgelistet:

```
GRANT SELECT, INSERT
ON Artikel
TO peter
IDENTIFIED BY 'geheim'
```

Das vorstehende Beispiel gewährt SELECT- und INSERT-Rechte auf Tabellenebene für die Tabelle *Artikel*.

Zugriffsrechte auf Spaltenebene

Sollen nur Rechte auf Spaltenebene vergeben werden, sind die betreffenden Spalten in Klammern nach dem jeweiligen Recht anzugeben. Die erweiterte Syntax hat folgende Form:

```
GRANT Privileg (Spalte1, Spalte2, ... )
ON Objekt
TO Benutzer
```

Die Spalten beziehen sich auf die in der `ON`-Klausel genannte Tabelle. Das folgende Beispiel erlaubt nur `INSERT`-Rechte für die Spalten *Artikelname* und *Preis* der Tabelle *Artikel*:

```
GRANT INSERT (Artikelname, Preis)
ON Artikel
TO peter
```

Die einzelnen Elemente der Spaltenliste müssen Sie durch Kommata separieren. Auch hier lässt sich wieder die optionale Passwort-Klausel `IDENTIFIED BY` hinzufügen.

> TIPP: Die hier verwendete Syntax ist die von MySQL. Bei anderen Datenbanksystemen sind Abweichungen möglich.

Änderungsrechte (UPDATE)

Auf Spaltenebene

Da sich Änderungen auf einzelne Spalten beziehen können, lassen sich in der `GRANT`-Anweisung auch wieder Spalten benennen. Die betreffenden Spalten sind hinter dem Privileg in Klammern anzugeben:

```
GRANT UPDATE (Lagerbestand, Lagerort)
ON Artikel
TO peter
```

Das vorstehende Beispiel ermöglicht lediglich die Änderung der Spalten *Lagerbestand* und *Lagerort*. Die optionale Klausel `IDENTIFIED BY` haben wir wieder weggelassen.

Wirkung der Zugriffsrechte

Die Zuweisung des SELECT-Rechts bewirkt, dass der betreffende Anwender künftig nur noch SELECT-Abfragen ausführen kann. Alle SQL-Anweisungen, die den Datenbestand verändern, werden zurückgewiesen. Natürlich ist es dem Anwender auch nicht möglich, die Struktur der Tabelle zu ändern. Da sich die Rechtegewährung auf eine bestimmte Tabelle bezieht, kann der betreffende Anwender auch nicht auf andere Tabellen zugreifen, auch nicht mit SELECT-Abfragen.

Weitergabe von Rechten

WITH GRANT OPTION

Grundsätzlich besteht die Möglichkeit, dass ein Benutzer die ihm gewährten Rechte an andere weitergibt. Der Administrator muss diese Möglichkeit bei der Rechtezuweisung mit der Klausel WITH GRANT OPTION aber explizit zulassen. Die GRANT-Anweisung hat dann folgende Form:

```
GRANT SELECT, INSERT
ON Artikel
TO peter
WITH GRANT OPTION
```

Nach der Zuweisung kann der in der TO-Klausel genannte Benutzer (hier *peter*) selbst Rechte in dem ihm gewährten Umfang vergeben.

Rechte entziehen

REVOKE

Mit REVOKE lassen sich die eingeräumten Rechte wieder entziehen. Das Recht, Zugriffsrechte wieder zu entziehen, hat in der Regel nur derjenige, der diese Rechte auch zugewiesen hat. Meistens wird das der Admin sein. Der REVOKE-Befehl hat in der einfachsten Variante folgende Syntax:

```
REVOKE Privileg
ON Objekt
FROM Benutzer
```

Sie können nur die Rechte entziehen, die Sie zuvor gewährt haben. Daher muss in der REVOKE-Anweisung auch wieder dieses Recht (dieses Privileg) angegeben werden. Hat der Benutzer nur SELECT-Rechte, muss als Typ eben SELECT erscheinen. Als Objekte kommen unter anderem wieder Tabellen und Spalten in Frage. Die folgende Anweisung entzieht dem genannten Benutzer lediglich das Recht, Datensätze einzufügen:

```
REVOKE INSERT
ON Artikel
FROM peter
```

Wurde dem Benutzer auch das Leserecht (SELECT) eingeräumt, bleibt dieses weiterhin bestehen. Beachten Sie den kleinen Unterschied: Ein Recht wird dem Benutzer mit der Klausel

```
TO Benutzer
```

eingeräumt. Beim Entzug heißt es dann:

```
FROM Benutzer
```

Weitergegebene Rechte entziehen

Hat ein Benutzer die ihm eingeräumten Rechte aufgrund der Erweiterung WITH GRANT OPTION an andere Benutzer weitergegeben, gilt der Rechteentzug nicht automatisch auch für die weitergegebenen Rechte. Vielmehr muss die REVOKE-Anweisung die Klausel CASCADE enthalten, damit diese Wirkung eintritt. Die folgende Anweisung entzieht auch die weitergegebenen Rechte:

```
REVOKE INSERT
ON Artikel
FROM peter
CASCADE
```

Da MySQL die `CASCADE`-Klausel nicht kennt, können Sie das vorstehende Beispiel auch nicht mit MySQL einsetzen. Die weitergegebenen Rechte lassen sich auch separat entziehen, sodass der Benutzer die ihm eingeräumten Rechte behält. Diese Option wird allerdings nicht von sehr vielen Datenbanken unterstützt.

Das Weitergaberecht entziehen

Das Recht, die eigenen Rechte weiterzugeben, kann ebenfalls entzogen werden. Dazu ist eine Anweisung wie die folgende erforderlich:

```
REVOKE GRANT OPTION FOR INSERT
ON Artikel
FROM peter
```

Die Erweiterung `GRANT OPTION FOR` bezieht sich auf das Weitergaberecht. Der Benutzer behält weiterhin sein `INSERT`-Recht, er kann es nur nicht mehr an andere Benutzer weitergeben. Auch diese Anweisung lässt sich unter MySQL nicht ausführen.

Hinweise zu anderen Datenbanksystemen

Zuweisung und Entzug von Rechten sind je nach Datenbanksystem sehr unterschiedlich geregelt. Die bisher vorgestellten Beispiele stellen lediglich eine Art Mindeststandard dar. DB2 von IBM differenziert beispielsweise zwischen Objekttypen, etwa Systemverwaltung, Schemata, Tabellen usw. Oracle unterteilt die Rechte in zwei Kategorien: Systemrechte und Objektrechte. Sie werden daher die Dokumentation des jeweiligen Systems zu Rate ziehen müssen, wenn Sie Zugriffsrechte vergeben oder entziehen wollen.

Rechte auf Datenbankebene

Wir hatten schon darauf hingewiesen, dass sich Rechte auf mehreren Ebenen zuweisen lassen. Dabei werden vor allem die Ebenen Datenbank, Tabelle und Spalte unterschieden.

Besonders interessant ist natürlich die Rechtevergabe auf Datenbankebene. Diese wird gerade in kleinen Unternehmen häufig benötigt, weil hier einzelne Angestellte oft mehrere Tätigkeiten abdecken und damit nahezu alle Datenbankobjekte verwenden müssen. Um Rechte auf Datenbankebene zu vergeben, ist die `ON`-Klausel nach dem folgenden Schema zu schreiben:

```
ON Datenbank.*
```

Diese Darstellung haben wir allerdings nur bei MySQL gefunden. Sie wird nicht unbedingt mit anderen Datenbanken funktionieren. Das Sternchen steht in diesem Fall für alle Objekte (Tabellen) der betreffenden Datenbank. Globale Rechte, also Rechte, die sich auf alle MySQL-Datenbanken beziehen, erfordern folgende `ON`-Klausel:

```
ON *.*
```

Wenn die Datenbank unter dem Namen *Shop* angelegt wurde, ist unser früher schon gezeigtes Beispiel wie folgt zu ändern:

```
GRANT SELECT, INSERT
ON Shop.*
TO peter
```

Der Benutzer erhält damit alle Rechte, die er für Auswahl und Anzeigen der Daten und das Einfügen von neuen Datensätzen benötigt. Er kann jedoch keine Änderungen an den Daten vornehmen.

TIPP

Wie schon eingangs mitgeteilt, funktionieren die hier vorgestellten Anweisungen nicht mit Access.

L14 Weitere SQL-Sprachelemente

Die wesentlichen SQL-Sprachelemente haben wir in den vorstehenden Kapiteln bereits vorgestellt. In diesem Kapitel fassen wir nun etwas seltener benötigte Anweisungen und Klauseln zusammen. Einige dieser Elemente finden Sie weder in Access noch in MySQL. Wenn Sie nicht über andere Datenbanksysteme wie beispielsweise Oracle oder DB2 verfügen, werden Sie sich daher gelegentlich mit Trockenübungen begnügen müssen.

Unterabfragen

Sub-SELECTs

Auch Abfragen lassen sich noch verschachteln. Dazu werden Unterabfragen definiert, die beispielsweise eine Reihe von Werten liefern. Diese lassen sich dann in einer `WHERE`-Klausel gegen einen Spaltenwert der übergeordneten Abfrage prüfen. Das folgende Beispiel zeigt zunächst eine normale Abfrage, die wir als Unterabfrage verwenden wollen:

```
SELECT KundenNr
FROM Rechnungen
WHERE Zahlungsmittel = 'Kreditkarte'
```

Wir ermitteln hier, welche Rechnungen mit einer Kreditkarte bezahlt wurden. Als Ergebnis erhalten wir eine Spalte mit den zugehörigen Kundennummern. Wichtig ist, dass die Unterabfrage nur eine Spalte liefert. Diese enthält die Vergleichswerte für die Bedingung der `WHERE`-Klausel in der übergeordneten Abfrage. Etwa verkürzt könnten wir das Schema wie folgt definieren:

```
SELECT Spalte_1, Spalte_2, ...
WHERE Werte_der_Spalte_x
IN (Ergebnisspalte der Unterabfrage)
```

Mit dem Operator `IN` wird geprüft, ob Werte in der *Spalte_x* mit Werten in der Ergebnisspalte der Unterabfrage übereinstimmen. *Spalte_x* wird daher auch bezüglich des Datentyps mit der Ergebnisspalte der Unterabfrage übereinstimmen müssen. Wenn wir unsere Kundentabelle für die übergeordnete Abfrage verwenden, wird es sich wohl auch um das Feld *KundenNr* handeln. Damit erhalten wir folgende Gesamtabfrage:

```
SELECT Firma, Ort
FROM Kunden
WHERE KundenNr IN
(SELECT KundenNr
FROM Rechnungen
WHERE Zahlungsmittel = 'Kreditkarte')
```

Beachten Sie zunächst, dass die komplette Unterabfrage in Klammern einzuschließen ist. Das Beispiel, das in dieser Form auch mit Access funktioniert, ermittelt alle Kunden, die Rechnungen mit Kreditkarten bezahlt haben.

Join statt Unterabfrage

Ihnen wird sicher aufgefallen sein, dass sich ein ähnliches Ergebnis auch mit einem Join erzielen lässt. Gelegentlich können Sie auch tatsächlich einen Join verwenden. In der Regel erhalten Sie damit aber nicht die gleiche Ergebnistabelle. Wenn Sie sich das Ergebnis der folgenden Join-Abfrage anschauen, werden Sie den Unterschied vermutlich sofort bemerken:

```
SELECT Firma, Ort
FROM Kunden, Rechnungen
WHERE Kunden.KundenNr = Rechnungen.KundenNr
AND Zahlungsmittel = 'Kreditkarte'
```

Mit der Join-Abfrage erhalten Sie für jede Rechnung, die per Kreditkarte bezahlt wurde, einen eigenen Datensatz in der Ergebnistabelle. Wenn die Maier KG 20 Rechnungen per Kreditkarte bezahlt hat, erscheint sie auch zwanzigmal in der Tabelle. Die Verwendung einer Unterabfrage sorgt hingegen dafür, dass der betreffende Kunde nur einmal ausgegeben wird.

Keine Verknüpfung erforderlich

Es kommt nicht darauf an, dass sich übergeordnete Abfrage und Unterabfrage auf Tabellen beziehen, die in irgendeiner hierarchischen Beziehung zueinander stehen. Beide Tabellen können völlig unabhängig voneinander sein. Das wird vor allem dann der Fall sein, wenn Sie andere Operatoren wie beispielsweise EXISTS verwenden. Es ist grundsätzlich auch möglich, dass in beiden Teilabfragen dieselbe Tabelle verwendet wird.

TIPP

Operatoren für Unterabfragen

Für die Verknüpfung einer Abfrage mit einer Unterabfrage ist die WHERE-Klausel bzw. die damit definierte Bedingung zuständig. Dabei können die in Tabelle L14.1 aufgelisteten Operatoren verwendet werden.

Operator	Funktion
EXISTS	Prüft, ob die Unterabfrage Zeilen enthält, ob also von der Unterabfrage überhaupt ein Ergebnis geliefert wird.
IN	Prüft, ob die Werte einer bestimmten Spalte der übergeordneten Abfrage in der Ergebnisspalte der Unterabfrage enthalten sind. Es werden nur die Datensätze der übergeordneten Abfrage angezeigt, für die diese Bedingung zutrifft.
MATCH	Prüft, ob eine Zeile der übergeordneten Abfrage mit einer Zeile der Ergebnistabelle der Unterabfrage übereinstimmt.
ANY, SOME, ALL	Prüft, ob Datensätze der übergeordneten Abfrage mit allen Datensätzen der untergeordneten Abfrage (ALL) oder zumindest mit einigen davon (ANY / SOME) übereinstimmen.

Operator	Funktion
UNIQUE	Prüft, ob im Ergebnis der Unterabfrage Duplikate enthalten sind.
<, >, <=, >=	Auch Vergleichsoperatoren sowie die üblichen mathematischen Operatoren (+, -, *, /) lassen sich verwenden. Die Unterabfrage wird dann nur einen Wert liefern, also eine Aggregatfunktion wie beispielsweise SUM verwenden.

Tab. L14.1: Prädikate für die Verknüpfung mit Unterabfragen

EXISTS

Der Operator EXISTS ist eigentlich recht einfach zu verstehen. Liefert eine Unterabfrage überhaupt irgendwelche Daten, wird die Bedingung der WHERE-Klausel wahr. EXISTS kennt daher auch nur einen Operanden, nämlich das Ergebnis der Unterabfrage. In der Bedingung kommt die übergeordnete Abfrage gar nicht vor. Das Schema lässt sich wie folgt darstellen:

```
... WHERE EXISTS (Ergebnis der Unterabfrage)
```

Etwas schwieriger ist es, dafür eine sinnvolle Anwendung zu finden. Wir benötigen eine Fragestellung, die zwei zunächst unabhängige Ereignisse miteinander verknüpft. Das folgende Beispiel gibt lediglich eine Meldung aus, wenn die Unterabfrage mindestens eine Rechnung ermittelt, deren Rechnungsbetrag 100.000 übersteigt:

```
SELECT 'Sekt für alle!' AS Ergebnis
FROM Kunden
WHERE  EXISTS (SELECT *
               FROM Rechnungen
               WHERE Rechnungsbetrag > 100000 )
```

Denkbar wäre beispielsweise eine Abfrage, die in Abhängigkeit vom absoluten Lagerwert eines Artikels (Lagerbestand * Preis) die besten Kunden heraussucht, um ihnen ein Sonderangebot zu machen.

MATCH

Etwas sinnvoller lässt sich MATCH einsetzen. Dieser Operator prüft, ob Wertefolgen mit Datensätzen der Ergebnistabelle der

Unterabfrage übereinstimmen. Die WHERE-Klausel könnte beispielsweise wie folgt aussehen:

```
... WHERE (Wert1, Wert2)
    MATCH (SELECT Spalte1, Spalte2 FROM Tabelle)
```

Der Term (Wert1, Wert2) bildet einen Zeilenkonstruktor. Dieser wird mit der Ergebnistabelle der Unterabfrage verglichen. Achten Sie vor allem auf die Übereinstimmung der Werte mit den Spalten der Unterabfrage. Das gilt sowohl für die Spaltenzahl als auch für den Spaltentyp. Access unterstützt diesen Operator leider nicht, und auch MySQL 5 muss bei MATCH passen.

ANY, ALL und SOME

Zumindest die Operatoren ANY, ALL und SOME können Sie wieder mit Access und MySQL (ab Version 5) verwenden. ANY und SOME sind funktional praktisch identisch. Wir werden daher im Folgenden nur ANY verwenden. Die Syntax der Bedingung hat folgende Form:

```
... WHERE Zeilenkonstruktor
    = ANY (Ergebnis der Unterabfrage)
```

Wir benötigen also wieder einen Zeilenkonstruktor, also eine Reihe von Werten. Dieser Konstruktor muss bezüglich Zahl und Typ mit den Spalten der von der Unterabfrage gelieferten Ergebnistabelle übereinstimmen. Geprüft wird nun, ob mindestens ein Datensatz der Unterabfrage mit dem Konstruktor übereinstimmt.

Das folgende Beispiel selektiert in der Unterabfrage alle Datensätze, die einen Rechnungsbetrag größer als 100 aufweisen. Als Ergebnis liefert die Unterabfrage eine Spalte mit den Kundennummern, die dieser Bedingung genügen.

```
SELECT KundenNr, Firma, Ort
FROM Kunden
WHERE KundenNr =  ANY
( SELECT KundenNr
  FROM Rechnungen
  WHERE Rechnungsbetrag > 100)
```

In der WHERE-Klausel prüfen wir nun, welche Kundennummern aus der Tabelle *Kunden* darin enthalten sind. Da wir ANY verwenden, genügt es, wenn die Kundennummer mindestens einmal in der Ergebnisspalte der Unterabfrage vorkommt. Der betreffende Datensatz der Kundentabelle wird dann angezeigt. Allerdings können Sie das gleiche Ergebnis auch mit der folgenden Anweisung erzielen:

```
SELECT DISTINCT Kunden.KundenNr, Firma, Ort
FROM Kunden, Rechnungen
WHERE Kunden.KundenNr =  Rechnungen.KundenNr
AND Rechnungsbetrag > 100
```

Das Prädikat DISTINCT war hier erforderlich, um zu verhindern, dass bestimmte Datensätze mehrfach angezeigt werden. Die einfache Ersetzung der Unterabfrage sollte jedoch nicht zu dem Schluss verleiten, dass Unterabfragen nicht benötigt werden.

Unterabfragen mit Aggregatfunktion

Wenn die Unterabfrage eine Aggregatfunktion verwendet, liefert sie auch nur einen Wert. In diesem Fall ist ein Vergleich von Spaltenwerten mit diesem Wert möglich. Dazu lassen sich die üblichen Vergleichsoperatoren nutzen. So ist es beispielsweise möglich, in der Unterabfrage den durchschnittlichen Umsatz aller Kunden zu ermitteln. Anschließend werden die einzelnen Werte der Umsatzspalte mit dem Größer-Operator gegen diesen Wert geprüft. Die Gesamtabfrage zeigt dann nur solche Kunden an, deren Umsatz größer als der durchschnittliche Umsatz ist:

```
SELECT Firma, Ort, Umsatz
FROM Kunden
WHERE Umsatz >
  ( SELECT AVG(Umsatz)
    FROM Kunden )
```

Interessant an der vorstehenden Abfrage ist nicht nur die Verwendung einer Aggregatfunktion in der Unterabfrage, sondern auch, dass sich sowohl die übergeordnete als auch die Unterabfrage auf dieselbe Tabelle beziehen. Abfragen wie die vorstehende lassen sich eigentlich nur noch mit Unterabfragen lösen. Ein ähnliches, aber sehr viel komplexeres Beispiel könnte folgende Form haben:

```
SELECT  Firma, SUM(Rechnungsbetrag) AS Umsatz
FROM Kunden, Rechnungen
WHERE Kunden.KundenNr = Rechnungen.KundenNr
GROUP BY Firma
HAVING SUM(Rechnungsbetrag) > (
   SELECT SUM(Rechnungsbetrag) * 0.3
   FROM Rechnungen )
```

Um das Beispiel zu entschlüsseln, fangen Sie am besten bei der Unterabfrage an. Diese hat folgende Form:

```
SELECT SUM(Rechnungsbetrag) * 0.3
FROM Rechnungen
```

Damit berechnen wir einen Betrag, der 30 Prozent des Gesamtumsatzes (Summe aller Rechnungsbeträge) ausmacht. In der übergeordneten Abfrage ermitteln wir aus der Rechnungstabelle die Gesamtumsätze der einzelnen Firmen. Die übergeordnete Abfrage ist auch nach diesem Feld gruppiert. Wir prüfen dann, welche Gruppen (welche Firmen) mit ihrem Umsatz über dem von der Unterabfrage gelieferten Wert liegen, also mehr als 30 Prozent des Gesamtumsatzes erzielen. Wir erhalten damit nur die ganz großen Kunden.

TIPP

Sie sollten beachten, dass der in beiden Teilabfragen vorkommende Ausdruck `SUM(Rechnungsbetrag)` unterschiedliche Summen ermittelt. In der übergeordneten Abfrage erhalten wir damit (wegen der Gruppierung) die Umsätze der einzelnen Kunden. In der untergeordneten Abfrage liefert der gleiche Ausdruck (mangels Gruppierung) die Summe aller Rechnungsbeträge, also den Gesamtumsatz.

Sie werden sich vorstellen können, dass dafür maximal drei Kunden in Frage kommen. Wenn Sie vier oder mehr Kunden erhalten, handelt es sich um ein Wunder – oder einen Rechenfehler. Bei vier Kunden, die jeweils über 30 Prozent des Gesamtumsatzes bestreiten, ergeben sich mehr als 120 Prozent des Gesamtumsatzes, was bisher noch kein Unternehmen geschafft hat.

HAVING-Klausel

Beachten Sie im obigen Beispiel auch, dass wir die Bedingung der `HAVING`-Klausel verwendet haben, um die Unterabfrage einzubinden. Unterabfragen können also nicht nur in der `WHERE`-Klausel stehen.

Das Problem mit NULL-Werten

Bei der Verwendung von Unterabfragen kann es durchaus zu Überraschungen kommen, weil ein Vergleich keinesfalls immer das Ergebnis wahr oder falsch liefert. Sie können das relativ leicht testen, wenn Sie folgende Anweisungen ausführen:

```
SELECT 3 = 4
```

Diese Anweisung vergleicht zwei Werte und liefert in diesem Fall den Wert falsch. Allerdings werden Wahrheitswerte in praktisch allen Programmiersprachen mit numerischen Werten dargestellt. Für den Wert falsch erhalten Sie beispielsweise den numerischen Wert 0 angezeigt. Der Wert wahr kann durch fast alle anderen numerischen Werte repräsentiert werden. Üblich sind die Werte –1 oder auch 1. Unter Access erhalten Sie mit der folgenden Anweisung beispielsweise das Ergebnis –1 (= wahr) angezeigt:

```
SELECT 3 = 3
```

Solche Vergleiche liefern immer eindeutige Wahrheitswerte. Das gilt jedoch nicht mehr, wenn der Wert `NULL` ins Spiel kommt. Die folgende Anweisung liefert weder wahr (1) noch falsch (0). Sie erzeugt gar keinen Wert:

```
SELECT NULL = NULL
```

In Spalten, die Sie mit Abfragen bzw. Unterabfragen ermitteln, können aber immer NULL-Werte vorkommen. Wenn diese nun mit anderen Werten in Bedingungen verglichen werden, ist trotzdem zu entscheiden, ob beispielsweise ein Datensatz angezeigt werden soll oder nicht. Sind zwei zu vergleichende Felder leer, enthalten also beide den »Wert« NULL, wird der Vergleich üblicherweise so behandelt, als ob das Ergebnis falsch wäre.

Mehrfach verschachtelte Unterabfragen

Eine Abfrage mit Unterabfragen kann auch aus mehr als zwei verschachtelten Teilabfragen bestehen. Das folgende Beispiel soll alle Kunden und deren aus der Rechnungstabelle ermittelten Umsätze liefern, deren Umsatz (Summe ihrer Rechnungsbeträge) kleiner oder gleich dem durchschnittlichen Umsatz aller Kunden ist. Wir benötigen also zunächst die Kunden und ihre Umsätze. Diese Aufgabe übernimmt folgende Anweisung:

```
SELECT  Firma, SUM(Rechnungsbetrag) AS Gesamtumsatz
FROM Kunden, Rechnungen
WHERE Kunden.KundenNr = Rechnungen.KundenNr
GROUP BY Firma
```

Die Abfrage liefert alle Firmen, die Umsätze erzeugt, also Rechnungen erhalten haben. Mit dem durchschnittlichen Umsatz wird es schon schwieriger. Wir können keinesfalls die AVG-Funktion auf die Rechnungsbeträge der Rechnungstabelle ansetzen. Damit erhalten wir lediglich den durchschnittlichen Rechnungsbetrag, nicht den Durchschnittsumsatz. Wir müssen vielmehr in drei Schritten vorgehen:

1. Gesamtumsatz (Summe aller Rechnungsbeträge) aus Rechnungstabelle ermitteln
2. Zahl der Kunden ermitteln
3. Gesamtumsatz durch Zahl der Kunden teilen

Der erste Schritt ist recht einfach. Hier muss lediglich die Funktion SUM auf die Spalte *Rechnungsbetrag* angesetzt werden:

```
SELECT SUM(Rechnungsbetrag)
FROM Rechnungen
```

Die Zahl der Kunden lässt sich mit Hilfe von COUNT ebenfalls recht einfach ermitteln. Hier ist aber zu überlegen, ob alle Kunden (Datensätze) der Kundentabelle oder nur diejenigen, die auch schon Rechnungen erhalten und damit Umsätze getätigt haben, zu berücksichtigen sind. Wir wollen von der einfachsten Variante ausgehen, die folgende Form hat:

```
SELECT COUNT(KundenNr) FROM Kunden
```

Durchschnittl. Umsatz

Um den durchschnittlichen Umsatz zu ermitteln, ist nun im dritten Schritt der Gesamtumsatz durch die Anzahl der Kunden zu teilen. Dazu sind die beiden letzten Einzelanweisungen wie folgt zu verbinden:

```
SELECT
   SUM(Rechnungsbetrag) /
   ( SELECT COUNT(KundenNr) FROM Kunden )
FROM Rechnungen
```

Das Ergebnis der letzten Teilabfrage wird hier als Teiler für die Summe der Rechnungsbeträge verwendet. Da wir so den durchschnitttlichen Umsatz aller Kunden ermittelt haben, lassen sich nun die Einzelumsätze der Kunden damit vergleichen. Dazu verwenden wir eine HAVING-Klausel, die nach folgendem Schema (keine funktionsfähige Anweisung) definiert ist:

```
HAVING Einzelumsätze <= durchschnittlicher Umsatz
```

Nach diesem Schema sind nun die Einzelanweisungen zu einer sowohl unter Access als auch unter MySQL funktionierenden Gesamtabfrage zu verbinden:

```
SELECT  Firma, SUM(Rechnungsbetrag) AS Gesamtumsatz
FROM Kunden, Rechnungen
WHERE Kunden.KundenNr = Rechnungen.KundenNr
GROUP BY Firma
```

```
HAVING SUM(Rechnungsbetrag) <=
   (SELECT SUM(Rechnungsbetrag) /
        (SELECT COUNT(KundenNr) FROM Kunden)
    FROM Rechnungen  )
```

Beachten Sie, dass wir in diesem Fall davon ausgegangen sind, dass für jeden Kunden in der Kundentabelle auch Rechnungen in der Rechnungstabelle vorhanden sind.

Transaktionen

Transaktionen sind Operationsfolgen, die nur als Ganzes oder gar nicht ausgeführt werden dürfen. Kann auch nur eine Operation aus der Operationsfolge nicht ausgeführt werden, müssen alle bereits vollzogenen Operationen dieser Folge (dieser Transaktion) wieder zurückgenommen werden. Transaktionen werden benötigt, um die Konsistenz der Daten sicherzustellen. Weitere Hinweise zu diesem Thema finden Sie im Kapitel *Datenbanktheorie*.

SQL-Befehle

SQL stellt für Transaktionen mehrere Befehle zur Verfügung. Diese dienen der Sperrung von Tabellen und anderen Datenbankobjekten sowie der Bestätigung bzw. Rücknahme von Operationen. Von den meisten Datenbanksystemen werden folgende Befehle unterstützt:

```
LOCK TABLE
COMMIT
ROLLBACK
```

`LOCK TABLE` sperrt eine Tabelle für den Benutzer, der diesen Befehl erteilt. Andere Benutzer können dann nur lesend oder gar nicht auf diese Tabelle zugreifen. `COMMIT` schließt eine Transaktion ab und `ROLLBACK` nimmt die zu einer Transaktion gehörenden Operationen wieder zurück. Die beiden Befehle wirken nur auf die Operationen, die seit ihrer letzten Anwendung ausgeführt wurden. Operationen, die bereits mit `COMMIT` bestätigt oder mit `ROLLBACK` verworfen wurden, bleiben davon unberührt.

Tabellen sperren

Das Sperren von Tabellen ist nur bedingt als Teil des Transaktionskonzepts zu verstehen. Sie sperren Tabellen, um beispielsweise größere Datenmengen hineinzuschreiben oder die Tabellenstruktur zu ändern. Je nach Operation genügt es, andere Benutzer vollständig vom Zugriff auszuschließen oder nur den Lesezugriff zu gestatten. Um die Tabelle *Artikel* für alle anderen Benutzer vollständig zu sperren, ist folgende Anweisung erforderlich:

```
LOCK TABLE Artikel IN EXCLUSIVE MODE
```

Eine Sperrung, die anderen Benutzern zumindest noch das Leserecht lässt, erhalten Sie mit dem `SHARE`-Modus:

```
LOCK TABLE Artikel IN SHARE MODE
```

Beide Anweisungen werden Sie in dieser Form weder mit Access noch mit MySQL nutzen können. Access kennt `LOCK` nicht und MySQL verwendet eine andere Syntax. Auch bei anderen Datenbanken müssen Sie mit Abweichungen rechnen. Unter MySQL sollte zumindest folgende Anweisung funktionieren:

```
LOCK TABLES Artikel WRITE
```

Damit sperren Sie den Zugriff für andere Benutzer praktisch vollständig. Zum Aufheben einer Sperre verwendet MySQL einen speziellen `UNLOCK`-Befehl. `LOCKs` werden aber normalerweise auch dann aufgehoben, wenn ein `COMMIT` oder `ROLLBACK` erfolgt ist.

COMMIT und ROLLBACK

`COMMIT` und `ROLLBACK` werden von praktisch allen Datenbanksystemen unterstützt, mit Einschränkungen auch von Access und MySQL. Sie benötigen in der Regel keine Parameter. Allerdings verwenden einige Datenbanksysteme zusätzliche Befehle, um den Beginn einer Transaktion zu kennzeichnen.

AutoCommit-Modus

Häufig arbeiten diese Systeme in einem sogenannten Auto-Commit-Modus, in welchem jede einzelne Operation als komplette Transaktion betrachtet und die damit verbundenen Änderungen sofort in die Datenbank geschrieben werden. Mit Befehlen wie `BEGIN` wird dieser Modus temporär abgeschaltet. Das Datenbanksystem wartet dann mit dem Speichern, bis ein `COMMIT` erfolgt oder alle inzwischen erfolgten Operationen mit `ROLLBACK` zurückgenommen werden. Eine typische Befehlsreihe kann dann wie folgt aussehen:

```
BEGIN;
UPDATE ... / INSERT ...;
UPDATE ... / INSERT ...;
COMMIT / ROLLBACK;
```

Die Umsetzung dieses Schemas wird für jedes Datenbanksystem wieder etwas von der Standardsyntax abweichen. Das folgende Beispiel funktioniert mit MySQL:

```
BEGIN;
INSERT INTO Artikel(ArtikelNr, Artikelname)
VALUES (111, 'Grüne Vase');
INSERT INTO Artikel(ArtikelNr, Artikelname)
VALUES (222, 'Rote Vase');
COMMIT;
```

Wir haben jede Zeile mit dem Semikolon abgeschlossen, um kenntlich zu machen, dass es sich um vier separate Anweisungen handelt. Im Abfrage-Editor von Access werden Sie die Anweisungen nicht nutzen können, obwohl Access diese grundsätzlich unterstützt. Lediglich per VBA-Programmierung ist eine Verwendung möglich.

Wenn Sie für das vorstehende Beispiel die `COMMIT`-Anweisung durch `ROLLBACK` ersetzen, sollten die `INSERT`-Anweisungen nicht zu einer Änderung der Tabelle führen.

TIPP

Ist das Feld *ArtikelNr* als AutoIncrement-Feld definiert, kann die Angabe in den `INSERT`-Anweisungen entfallen. Das Feld erhält dann beim Einfügen neuer Datensätze automatisch auch eine Artikelnummer.

CONNECT / DISCONNECT

Bevor Sie eine SQL-Abfrage abschicken können, muss eigentlich erst eine Verbindung zum Datenbanksystem hergestellt werden. Wenn wir erst nach so vielen Beispielanweisungen auf diese Vorbedingung eingehen, dann liegt das daran, dass Sie sich in der Regel nicht darum kümmern müssen.

Datenbankverbindung herstellen

Üblicherweise wird die Verbindung eingerichtet, wenn Sie ein spezielles Programm aufrufen, über das Sie auf eine Datenbank zugreifen wollen. Öffnen Sie beispielsweise Access, wird damit eben auch eine Verbindung zum Datenbanksystem bzw. zur betreffenden Datenbank-Engine hergestellt. Unter MySQL verwenden Sie ein spezielles Administrationstool, das diese Aufgabe übernimmt. Werden SQL-Anweisungen in andere Programmiersprachen eingebettet, sorgt üblicherweise eine spezielle Funktion für den Verbindungsaufbau. Sie werden die betreffenden Anweisungen also selten benötigen. Zuständig sind die folgenden Befehle:

```
CONNECT
DISCONNECT
```

Die Herstellung einer Verbindung bedeutet, dass eine SQL-Sitzung eingerichtet wird.

Verbindung einrichten

Der `CONNECT`-Befehl erwartet die Angabe des Datenbanksystems und gegebenenfalls des Benutzernamens. Die Grundsyntax hat daher folgende Form:

```
CONNECT TO Server AS Verbindung USER Benutzer
```

Mit Server ist der Name des Datenbanksystems (des Datenbankservers) gemeint. In der USER-Klausel ist der Name des Benutzers anzugeben, für den eine Verbindung hergestellt werden soll. Diese Klausel ist optional. Wird sie verwendet, ergibt sich beispielsweise folgende Anweisung:

```
CONNECT TO MySQL AS db USER peter
```

Die AS-Klausel steht wieder für einen Aliasnamen, den Sie für die Sitzung vergeben können.

Verbindung beenden

Sie beenden eine Verbindung mit DISCONNECT. Als Parameter wird der Verbindungsname benötigt. Die Anweisung gilt dann für die gerade aktive SQL-Sitzung:

```
DISCONNECT Verbindung
```

Wollen Sie alle offenen Sitzungen mit einer Anweisung beenden, müssen Sie noch den Operator ALL hinzufügen:

```
DISCONNECT ALL
```

Da in diesem Fall keine bestimmte Sitzung gemeint ist, entfällt natürlich die Angabe von Verbindungsnamen.

Mehrere Sitzungen einrichten

Es lassen sich mehrere SQL-Sitzungen einrichten, von denen aber immer nur eine aktiv ist. Mit jedem neuen Aufruf von CONNECT TO öffnen Sie eine neue Sitzung, wobei gleichzeitig die gerade aktive Sitzung deaktiviert wird. Die Umschaltung zwischen den Sitzungen (den geöffneten Verbindungen) erfolgt mit dem Befehl SET CONNECT TO. Als Parameter ist der Name der Verbindung anzugeben:

```
SET CONNECT TO bestehende_Verbindung
```

Damit wird die gerade aktive Verbindung deaktiviert.

CASE-Struktur

Die `CASE`-Anweisung ist nur in wenigen SQL-Dialekten zu finden. Access verfügt nicht darüber. Überraschenderweise wird `CASE` jedoch von MySQL unterstützt, sodass Sie die in diesem Textabschnitt enthaltenen Beispiele gegebenenfalls nicht nur studieren, sondern sogar ausführen können.

Verzweigungen

Mit Hilfe von `CASE` realisieren Programmiersprachen komplexe Verzweigungen. Die Anweisung kennt zwei Syntaxvarianten. Die einfachste hat folgende Form:

```
CASE Ausdruck
   WHEN Wert1 THEN WertA
   WHEN Wert2 THEN WertB
   ELSE WertC
END
```

CASE-Ausdruck muss Wert liefern

Der Ausdruck muss einen Wert liefern, also eine Zahl, eine Zeichenfolge oder ein Datum. Sie können dafür einen Spaltennamen einsetzen oder gleich einen festen Wert vorgeben. Verwenden Sie einen Spaltennamen, wird eben der Wert des jeweiligen Datensatzes der betreffenden Spalte genommen.

Zusammen mit dem Wert in der `WHEN`-Klausel bilden beide eine logische Bedingung. Da wir im obigen Schema zwei Zweige verwendet haben, ergeben sich zwei Bedingungen. Diese können wir wie folgt formulieren:

Wenn Ausdruck = Wert1, dann WertA ausgeben

Wenn Ausdruck = Wert2, dann WertB ausgeben

Sie setzen `CASE` in einer `SELECT`-Abfrage ein. Das folgende Beispiel ist zwar nicht gerade praxistauglich, es zeigt aber sehr schön die Funktionsweise der `CASE`-Struktur:

```
SELECT
   CASE 2
     WHEN 1 THEN 'Hallo1'
     WHEN 2 THEN 'Hallo2'
     WHEN 3 THEN 'Hallo3'
   END
```

Als Ausdruck haben wir den festen Wert 2 eingesetzt. Damit erhalten wir folgende Bedingungen:

Wenn 2 = 1, dann »Hallo1« ausgeben

Wenn 2 = 2, dann »Hallo2« ausgeben

Wenn 2 = 3, dann »Hallo3« ausgeben

CASE/END-Struktur erzeugt SELECT-Spalte

Beachten Sie, dass das Beispiel eine Spalte erzeugt. Die komplette `CASE/END`-Struktur wirkt also wie eine Spaltenangabe in der `SELECT`-Anweisung. Sie können weitere Spalten hinzufügen, indem Sie diese wie üblich mit einem Komma abtrennen. Dabei kann es sich um normale Spaltennamen handeln oder auch um weitere `CASE/END`-Strukturen. So erzeugt das folgende Beispiel drei Spalten:

```
SELECT
   Firma,
   CASE 2
     WHEN 1 THEN 'Hallo1'
     WHEN 2 THEN 'Hallo2'
     WHEN 3 THEN 'Hallo3'
   END,
   CASE 3
     WHEN 1 THEN 'Hallo1'
     WHEN 2 THEN 'Hallo2'
     WHEN 3 THEN 'Hallo3'
   END
FROM Kunden
```

Die erste Spalte (*Firma*) holen wir aus der Tabelle *Kunden*, während die beiden anderen Spalten von zwei `CASE/END`-Strukturen erzeugt werden. Da wir in diesem Fall auch eine normale

Tabellenspalte verwenden, muss die betreffende Tabelle auch in einer FROM-Klausel erscheinen.

Aliasnamen verwenden

Die Benennung der CASE/END-Spalten wird zunächst vom Datenbanksystem vorgenommen. Sie können die gewöhnungsbedürftigen Bezeichnungen aber durch Aliasnamen ersetzen. Die abschließende Zeile der CASE-Struktur (END) wird dann beispielsweise wie folgt aussehen:

```
...  END AS ErsteSpalte, ...
```

Natürlich lässt sich eine CASE-Struktur auch in eine richtige Tabellenabfrage einbinden. Das folgende Beispiel gibt alle Datensätze der Tabelle *Artikel* aus. Dabei werden die Artikel *Blaue Tasse* und *Rote Tasse* in einer zweiten Spalte mit der Bezeichnung *EinfarbigeTasse* mit *Ja* gekennzeichnet:

```
SELECT
   Artikelname,
   CASE Artikelname
      WHEN 'Blaue Tasse' THEN 'Ja'
      WHEN 'Rote Tasse' THEN 'Ja'
   END AS EinfarbigeTasse
FROM Artikel
```

Beachten Sie, dass wir auch noch den Artikelnamen ausgeben. Hinter den betreffenden Tassen steht dann die Bezeichnung *Ja*. Hinter den anderen Artikeln steht entweder NULL oder gar nichts. Dies können Sie ändern, wenn Sie noch einen ELSE-Zweig hinzufügen.

Alternativzweig mit ELSE

Eine CASE-Struktur kann auch einen alternativen Zweig enthalten. Dieser wird wirksam, wenn keine der zuvor definierten Bedingungen erfolgreich war. Das letzte Beispiel muss dann wie folgt erweitert werden:

```
SELECT
   Artikelname,
   CASE Artikelname
      WHEN 'Blaue Tasse' THEN 'Ja'
      WHEN 'Rote Tasse' THEN 'Ja'
      ELSE 'Nein'
   END AS EinfarbigeTasse
FROM Artikel
```

Alle Artikel, die weder blaue noch rote Tassen sind, werden nun in der ersten Spalte mit dem Wert *Nein* gekennzeichnet.

Die zweite CASE-Variante

Für CASE existiert noch eine weitere Syntaxvariante. Hier wandert die Bedingung in die einzelnen CASE-Zweige. Das hat den Vorteil, dass jeder CASE-Zweig eine gänzlich eigene Bedingung erhalten kann. Abhängig vom Wert der Bedingung werden bestimmte Ausdrücke ausgewertet. Diese CASE-Variante hat folgende Syntax:

```
CASE
   WHEN Bedingung1 THEN Ausdruck1
   WHEN Bedingung2 THEN Ausdruck2
   ...
   ELSE Ausdruck
END
```

Trifft die erste Bedingung zu, wird der erste Ausdruck ausgewertet. Trifft die Bedingung nicht zu, wird der nächste WHEN-Zweig überprüft und gegebenenfalls ausgewertet. Das folgende Beispiel variiert die Anweisung, die wir bereits weiter oben vorgestellt haben:

```
SELECT
   Artikelname,
   CASE
      WHEN Artikelname = 'Blaue Tasse' THEN 'Ja'
      WHEN Artikelname = 'Rote Tasse' THEN 'Ja'
```

```
    ELSE 'Nein'
  END AS EinfarbigeTasse
FROM Artikel
```

Wir verwenden hier in beiden `WHEN`-Zweigen das gleiche Feld (*Artikelname*). Die Bedingungen dürfen sich aber auch auf unterschiedliche Felder beziehen:

```
WHEN Artikelname = 'Rote Tasse' THEN 'Ja'
WHEN ArtikelNr = 4 THEN 'Ja'
WHEN Artikelgruppe = 'Glas' THEN 'Ja'
```

Die vorstehenden `WHEN`-Klauseln können gleichzeitig in einer `CASE`-Struktur auftreten, vorausgesetzt, die in der `FROM`-Klausel verwendete Tabelle enthält die dort genannten Spalten.

L15 Datenbanktheorie

Grundkenntnisse des Datenbankentwurfs sind eine unverzichtbare Voraussetzung, um eine SQL-Datenbank erzeugen und nutzen zu können. Ein fehlerhafter Datenbankentwurf liefert fast zwangsläufig fehlerhafte Daten. In diesem Kapitel wollen wir daher auf den Datenbankentwurf und die dafür erforderlichen Grundlagen eingehen. Insbesondere Grundkenntnisse des ER-Modells (Entity Relationship Models) und des Normalisierungsprozesses sind unerlässlich.

Relationale Datenbanken

Das relationale Datenbankmodell, das in nahezu allen Datenbanken zum Einsatz kommt, ermöglicht den Aufbau weitgehend widerspruchsfreier (konsistenter) Datenbanken. Es erlaubt zudem die Anwendung mathematischer Verfahren bei der Auswertung von Datenbanken. Auch die Abfragesprache SQL basiert auf dem relationalen Modell.

Aufgabe der Datenbankmodellierung

Abbild eines Diskursbereichs

Bei der Modellierung einer Datenbank geht es darum, soziale oder betriebliche Strukturen und Prozesse in Form einer Datenstruktur abzubilden. Unter einer Datenbank verstehen wir dabei die Gesamtheit aller Daten, die einen Tätigkeitsbereich, in der Datenbanktheorie auch Diskursbereich genannt, beschreiben. Ein solcher Tätigkeits- oder *Diskursbereich* kann beispielsweise die Buchhaltung eines Unternehmens sein. Zu den Daten, welche die Datenbank bilden, gehören dann beispielsweise Kundendaten und Informationen über Rechnungen und Produkte. Diese werden üblicherweise in verschiedenen *Relationen* (Tabellen) gespeichert.

Das ER-Modell

Das relationale Modell gehört zur Klasse der sogenannten *Entity Relationship Models* (ER-Modelle). Die Basis solcher Modelle sind Entitäten und Entitätsbeziehungen. Unter einer *Entität* versteht man Objekte der realen wie der vorgestellten Welt. Das können beispielsweise Personen sein, Dinge des täglichen Lebens oder Strukturen und Vorgänge. Einige Beispiele:

- Artikel (Objekt)
- Kunde (Person/Objekt)
- Abteilung (Struktur)
- Buchung (Vorgang)

Die Aufgabe des relationalen Modells ist es, solche Entitäten und die Beziehungen zwischen ihnen abzubilden. Da wir es regelmäßig mit mehr als einem Objekt der gleichen Art zu tun haben, beispielsweise mit mehreren Artikeln, können wir auch von einer Entitätsmenge *Artikel* sprechen. Eine Entitätsmenge fasst alle Entitäten mit gleichen Merkmalen, also beispielsweise alle Artikel, zusammen. Die Abbildung einer Entitätsmenge erfolgt in Form einer Relation, also einer Tabelle.

TIPP

Beachten Sie, dass sich der Begriff »Relation« nicht, wie in vielen Büchern dargestellt, auf die Verknüpfung von Tabellen bezieht, sondern lediglich eine andere Bezeichnung für die Tabellen selbst darstellt. Die Verknüpfung wird in der Datenbanktheorie als *Relationship* bezeichnet.

Struktur einer Relation

Tabellen werden aus Tupeln aufgebaut, welche wiederum aus einer Menge von Merkmalen (Attributen) bestehen. In der Praxis bezeichnen wir Tupel als *Zeilen*, *Datensätze* oder *Records*. Merkmale werden auch *Attribute*, *Felder* oder *Spalten* genannt.

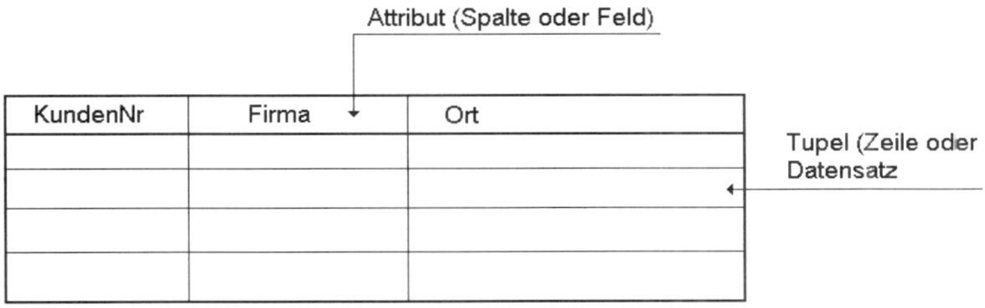

Abb. L15.1: Tabellenstruktur

Abbildung L15.1 zeigt den Zusammenhang. Diese Darstellung dürfte Ihnen als Tabelle vertraut sein. Die Abfragesprache SQL ist in ihrer Funktionalität auf diese Struktur ausgerichtet. Mit der `SELECT`-Anweisung wählen Sie bestimmte Zeilen (Datensätze) aus, wobei Sie durch Auflistung der Attribute gleichzeitig Spalten selektieren.

Schlüssel/Primärschlüssel

Das relationale Modell beschreibt nur die Struktur der Daten, stellt aber keine Beziehungen zwischen den Daten her. Daher sind aufwendige Methoden erforderlich, um diese Beziehungen (Verknüpfungen) zu realisieren. Grundlage der Verknüpfung von Tabellen ist ein Identifikationsschlüssel. Jeder Tabelle ist ein Schlüssel zugeordnet, der den einzelnen Datensatz eindeutig identifiziert.

Attribute/Attributkombinationen

Der Schlüssel kann aus einem einzigen, natürlichen Attribut (einer Spalte) bestehen, er kann aber auch aus mehreren Attributen zusammengesetzt sein. So könnten in einer Kundentabelle die Felder *Name*, *PLZ* und *Strasse* genügen, um einen Kunden eindeutig zu identifizieren, also einen Schlüssel zu bilden. Das Feld *Name* wäre dazu allein nicht geeignet, weil es zweifellos viele gleichnamige Kunden geben wird.

Anforderungen an Schlüssel

Sie werden selten natürliche Attribute finden, die sich allein schon als Schlüssel eignen. Vorzuziehen sind daher künstliche Schlüssel, da diese die folgenden Bedingungen, denen jeder Schlüssel genügen muss, leichter erfüllen:

1. Ein Schlüssel muss jeden Datensatz eindeutig identifizieren.
2. Datenbankoperationen dürfen den Schlüssel nicht verändern.

Viele relationale Datenbanksysteme unterstützen die erste Forderung durch die Definition eines Primärschlüssels (Primary Key), für den nur eindeutige Werte eingegeben werden können. Dazu gehören auch Access und MySQL. Die Spalteneigenschaft *Primary Key* stellt in der Regel schon sicher, dass die betreffende Spalte nur noch eindeutige Werte annehmen kann. Eine Tabelle, die nur aus einer Schlüsselspalte besteht, erhalten Sie mit folgender Anweisung:

```
CREATE TABLE Test (
    KundenNr INTEGER PRIMARY KEY
)
```

Soll der Schlüssel nicht als Primärschlüssel dienen, können Sie an Stelle der Klausel `PRIMARY KEY` auch die `UNIQUE`-Klausel verwenden:

```
CREATE TABLE Test (
    KundenNr INTEGER UNIQUE
)
```

Die `UNIQUE`-Klausel bewirkt, dass ein eindeutiger Index erzeugt wird, der ebenfalls sicherstellt, dass für diese Spalte nur eindeutige Werte akzeptiert werden.

Keine Änderung von Schlüsseln

Die zweite Forderung hat ihren Grund in der Verknüpfung von Tabellen, die normalerweise über den Identifikationsschlüssel erfolgt. Eine Änderung des Schlüssels in der Kundentabelle hätte zur Folge, dass die zugehörigen Datensätze in der Rechnungstabelle nicht mehr gefunden werden. Schlüssel dürfen also nur erzeugt und (mit dem ganzen Datensatz) gelöscht, aber nicht geändert werden. Praktisch bedeutet das, dass in UPDATE-Anweisungen keine Schlüsselfelder vorkommen dürfen.

Keine »sprechenden Schlüssel«

Diese Grundsätze sind mit zusammengesetzten Schlüsseln nur schwer zu erfüllen. Auch sogenannte »sprechende Schlüssel« können, obwohl im Prinzip zulässig, in dieser Hinsicht kritisch sein. Wird etwa in einer Kundennummer (= Schlüssel) ein Teil der Postleitzahl für die Bildung des Schlüssels verwendet, um den Kunden anhand der Kundennummer lokalisieren zu können, so müsste sich der Schlüssel ändern, wenn der Kunde sein Geschäft verlegt. Das aber widerspricht der zweiten Forderung, die wir an einen Schlüssel stellen. Die Änderung muss also unterbleiben. Das wiederum bedeutet, dass der »sprechende Schlüssel« von nun an mit gespaltener Zunge spricht.

Sprechende Schlüssel

Ganz verzichten möchten viele Anwender aber auf sprechende Schlüssel nicht. Deshalb werden in der Praxis häufig Schlüssel gebildet, die sich aus einem frei zu vergebenden Teil und einer laufenden Nummer zusammensetzen. Unabhängig vom freien Teil sorgt dann die laufende Nummer dafür, dass der Schlüsselwert immer eindeutig bleibt. Nach diesem Schema werden sehr häufig Kundennummern gebildet. Der sprechende Teil kann dabei einer eigenen Spalte vorbehalten bleiben. Erst bei der Ausgabe werden dann beide zusammengefasst. Ein Beispiel:

```
SELECT PLZ &  KundenNr AS Kundennummer
FROM Kunden
```

Das vorstehende Beispiel verkettet die Felder *PLZ* und *KundenNr*, sodass bei der Ausgabe, beispielsweise für das Drucken einer Rechnung, eine zusammengesetzte Kundennummer entsteht. Beachten Sie, dass das Zeichen & nur unter Access als Verkettungsoperator fungiert. Unter MySQL können Sie die Verkettungsfunktion CONCAT nutzen:

```
SELECT CONCAT(PLZ, KundenNr) AS Kundennummer
FROM Kunden
```

Andere SQL-Datenbanksysteme verwenden als Verkettungsoperator die Zeichenkombination ||, die jedoch unter Access nicht funktioniert.

Künstliche Schlüssel

Aus dem bisher Gesagten ergibt sich: Als Primärschlüssel sollten eindeutige künstliche Schlüssel verwendet werden. Die Schlüssel sollten ausschließlich der Identifikation des Datensatzes dienen und keine weiteren Informationen enthalten. Solche Schlüssel sind beispielsweise folgende:

- Artikelnummer
- Buchungsnummer
- Kundennummer
- Kontaktnummer
- Personalnummer
- Rechnungsnummer

Solche Nummern lassen sich nach eigenen Regeln aus Buchstaben und Ziffern bilden. Am einfachsten sind jedoch fortlaufende Nummern. Viele Datenbanksysteme bieten hier den Feldtyp *Autowert* (*AutoIncrement*) an. Dieser Typ wird automatisch mit jedem neuen Datensatz hochgezählt. Wenn aus betrieblicher Sicht keine Einwände gegen eine fortlaufende Nummer bestehen, sollten Sie diesen Typ für Schlüsselfelder bevorzugen.

Datenstruktur definieren

Der Aufbau des relationalen Datenbankmodells ist recht leicht zu verstehen, dennoch sind beim Entwurf der Datenstruktur bestimmte Regeln zu beachten. So müssen Sie insbesondere die Probleme der Datenredundanz und die daraus resultierenden Gefahren sogenannter Mutationsanomalien berücksichtigen. Diese können beim Ändern redundanter Daten entstehen.

Redundanz

Werden identische Daten, beispielsweise Adressen, mehrfach gespeichert, dann sind sie *redundant*. Im Folgenden wollen wir jedoch einen eingeschränkten Redundanz-Begriff verwenden:

Definition

Redundanz liegt dann vor, wenn ein Teil der Daten ohne Funktionsverlust weggelassen werden kann.

Diese Einschränkung hat damit zu tun, dass sich Redundanz nicht immer vermeiden lässt und unter bestimmten Umständen sogar erwünscht ist. So kann der Versuch, die Daten völlig redundanzfrei zu halten, zu funktionalen Einschränkungen der Datenbank führen.

Datenbankkonsistenz

Redundanz erzeugt vor allem die Gefahr von sogenannten *Mutationsanomalien*. Als *Mutationen* werden alle Änderungen bezeichnet, die auf einen Datenbestand erfolgen. Ist das gleiche Objekt mehrfach gespeichert, so müssen eventuelle Änderungen auch alle Datensätze einschließen, die dieses Objekt betreffen. Andernfalls erhalten wir eine Datenbank mit inkonsistenten Daten (*Anomalien*).

Beispiel

Als Beispiel wollen wir annehmen, dass ein Herr Böger als Kunde und Lieferant zweimal mit der Ortsangabe Dresden in unserer Adressentabelle vertreten ist. Herr Böger teilt uns nun mit, dass er seinen Wohnort nach Leipzig verlegt. Wir müssen dann beide Datensätze ändern. Unterbleibt eine der Änderungen, ist unsere Datenbank nicht mehr konsistent (widerspruchsfrei), weil für den Herrn Böger zwei verschiedene Anschriften gespeichert sind.

Zur Vermeidung solcher Probleme sind Verfahren entwickelt worden, die eine weitgehend redundanzfreie Darstellung der Daten ermöglichen. Diese Verfahren dienen dem Entwurf der Datenstruktur und werden als Normalisierung bezeichnet.

Tabellen normalisieren

Im Prozess der *Normalisierung* findet eine in Stufen fortschreitende Verringerung von Datenredundanz statt. Das Ziel der Normalisierung ist erreicht, wenn innerhalb einer Relation (einer Tabelle) keine Redundanzen mehr auftreten. Die Relation ist dann normalisiert. Der Normalisierungsprozess verläuft über drei Stufen. Die höchste Stufe ist daher die sogenannte Dritte Normalform.

Drei Stufen der Normalisierung

Abbildung L15.2 zeigt eine Tabelle, die noch nicht normalisiert ist. Unter anderem enthalten einzelne Felder mehrere Werte. So sind im Feld *Artikel* mehrere Artikel eingetragen. Für unsere Ausgangstabelle haben wir einfach alle benötigten Informationen in einer Tabelle zusammengefasst.

KdNr	Firma	RechngNr	Rechnungsbetrag	Arikel
1	Müller KG	1	300,00 €	Orangen, Bananen
2	Böckel AG	2	500,00 €	Birnen, Orangen, Äpfel
3	Schmidt GmbH	3	400,00 €	Orangen, Birnen

Abb. L15.2: Tabelle vor dem Normalisierungsprozess

Natürlich ist eine solche Tabelle wenig sinnvoll. Sobald kein Eintrag mehr in das Feld *Artikel* passt, müssen wir einen neuen Datensatz für den jeweiligen Kunden erzeugen. Schon die nächste Bestellung würde damit zu redundanten Einträgen führen.

Die Erste Normalform

Wir müssen daher die Struktur der Daten ändern. Ein erster Schritt in diese Richtung ist die Anwendung der Ersten Normalform, die eine Umgruppierung der Daten erfordert. Die Erste Normalform lässt sich wie folgt zusammenfassen:

Definition

Eine Tabelle befindet sich in der Ersten Normalform, wenn sie nur einfache Feldwerte enthält. Mit dieser Definition ist gemeint, dass nicht mehrere Feldwerte (Merkmalswerte, Attributwerte) in einer Spalte enthalten sein dürfen. Man sagt auch, dass ein Attribut (ein Feld, eine Spalte, ein Merkmal) keine innere Struktur aufweisen darf.

Das Feld *Artikel* aus Abbildung L15.2 ist aber in sich noch unterteilt: Es enthält jeweils mehrere Artikel. Die Erste Normalform (Abbildung L15.3) erreichen wir durch eine Neugruppierung der Daten. Es ist aber gut zu erkennen, dass die Tabelle mehrfach die gleichen Daten enthält. Wir haben sogar zusätzliche Redundanz erzeugt.

KdNr	Firma	RechngNr	Rechnungsbetrag	Arikel
1	Müller KG	1	300,00 €	Bananen
1	Müller KG	1	300,00 €	Orangen
2	Böckel AG	2	500,00 €	Äpfel
2	Böckel AG	2	500,00 €	Orangen
2	Böckel AG	2	500,00 €	Birnen
3	Schmidt GmbH	3	400,00 €	Birnen
3	Schmidt GmbH	3	400,00 €	Orangen

Abb. L15.3: Tabelle in der Ersten Normalform

Ändert sich beispielsweise die Adresse des ersten Kunden, muss die Änderung in mehreren Datensätzen (Zeilen) vorgenommen werden. Andernfalls ist die Tabelle nicht mehr widerspruchsfrei.

Die Zweite Normalform

Die Redundanz der Tabelle, die sich in der Ersten Normalform befindet, muss verringert werden. Der nächste Schritt erfordert daher die Anwendung der Zweiten Normalform.

Definition

Eine Tabelle befindet sich in der Zweiten Normalform, wenn sie bereits in der Ersten Normalform vorliegt und jedes nicht zum Schlüssel gehörende Attribut von diesem Schlüssel abhängig ist.

Die Funktion des Schlüssels haben wir weiter oben schon angesprochen. Zu klären ist noch der Begriff der *Abhängigkeit*, der die Beziehung zwischen den einzelnen Feldern (Attributen) und der Tabelle beschreibt. Für die Abhängigkeit eines Attributs gilt, dass ein Attribut dann abhängig ist, wenn es eine Eigenschaft des Objekts beschreibt, zu dem es gehört.

Abhängigkeiten klären

Das Feld *Firma* und die hier nicht verwendete Adresse gehören sicher zur Kundentabelle. Sie beschreiben den betreffenden Kunden und sind somit direkt vom Schlüssel (der Kundennummer) abhängig. Alle anderen Spalten haben mit der Kundennummer wenig oder nichts zu tun. Wir müssen also zunächst eine Kundentabelle erzeugen. Die SQL-Definition der Kundentabelle hat folgende Form:

```
CREATE TABLE Kunden (
KundenNr INTEGER PRIMARY KEY,
Firma CHAR(50) )
```

Die restlichen Spalten enthalten ebenfalls noch einen Schlüssel, nämlich die Rechnungsnummer. Wenn wir die Formel der Zweiten Normalform darauf anwenden, stellen wir fest, dass Spalten wie *Artikel*, *Preis* und *Menge* eigentlich nicht von diesem Schlüssel (der Rechnungsnummer) abhängen. Für die Rechnungstabelle bleiben dann Spalten wie beispielsweise *Rechnungsbetrag* und, wenn vorhanden, *Rechnungsdatum*. Unsere sehr spartanisch ausgestattete Rechnungstabelle muss mit dem *Rechnungsbetrag* auskommen.

Sie können die Tabellen natürlich erweitern. Dabei müssen Sie nur auf die Einhaltung der vorgestellten Regeln achten. Zur Kundentabelle gehören üblicherweise noch die Adressattribute und das Erfassungsdatum. Die Rechnungstabelle benötigt neben dem Rechnungsdatum noch mindestens ein Feld für das Zahlungsmittel.

Tabellenstruktur erweitern

KdNr	Firma
1	Müller KG
2	Böckel AG
3	Schmidt GmbH

RechngNr	Rechnungsbetrag
1	300,00 €
2	500,00 €
3	400,00 €

Abb. L15.4: Kunden- und Rechnungstabelle (ohne Fremdschlüssel)

Die beiden Tabellen aus Abbildung L15.4 werden allerdings kaum zu verwenden sein. Wir haben keine Möglichkeit vorgesehen, um einem Kunden auch Rechnungen zuzuordnen. Bei unserem ersten Entwurf, der nicht normalisierten Tabelle, war das nicht notwendig, weil wir alle Daten eines Kunden in jeweils einem Datensatz zusammengefasst hatten.

Fremdschlüssel einfügen

Die Rechnungstabelle benötigt daher zusätzlich eine Spalte für die Kundennummer. Diese Spalte dient der Zuordnung der Kunden. Es handelt sich dabei um den Schlüssel einer anderen (fremden) Tabelle. In der Rechnungstabelle wird die Spalte daher auch Fremdschlüssel genannt. Die SQL-Anweisung für die Rechnungstabelle hat dann folgende Form:

```
CREATE TABLE Rechnungen (
RechngNr INTEGER PRIMARY KEY,
KundenNr INTEGER,
Rechnungsbetrag DOUBLE )
```

Fremdschlüssel als Referenzspalte

Der Fremdschlüssel darf in der Regel nicht eindeutig sein, weil jeder Kunde natürlich mehrere Rechnungen haben kann. Die Bezeichnung »Fremdschlüssel« ist daher etwas unglücklich, weil ein Schlüssel nach allgemeiner Definition nur eindeutige Werte zulassen soll. Der Fremdschlüssel ist eigentlich auch kein Schlüssel, sondern eine Referenzspalte für einen Schlüssel aus einer anderen Tabelle.

Fehlende Primärschlüssel ergänzen

Die übrigen Spalten können wir in eine Tabelle packen. Aus der Art der Spalten sollte recht gut ersichtlich sein, dass es sich hier um Rechnungspositionen handelt. Allerdings haben wir bisher keinen Schlüssel für eine solche Tabelle vorgesehen. Im Laufe des Normalisierungsprozesses werden Sie häufig feststellen, dass noch ein Schlüssel benötigt wird. In unserem Fall steht dieser für Rechnungspositionen und kann beispielsweise die Bezeichnung *PosNr* erhalten. Die (vorläufige) SQL-Anweisung für die dritte Tabelle sieht dann wie folgt aus:

```
CREATE TABLE Rechnungspositionen (
PosNr INTEGER PRIMARY KEY,
RechngNr INTEGER,
ArtikelNr INTEGER,
Artikel CHAR(50) )
```

Auch die Rechnungspositionen benötigen einen Fremdschlüssel, nämlich die Rechnungsnummer aus der Tabelle *Rechnungen* (*RechngNr*). Zudem sollte auch jeder Artikel über eine eigene Artikelnummer verfügen. Wenn wir alle Erweiterungen berücksichtigen, erhalten wir die Tabellenstruktur aus Abbildung L15.5.

Die Zweite Normalform erzwingt die Aufteilung unserer Ursprungstabelle. Wir können auch sagen, die Zweite Normalform sorgt für eine Differenzierung der Datenstruktur in einzelne Entitäten.

KdNr	Firma
1	Müller KG
2	Böckel AG
3	Schmidt GmbH

PosNr	RechngNr	ArtikelNr	Artikel
1	1	1	Bananen
2	1	2	Orangen
3	2	3	Äpfel
4	2	2	Orangen
5	2	4	Birnen
[illegible]	3	4	Birnen
[illegible]	3	2	Orangen

RechngNr	Rechnungsbetrag
1	300,00 €
2	500,00 €
3	400,00 €

Abb. L15.5: Tabellen in der Zweiten Normalform

Die dritte Normalform

Auch die mit dieser Erweiterung erreichte Darstellung enthält noch Redundanzen. Die Artikelbezeichnung ist in der Tabelle *Rechnungspositionen* mehrfach enthalten. Wir müssen unsere Datenstruktur daher noch in die Dritte Normalform bringen. Diese lässt sich mit der folgenden Regel beschreiben:

Definition

Eine Tabelle befindet sich in der Dritten Normalform, wenn sie bereits in der Zweiten Normalform vorliegt und die nicht zum Schlüssel gehörenden Felder untereinander unabhängig sind.

Unabhängigkeit der Merkmale

Diese Regel hört sich kompliziert an. Zunächst ist daher zu klären, wann Merkmale untereinander unabhängig sind. Das Merkmal *Rechnungsdatum* ist beispielsweise unabhängig vom *Rechnungsbetrag*. Zu einem bestimmten Datum können beliebige Rechnungsbeträge gehören. Das gilt auch umgekehrt. Der Rechnungsbetrag sagt also nichts über das Datum der Rechnung aus. Beide gehören zwar zur gleichen Rechnung und sind damit abhängig von der Rechnungsnummer (Zweite Normalform). Ihre Beziehung läuft aber nur über die Rechnungsnummer. Untereinander sind sie unabhängig (Dritte Normalform).

Etwas anderes gilt für die Artikelbezeichnung: In der Tabelle *Rechnungspositionen* der Zweiten Normalform ist die Bezeichnung des Artikels von der Artikelnummer abhängig. Das widerspricht der Forderung der Dritten Normalform. Wir benötigen daher eine spezielle Artikeltabelle, um unsere Relationen in die Dritte Normalform zu bringen. Die SQL-Anweisung hat folgende Form:

```
CREATE TABLE Artikel (
ArtikelNr INTEGER PRIMARY KEY,
Artikel CHAR (50) )
```

Damit erhalten wir die Tabellenstruktur aus Abbildung L15.6. Diese Tabellen sind normalisiert, also weitgehend frei von unnötiger Redundanz.

KdNr	Firma
1	Müller KG
2	Böckel AG
3	Schmidt GmbH

PosNr	RechngNr	ArtikelNr
1	1	1
2	1	2
3	2	3
4	2	2
5	2	4
[illegible]	3	4

RechngNr	Rechnungsbetrag
1	300,00 €
2	500,00 €
3	400,00 €

ArtikelNr	Artikel
1	Bananen
2	Orangen
3	Äpfel
4	Birnen

Abb. L15.6: Tabellen in der Dritten Normalform

Allerdings lässt sich auch das bisher Erreichte noch optimieren. So ist es vielleicht nicht unbedingt erforderlich, dass alle Tabellen einen künstlichen Schlüssel erhalten. Wenn sich andere Kandidaten anbieten, sollte man diese Option zumindest prüfen.

Mehrfelderschlüssel verwenden

Für die Tabelle *Rechnungspositionen* benötigen wir eigentlich keine spezielle Positionsnummer, weil die Felder *RechngNr* und *ArtikelNr* gemeinsam den jeweiligen Datensatz eindeutig identifizieren und daher den Schlüssel bilden können. Eine entsprechende Tabelle erhalten Sie unter Access und MySQL (ab Version 5, InnoDB-Engine) mit der folgenden Anweisung:

```
CREATE TABLE Rechnungspositionen (
RechngNr INTEGER,
ArtikelNr INTEGER,
PRIMARY KEY (RechngNr, ArtikelNr) )
```

Die Tabelle hätte dann die in Abbildung L15.7 gezeigte Form. Natürlich sollten Sie noch weitere Spalten, etwa für die Mengenangabe, hinzufügen, die üblicherweise zur Tabelle *Rechnunsgpositionen* gehören.

RechngNr	ArtikelNr
1	1
1	2
2	3
2	2
2	4
3	4
3	2

Abb. L15.7: Rechnungspositionen ohne künstlichen Schlüssel

Der Verzicht auf einen künstlichen Schlüssel setzt allerdings voraus, dass ein Artikel in jeder Rechnung nur einmal erscheint. Es ist daher durchaus überlegenswert, auch für die Rechnungspositionen einen künstlichen Schlüssel vorzusehen bzw. beizubehalten, wie weiter oben mit der Spalte *PosNr* auch geschehen. Eine Minimaltabelle für die Rechnungspositionen mit künstlichem Schlüssel (hier *PosNr*) liefert die folgenden Anweisung:

```
CREATE TABLE Rechnungspositionen (
PosNr INTEGER NOT NULL,
RechngNr INTEGER NOT NULL,
ArtikelNr INTEGER NOT NULL,
PRIMARY KEY (PosNr) )
```

Das Beispiel funktioniert mit Access und auch mit aktuellen MySQL-Versionen.

Abgrenzungsprobleme

Bezüglich der Beziehung zwischen den Tabellen *Rechnungspositionen* und *Artikel* kann es durchaus unterschiedliche Ansichten geben. Es lässt sich argumentieren, dass es sich bei den Artikeln in der Positionstabelle um berechnete bzw. gelieferte Artikel handelt, während in der Tabelle *Artikel* die aktuell lieferbaren Artikel gespeichert sind. Wir haben es dann mit unterschiedlichen Entitätsmengen zu tun. Eine Änderung in der Artikeltabelle darf dann nicht zu Änderungen bei den Rechnungspositionen führen.

Weiterer Normalisierungsbedarf

Eine genauere Prüfung müsste eigentlich auch noch den Zusammenhang zwischen Adressattributen wie Postleitzahl und Straße bzw. Postleitzahl und Ort behandeln. Hier bestehen durchaus Abhängigkeiten, die eine weitere Aufteilung erzwingen könnten, etwa eine Separierung der Anschrift (Straße und Ort) in einer eigenen Tabelle. Für komplexe Datenbanken dürfte das auch durchaus sinnvoll sein. So werden Adressdaten nicht selten in einer separaten Tabelle abgelegt. Auf gewisse Widersprüche zwischen Theorie und Praxis gehen wir nachfolgend noch ein.

Erweiterte Normalisierung

Tabellen, die sich in der Dritten Normalform befinden, gelten üblicherweise als normalisiert. Der Prozess der Normalisierung endet dann. Es existieren jedoch noch eine Vierte und eine Fünfte Normalform, die in der Praxis aber nur selten verwendet werden. Eine Ausnahme bilden sich überschneidende Entitäten, etwa wenn ein Kunde gleichzeitig auch Lieferant ist. Seine Adresse müsste dann sowohl in der Kunden- als auch in der Lieferantentabelle enthalten sein. Ändert sich nun die Adresse, so ist nicht auszuschließen, dass die Änderung in der zweiten

Tabelle unterbleibt. Die Datenbank wäre dann nicht mehr konsistent. Für solche Fälle müsste eigentlich eine weitere Unterteilung vorgenommen werden, sodass Lieferanten- und Kundentabelle nur noch aus den Schlüsseln (Lieferantennummer bzw. Kundennummer), dem Namen sowie anderen zentralen Kundendaten und der Adressennummer (Fremdschlüssel) bestehen würden. Ein Beispiel:

```
CREATE TABLE Kunden (
KundenNr INTEGER PRIMARY KEY,
AdressenNr INTEGER,
Firma CHAR(50) )
```

Die Adresse wäre dann in einer separaten Adressentabelle zu speichern, wobei der Zugriff über die Adressennummer erfolgen würde:

```
CREATE TABLE Adressen
AdressenNr INTEGER PRIMARY KEY,
Ort CHAR(50),
Strasse CHAR(50),
... )
```

Leistungsminderung und Fehleranfälligkeit

Eine solche Unterteilung kann durchaus sinnvoll sein. Oft verursacht sie aber auch nur zusätzliche Probleme. Bei extremer Normalisierung können viele kleine Tabellen entstehen, welche die Leistung der Datenbank erheblich reduzieren und aufgrund der höheren Komplexität auch wieder zu größerer Fehleranfälligkeit führen. Es ist nicht allein die Zahl der Tabellen, die stark zunimmt, auch die Zahl der erforderlichen künstlichen Schlüssel wächst bei extremer Normalisierung. Damit steigt zudem der Aufwand für die Herstellung von Beziehungen zwischen den einzelnen Tabellen.

Eingeschränkte Redundanzfreiheit

Das Ergebnis eines Normalisierungsprozesses ist daher ein Kompromiss zwischen einem Höchstmaß an Redundanzfreiheit und der Leistung des Systems. Ziel der Normalisierung ist dann auch nicht Redundanzfreiheit an sich, sondern die Beseitigung unkontrollierter Redundanz.

Der Tabellenentwurf

Der Tabellenentwurf, der sich an den Normalisierungsprozess anschließt, bildet den Abschluss der Planungsphase. Er muss die folgenden Schritte umfassen:

1. Benennung der Tabellen
2. Benennung der Felder
3. Bestimmung der jeweils am besten geeigneten Feldtypen
4. Bestimmung der Feldlänge
5. Bestimmung der Feldattribute (`NOT NULL` etc.)
6. Bestimmung der Indexfelder
7. Herstellung der Beziehungen zwischen Tabellen (Relationship)

Möglichst kurze Namen

Bei der Benennung der Tabellen sollten Sie auf relativ kurze Namen achten, weil diese sehr häufig in `SELECT`-Anweisungen benötigt werden. Bezeichnungen wie *Rechnungspositionen* sind schon recht lang. Bei komplexen Abfragen kann das viel Arbeit machen und auch Schreibfehler verursachen.

Felder benennen

Sonderzeichen und Leerzeichen

Datenbanksysteme wie Access sind bei den Feldnamen sehr tolerant. Praktisch alle alphanumerischen Zeichen, auch die deutschen Umlaute und das ß, werden akzeptiert. Sie können sogar Leerzeichen und Bindestriche verwenden. Es ist also durchaus möglich, Begriffe mit mehreren Wörtern als Feldnamen einzusetzen. Weniger tolerant sind andere Datenbanksysteme und vor allem die Abfragesprache SQL selbst. Diese kann mit Leerzeichen, Bindestrichen und anderen Sonderzeichen zunächst nichts anfangen. Kurz: Sie sollten in der Regel auf Sonderzeichen und Leerzeichen verzichten. Umlaute ersetzen Sie am besten durch die bekannten Doppelzeichen ae, oe und ue und das ß durch ein doppeltes s.

Feldtypen und Feldlängen bestimmen

Bei der Zuweisung von Feldtypen sollten Sie keinesfalls nach dem simplen Schema verfahren:

numerische Werte = Datenfeld vom Typ Zahl

Der Aspekt, unter dem Sie die Zuordnung des Typs prüfen müssen, ist die spätere Verwendung.

Feldlänge möglichst genau bestimmen

Bei numerischen Feldern ergibt sich die Feldlänge häufig schon aus dem Typ. Bei Textfeldern müssen Sie die Länge jedoch selbst bestimmen. In der Regel sollten für Felder wie *Firma*, *Name*, *Ort* und *Strasse* 50 Zeichen ausreichen. Wenn Sie die Länge recht genau abschätzen können oder diese durch die Daten genau vorbestimmt ist, sollten Sie aber eine möglichst exakt angepasste Feldlänge wählen. Für Felder wie beispielsweise *PLZ* erhalten Sie damit eine zusätzliche Eingabekontrolle. Auch Datenbankgröße und Verarbeitungsgeschwindigkeit können davon profitieren. Kandidaten für exakte Feldlängen sind beispielsweise die Felder *Land* (3), *PLZ* (5) und *Anrede* (4).

Felder für unbestimmte Eingaben

In vielen Kunden- bzw. Adressenverwaltungen finden sich häufig Felder ohne genaue Bezeichnung. Solche Felder sind für nahezu beliebige Eingaben vorgesehen. Bei Kundenverwaltungen, die in unterschiedlichen Umgebungen zum Einsatz kommen, mag das auch sinnvoll sein. Der jeweilige Anwender hat dann die Möglichkeit, das Programm an seine Bedürfnisse anzupassen. Bei einer Datenbank, die speziell für einen bestimmten Betrieb entworfen wird, ist das jedoch überflüssig. Für unspezifische Angaben genügt hier ein Feld mit der Bezeichnung *Bemerkung*, das vom Typ `CHAR(255)` oder, soweit möglich, auch vom Typ `MEMO` sein sollte.

Merkmale auf mehrere Felder aufteilen

Die Aufteilung eines Merkmals auf mehrere Felder, etwa *Firma1* und *Firma2*, lässt sich damit begründen, dass es sich dabei um Merkmale mit einer inneren Struktur handelt. So können Sie das Merkmal *Firma* in die Merkmale *Firmenname* (Mayer&Co.) und *Firmenzweck* (Import&Export) aufteilen. In diesem Fall erzwingt schon die Erste Normalform eine entsprechende Aufteilung. Das gilt allerdings nicht für jede Firma. Sinnvoll ist die Aufteilung aber auch dann, wenn es sich um eine längere Firmenbezeichnung handelt. Zwei Felder lassen sich in Formularen und Berichten besser handhaben. In `SELECT`-Abfragen müssen Sie die Felder dann gegebenenfalls zusammenfassen (hier Access):

```
SELECT TRIM(Firma1) + " " + Firma2
FROM Kunden
```

Unter MySQL verwenden Sie dafür die Verkettungsfunktion `CONCAT`, mit der Sie folgende Abfrage erhalten:

```
SELECT CONCAT(Firma1, " ", Firma2)
FROM Kunden
```

Sollen *Firma1* und *Firma2* in der Bedingung einer `WHERE`-Klausel verwendet werden, ist gegebenenfalls eine zusammengesetzte Bedingung zu bilden. Beachten Sie, dass unsere Kundentabelle nur eine Firmen-Spalte enthält. Das vorstehende Beispiel funktioniert daher wohl mit Access bzw. MySQL, nicht aber mit unserer Kundentabelle.

Tabellen für Kunden und Ansprechpartner

Unsere Kundentabelle ist überwiegend für Einzelkunden (Privatkunden) gedacht. Firmen sind eigentlich nicht vorgesehen. Wäre das anders, müssten wir die Struktur der Tabelle ändern und sogar einen Teil der Daten in eine separate Tabelle ausgliedern.

Bei einer Firma ist immer mit mehreren Ansprechpartnern zu rechnen, weil Aufträge natürlich von verschiedenen Abteilungen derselben Firma kommen können. Mit der bisher verwendeten Tabellenstruktur erhalten wir redundante Daten, sobald wir für eine Firma einen zweiten Ansprechpartner berücksichtigen müssen. Eine separate Tabelle für Ansprechpartner könnte folgende Form haben:

Separate Tabelle

```
CREATE TABLE Ansprechpartner (
PartnerNr INTEGER PRIMARY KEY,
KundenNr INTEGER,
Name CHAR(50),
Titel CHAR(20),
Anrede CHAR(4),
Telefon CHAR(30),
EMail CHAR(50) )
```

Wir haben wieder nur eine verkürzte Definition gewählt, weil es uns nur auf die Verknüpfung ankommt. Diese erfolgt über das Feld *KundenNr*, das in dieser Tabelle die Funktion eines Fremdschlüssels erfüllt.

Grenzen der Normalisierung

Unsere früher verwendete Kundentabelle erfüllt also eigentlich nicht die Anforderungen, die wir beim Normalisierungsprozess an eine konsistente Datenbank stellen. Wir haben damit eine Struktur erzeugt, die bei Änderungen, etwa der Anschrift, zu widersprüchlichen Daten führen kann. Hier sind jedoch Vor- und Nachteile abzuwägen. Die Ausgliederung des Ansprechpartners in eine separate Tabelle erfordert bei der Programmierung und auch bei der Definition von Abfragen einen wesentlich größeren Aufwand. Sollten Sie es hauptsächlich mit Firmen und Institutionen zu tun haben, werden Sie diesen Aufwand nicht vermeiden können. Handelt es sich bei den Kunden jedoch fast ausschließlich um Privatpersonen, sollten Sie nicht unbedingt eine separate Tabelle vorsehen, auch wenn ausnahmsweise mal eine Firma mit mehreren Ansprechpartnern dazugehören kann.

Separate Lieferanschrift speichern

Einige Firmen unterscheiden zwischen Lieferanschrift und Rechnungsanschrift. Bei der Rechnungsanschrift handelt es sich in der Regel um die normale Firmenanschrift, die wir mit Feldern wie *Strasse*, *PLZ* und *Ort* erfassen. Bei der Firmenanschrift macht die Unterteilung in einzelne Felder auch Sinn, weil jedes dieser Felder für Datenbankauswertungen verwendet werden kann. So lässt sich beispielsweise eine Sortierung nach Postleitzahlgebieten vornehmen oder der Umsatz der Kunden aus dem Raum Dresden ermitteln. Die einzelnen Teile der Lieferanschrift dürften für solche Aufgaben hingegen kaum Verwendung finden. Sie können die Lieferanschrift daher auch als ein einzelnes Merkmal betrachten und komplett in einem Feld unterbringen. Grundsätzlich könnten Sie dafür ein Textfeld vorsehen. Allerdings sind normale Textfelder (Typ `CHAR`) in der Regel auf 255 Zeichen begrenzt, was für eine komplette Anschrift nicht immer ausreichen wird.

Beziehungen zwischen Tabellen

Der Normalisierungsprozess zerlegt die Datenstruktur in einzelne Tabellen (Relationen) und löst damit alle ursprünglichen Beziehungen zwischen den Daten auf. Diese Beziehungen sind jedoch notwendig, um überhaupt sinnvoll mit den Daten arbeiten zu können. Die Aufgabe besteht nun darin, diese Beziehungen wiederherzustellen, die einzelnen Tabellen also miteinander zu verknüpfen.

Beziehungen zwischen Relationen

Die quantitativen Zusammenhänge zwischen Relationen werden über Beziehungen (Entitätsbeziehungen) abgebildet. Diese bestimmen, wie viele Datensätze aus Tabelle B einem Datensatz aus Tabelle A zugeordnet sein können. Die meisten Relationalen Datenbanken verwenden lediglich zwei Typen:

Die 1:1-Beziehung (genau eine Zuordnung)

oder die

1:n-Beziehung (keine, eine oder mehrere Zuordnungen)

Relationale Systeme unterscheiden zwar insgesamt vier Typen, in der Regel kommen Sie aber mit den oben genannten sehr gut aus. Üblich sind 1:n- Beziehungen. Auf die Tabellen *Kunden* und *Rechnungen* bezogen heißt das, dass jedem Kunden keine, eine oder auch mehrere Rechnungen zugeordnet sein können. Einen Sonderfall der 1:n-Beziehung stellt folgende Variante dar:

1:0-1

Damit ist gemeint, dass jedem Datensatz aus der ersten Tabelle maximal ein Datensatz aus der zweiten Tabelle zugeordnet sein kann. Die Zuordnung erfolgt in der Regel über Schlüssel.

Verknüpfung über Schlüsselfelder

Die Verknüpfung benutzt Schlüsselfelder oder Teile von Schlüsseln, um Beziehungen zwischen Tabellen herzustellen. Diese Schlüssel »erschließen« den Zugriff auf Datensätze in der verknüpften Tabelle.

Einem Datensatz aus der *Haupt-* oder *Elterntabelle* sind bestimmte Datensätze aus abhängigen Tabellen (*Kindtabellen*) zugeordnet. Diese Tabellen müssen daher ebenfalls ein Feld für den Schlüssel aus der Elterntabelle enthalten. In der abhängigen Tabelle wird dieser Schlüssel Fremdschlüssel genannt. Abbildung L15.8 verdeutlicht die Verknüpfung der Tabellen.

Bei den Verknüpfungen *Kunden->Rechnungen* und *Rechnungen->Rechnungspositionen* handelt es sich um 1:n-Verknüpfungen. Die Beziehung *Rechnungsposition->Artikel* ist hingegen eine 1:1-Verknüpfung.

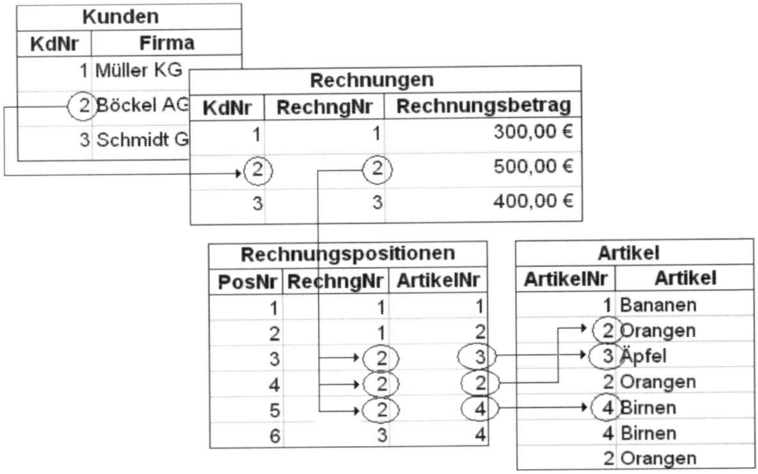

Abb. L15.8: Tabellen über Schlüsselfelder verknüpfen

Indexfelder bestimmen

Indizes beschleunigen den Zugriff auf Datenbanken, insbesondere bei Such- und Sortiervorgängen. Sie sind immer dann erforderlich, wenn große Datenbestände effektiv bearbeitet und ausgewertet werden müssen. Für eine Datentabelle lassen sich mehrere Sortierungen (Indizes) anlegen. Erst dadurch wird es möglich, aus einem großen Datenbestand mit vertretbarem Zeitaufwand Daten nach verschiedenen Kriterien zu selektieren. Indizes sind deshalb ein zentraler Bestandteil von Datenbanksystemen. Ist der Index aktiv, findet jeder Zugriff auf die Datentabelle über den Index statt.

Indizes als Binärbaumstruktur

Die Indizes moderner Datenbanksysteme verwenden eine modifizierte Binärbaumstruktur. *Binärbäume* sind eine dynamische Datenstruktur, die es erlaubt, beliebige Elemente der Struktur hinzuzufügen oder zu entfernen. Das ist auch erforderlich, weil Indizes beim Hinzufügen oder Löschen von Datensätzen laufend angepasst werden müssen. Durch den Einsatz vieler Indizes kann sich folglich das Einfügen und Löschen von Datensätzen verzögern.

Primär- und Sekundärindex

Einige Datenbanksysteme, beispielsweise Access, unterscheiden zwei Arten von Indizes: Primärindex (Primärschlüssel) und Sekundärindex. Wie der Begriff Primärindex schon andeutet, kann es für eine Tabelle nur einen Primärindex geben. Sie können hingegen mehrere Sekundärindizes definieren. Die Begriffe Primärindex und Primärschlüssel wollen wir synonym verwenden, obwohl es Unterschiede gibt. Der Primärschlüssel steht eigentlich nur für eine Spalte (bzw. eine Gruppe von Spalten), deren Einträge den jeweiligen Datensatz eindeutig identifizieren. Einige Datenbanksysteme erzeugen für das Feld aber automatisch einen Index.

Welche Felder indizieren?

Wie die Struktur Ihrer Tabellen sollten Sie auch die Zahl und Art der Indizes sorgfältig planen. Felder, die häufig zu Sortier- und Filteraufgaben herangezogen werden, sind natürliche Kandidaten für einen Index. Dazu gehören bei einer Kundenverwaltung beispielsweise die Felder *Firma*, *Name*, *Ort* und *PLZ*. Unbedingt erforderlich sind auch Indizes für sogenannte Fremdschlüssel. Ohne Index lässt sich ein Fremdschlüssel praktisch nicht verwenden.

Nachteile bei zu vielen Indizes

Jede Datenbank benötigt Indizes. Dennoch sollten Sie darauf achten, die Zahl der Indizes nicht zu groß werden zu lassen. Jeder Index muss vom Datenbanksystem permanent angepasst werden und beeinflusst damit die Leistung des Systems. Das gilt besonders für die Eingabe von neuen Daten, da in diesem Fall auch alle Indizes aktualisiert werden.

Integritätsstufen

An eine Datenbank ist die Anforderung zu stellen, dass sie jederzeit ein konsistentes Abbild der von ihr beschriebenen Wirklichkeit liefern muss. Die *Integrität* der Datenbank ist dann weitgehend gesichert. In der Datenbanktheorie lassen sich folgende Integritätsstufen unterscheiden:

Semantische Integrität

Die Semantische Integrität bezeichnet die Korrektheit der Daten. Dazu gehört auch, dass ein Primärschlüsselwert in einer Tabelle nicht mehrfach vorkommen darf (die sogenannte *Schlüsselintegrität*).

Operationale Integrität

Die Operationale Integrität bedeutet, dass Operationen wie Anfügen, Ändern und Löschen die Datenbank in einem konsistenten Zustand hinterlassen müssen. Hierzu gehört auch die noch vorzustellende Referenzielle Integrität. In der Regel wird die Operationale Integrität durch Eingabekontrollen sichergestellt.

Physische Integrität

Die Physische Integrität bezieht sich auf den Schutz der Datenbank vor Beschädigung durch äußere Einwirkungen und die Wiederherstellung eines konsistenten Datenbankzustands durch den Einsatz von Backups (Sicherungskopien).

Referenzielle Integrität

Mit der Aufteilung in einzelne Tabellen und deren Verknüpfung über Schlüsselfelder haben wir uns ein ernstes Problem eingehandelt: die Sicherstellung der Referenziellen Integrität. Damit ist gemeint, dass den Datensätzen aus einer untergeordneten Tabelle immer ein Datensatz aus der übergeordneten Tabelle zugeordnet sein muss. Andernfalls haben Sie »elternlose«, also verwaiste Datensätze in der Datenbank, die von keinem übergeordneten Datensatz verwendet werden. Ein solcher Fall kann leicht eintreten, wenn Sie beispielsweise einen Kunden aus der

Kundentabelle löschen, ohne zugleich die zugehörigen Datensätze aus der Rechnungstabelle zu entfernen.

Access und MySQL

Einige Datenbanken, beispielsweise Access, sind in der Lage, die Einhaltung der Referenziellen Integrität selbst zu überwachen. Bei anderen Systemen, beispielsweise MySQL, müssen Sie normalerweise selbst dafür sorgen. Nutzen Sie unter MySQL jedoch die InnoDB-Engine, lässt sich auch hier sicherstellen, dass die Datenbank die Einhaltung der Referenziellen Integrität überwacht. In der zweiten (der abhängigen) Tabelle ist dann die `FOREIGN KEY`-Klausel einzusetzen:

```
CREATE TABLE Rechnungen (
   RechngNr INTEGER NOT NULL PRIMARY KEY,
   KdNr INTEGER,
   INDEX kdnr (KdNr),
   FOREIGN KEY (KdNr)
      REFERENCES Kunden(KundenNr)
      ON DELETE SET NULL,
   Betrag DECIMAL(10,2)
   )
ENGINE=INNODB;
```

Das vorstehende Beispiel zeigt die komplexe Syntax, die in dieser Form leider auch nicht mit anderen Datenbanken funktioniert. Innerhalb der `FOREIGN KEY`-Klausel wird mit der Klausel `REFERENCES` auf die übergeordnete Tabelle (hier *Kunden*) und deren Primärschlüssel (hier *KundenNr*) verwiesen.

Löschweitergabe

Die Klausel `ON DELETE SET NULL` bestimmt dann das Verhalten bei Löschoperationen in der übergeordneten Kundentabelle. In diesem Fall bleiben die Datensätze in der Rechnungstabelle erhalten, das Verknüpfungsfeld (der Fremdschlüssel, hier *KdNr*) wird jedoch auf den Wert `NULL` gesetzt. Verwenden Sie stattdessen die Klause `ON DELETE CASCADE`, erhalten Sie eine Löschweitergabe. Das Löschen eines Kunden bewirkt dann auch ein Löschen der zugehörigen Rechnungen.

TIPP

Beachten Sie, dass bei Verwendung der `FOREIGN KEY`-Klausel unter MySQL auch die übergeordnete Tabelle (hier *Kunden*) als *InnoDB*-Tabelle erzeugt werden muss.

Transaktionen

Als Transaktion bezeichnen wir jede unteilbare Folge von Operationen auf eine Datenbank, die diese aus einem konsistenten Zustand in einen anderen konsistenten Zustand überführt. Eine Transaktion kann durchaus mehrere Operationen umfassen. Bedingung ist, dass diese nur zusammen einen widerspruchsfreien Datenbestand ergeben. So müssen viele Geschäftsvorfälle, beispielsweise Buchungen, grundsätzlich auf zwei Konten erfasst werden. Wir haben es dann mit zwei Operationen, aber nur einer Transaktion zu tun.

Beide Buchungen dürfen nur gemeinsam oder gar nicht erfolgen. Tritt ein Fehler auf, der verhindert, dass alle zur Transaktion gehörenden Operationen erfolgreich durchgeführt werden, sind die bereits erfolgten Teiloperationen zurückzunehmen (Rollback).

Transaktionen per SQL-Anweisung definieren

Nahezu alle Datenbanksysteme unterstützen das Transaktionskonzept. Allerdings müssen Sie zu diesem Zweck Kommandos wie `COMMIT` und `ROLLBACK` einsetzen. Die Konsistenz einer Datenbank lässt sich daher in der Regel nur sicherstellen, wenn Sie direkte Zugriffe auf einzelne Tabellen verhindern. SQL stellt für den Umgang mit Transaktionen entsprechende Befehle zur Verfügung. In Kapitel 14 *Weitere SQL-Sprachelemente* haben wir diese bereits vorgestellt.

L16 SQL-Datentypen

Das Thema Datentypen haben wir schon in Kapitel 2 ganz knapp angerissen. Die dort besprochenen Typen stellen jedoch nur eine kleine Teilmenge der unter SQL üblicherweise verfügbaren Datentypen dar. Da den Datentypen eine ganz besondere Bedeutung bei der Definition von Datenbanken zukommt, wollen wir in diesem Kapitel eine Typologie für Fortgeschrittene präsentieren. Außerdem gehen wir in diesem Kapitel auf die Wahl der richtigen Feldlänge ein, weil diese, wie der Typ, sehr wichtig für die Konsistenz der Datenbank sein kann.

Bedeutung des Datentyps

Der Feldtyp bestimmt, welche Daten im jeweiligen Feld gespeichert werden können. Zwar wäre es grundsätzlich möglich, die meisten Daten in Textfeldern abzulegen, für die spätere Verwendung ist der richtige Typ jedoch wichtig. Bestimmte Daten müssen sich beispielsweise addieren oder als Datumswerte interpretieren lassen. So werden Datums- und Textfelder unterschiedlich sortiert, auch wenn sie identische Inhalte anzeigen. Einige Feldtypen sind zudem sehr restriktiv und verhindern damit die Eingabe unsinniger Daten. Das gilt besonders für numerische Typen. Die Typbestimmung erfüllt also zwei Funktionen:

1. Sie bestimmt, welche Operationen mit dem Feldinhalt möglich sind.
2. Sie beschränkt die Dateneingabe auf typspezifische Werte.

Das sind dann auch die Kriterien, die Sie bei der Auswahl des richtigen Typs berücksichtigen müssen.

> **TIPP** Im Folgenden stellen wir hauptsächlich die Typen vor, die dem SQL-Standard (SQL/92) entsprechen. Da aber einige Typen, die nicht zum Standard gehören, in vielen Datenbanksystemen anzutreffen sind, sollen auch solche angesprochen werden.

Numerische Typen

Am umfangreichsten ist sicher die Klasse der numerischen Typen. Diese lassen sich wie in Tabelle L16.1 dargestellt unterteilen:

Datentyp	Beschreibung
SMALLINT	Kurze Ganzzahl. Der Wertebereich kann sich je nach Datenbanksystem unterscheiden.
INTEGER	Ganzzahl. Der Wertebereich kann sich je nach Datenbanksystem unterscheiden.
LONGINT	Lange Ganzzahl. Dieser Typ wird häufig für Primärschlüsselfelder wie beispielsweise eine Kunden- oder Rechnungsnummer verwendet. `LONGINT` gehört eigentlich nicht zu den Standardtypen. Sie finden ihn aber unter anderem in Access.
AUTO_ INCREMENT	Ganzzahl, die vom Datenbanksystem automatisch für jeden neuen Datensatz erzeugt wird. In Access finden Sie diesen Typ unter der Bezeichnung *Autowert*. Der Typ `AUTO_INCREMENT` gehört eigentlich nicht zum SQL-Sprachumfang. Er wird aber von vielen Datenbanksystemen unterstützt.
FLOAT	Fließkommazahl mit einfacher Genauigkeit. An Stelle von `FLOAT` finden Sie häufig auch die Typbezeichnung `REAL`.
DOUBLE PRECISION	Fließkommazahl mit doppelter Genauigkeit. Häufig wird dieser Typ auch einfach als `DOUBLE` bezeichnet.

Datentyp	Beschreibung
CURRENCY	Eine Variante des Typs DOUBLE, der auf zwei Dezimalstellen gerundet und mit einem Währungssymbol ausgegeben wird. Access stellt diesen Typ unter der Bezeichnung *Währung* zur Verfügung.
DECIMAL	Zahl mit Mindestvorgabe der Dezimalstellen.
NUMERIC	Zahl mit fester Vorgabe der Dezimalstellen. DECIMAL und NUMERIC sind Typen mit sogenannter exakter Darstellung. Beide Typen beanspruchen in der Regel aber auch mehr Platz als beispielsweise der Typ DOUBLE.

Tab. L16.1: Numerische Datentypen

Einige der vorgestellten Formate haben wir bereits kennengelernt. Sehr verbreitet sind die Standardtypen INTEGER und DOUBLE. Ersterer wird für alle Nummerierungen verwendet, während der Typ DOUBLE in der Regel für Währungsangaben und wissenschaftliche Zahlen zum Einsatz kommt.

Unterschiedliche Wertebereiche

Grundsätzlich werden diese Typen von allen Datenbanksystemen unterstützt. Es ist aber durchaus möglich, dass sich dahinter unterschiedliche Wertebereiche verbergen. Viele numerische Typen erlauben die Angabe der Länge bzw. Präzision (Genauigkeit). Längenangaben verwenden Sie beispielsweise für Typen mit exakter Darstellung, also DECIMAL und NUMERIC. Die Syntax hat folgende Form:

```
NUMERIC (Anzahl, Nachkommastellen)
```

Der Parameter Anzahl bestimmt die Zahl der darzustellenden Ziffern. Mit Nachkommastellen ist die Zahl der Dezimalstellen gemeint. Die folgende Anweisung, die unter MySQL, aber nicht unter Access funktioniert, liefert ein Beispiel:

```
CREATE TABLE Test (
Feld1 NUMERIC(10,2) )
```

MySQL macht allerdings keinen Unterschied zwischen NUMERIC und DECIMAL. Sie erhalten in jedem Fall einen DECIMAL-Typ.

Unter Access können Sie den Typ `NUMERIC` nur ohne Parameter verwenden. Daraus wird dann automatisch ein `DOUBLE`-Typ.

Auch die Typen `FLOAT` (bzw. `REAL`) und `DOUBLE` akzeptieren einen Parameter. Dieser steht dann für die Präzision, also in der wissenschaftlichen Zahlendarstellung für die Mantisse:

```
CREATE TABLE Test (
Feld1 FLOAT(10) )
```

Auch dieses Beispiel lässt sich nur unter MySQL testen. Access akzeptiert keine Parameter. Wenn Sie die Parameterklammer weglassen, erhalten Sie unter Access den Typ `DOUBLE`.

Alphanumerische Typen

Die meisten Spalten verwenden in der Regel einen alphanumerischen Typ. Obwohl, wie Tabelle L16.2 zeigt, auch hier eine größere Zahl an speziellen Varianten existiert, wird häufig nur der Standardtyp `CHAR` eingesetzt.

Type	Beschreibung
CHARACTER CHAR	Zeichenfolge fester Länge. In Access wird dieser Typ auch als `TEXT` bezeichnet. Die links angegebenen Typbezeichnungen lassen sich in der Regel alternativ verwenden. Die meisten Datenbanken können bis zu 255 Zeichen in diesem Typ unterbringen.
CHARACTER VARYING CHAR VARYING VARCHAR	Variable Zeichenfolge. Dieser Typ erwartet wie `CHAR` die Angabe der Zeichenlänge. Hier steht dieser Wert jedoch für die maximale Zahl der Zeichen. Es wird also keine feste Länge vorgegeben. Üblich ist die Kurzschreibweise `VARCHAR`. Die maximale Zeichenzahl kann sich wieder je nach Datenbanksystem unterscheiden.

Type	Beschreibung
NATIONAL CHAR NCHAR	Zeichenfolge für die Darstellung nationaler Zeichen. Diesem Typ ist in der Regel ein spezielles Character Set (ein Zeichensatz) zugeordnet. Zusätzlich kann auch wieder ein Typ variabler Länge vorkommen (`NATIONAL CHAR VARYING`).
ENUM	Aufzählung. Dieser Typ speichert gegebenenfalls mehrere Werte aus einer Liste von Werten. Access unterstützt diesen Typ nicht. Er zählt auch nicht zum SQL-Sprachumfang. Sie können ihn jedoch unter MySQL und anderen Datenbanksystemen einsetzen.

Tab. L16.2: Alphanumerische Datentypen

In der Regel genügt für die meisten Anwendungsfälle der Typ `CHAR`. Dieser Typ kann in maximal 255 Zeichen praktisch alle alphanumerischen Attribute speichern, die in normalen Geschäftsanwendungen benötigt werden. Wie schon früher gezeigt, muss die Länge beim Tabellenentwurf angegeben werden. Die Mindestlänge beträgt ein Zeichen. Grundsätzlich die gleiche Syntax verwenden Sie für den Typ variabler Länge. Das folgende Beispiel können Sie mit praktisch jedem Datenbanksystem testen:

```
CREATE TABLE Test (
Feld1 CHAR(20),
Feld2 VARCHAR(20) )
```

Variable Feldlänge

Der variable Typ hat den Vorteil, dass er weniger Platz beansprucht. Die Auffüllung mit Leerzeichen, die beim Typ `CHAR` automatisch vorgenommen wird, unterbleibt hier. Der Vorteil des geringeren Platzbedarfs wird jedoch dadurch wieder relativiert, dass der Typ `VARCHAR` weniger gut für die Verwendung in Indizes geeignet ist. Wenn Speicherplatz kein ganz so wichtiges Thema ist, sollten Sie grundsätzlich den Typ `CHAR` verwenden.

Datums- und Zeittypen

Von einigen Datenbanksystemen wird jeder Datumswert intern als fortlaufender numerischer Wert gespeichert. Die Zählung erfolgt in Sekunden. Die verschiedenen Typen (Tabelle L16.3) stellen daher häufig nur Formatierungsvarianten dar.

Typ	Beschreibung
DATE	Dieser Typ speichert Datumsangaben.
TIME	Der Typ `TIME` speichert Zeitangaben.
TIMESTAMP	Dieser Typ kombiniert die Typen `DATE` und `TIME`. Er kann daher im Prinzip auch beide vorgenannten Typen ersetzen.

Tab. L16.3: Datums- und Zeittypen

Fast jede Tabelle benötigt auch einen Datumswert, zumindest bei geschäftlichen Anwendungen. Zeitangaben sind hingegen weniger häufig erforderlich. Für bestimmte Aufgaben, etwa die Verfolgung von Änderungen an einer Datenbank, wird gelegentlich auch der Typ `TIMESTAMP` eingesetzt. Datenbanksysteme wie MySQL unterstützen noch weitere Typen, etwa `DATETIME` und `YEAR`. In anderen Systemen müssen Sie Angaben wie etwa das Jahr mit Hilfe von Funktionen aus normalen Datumswerten extrahieren. Datumswerte werden normalerweise im folgenden Format gespeichert:

```
yyyy-mm-dd
```

Jeder Abschnitt steht für einen Integer-Wert, der je nach Datumsteil Wertebereiche von 0001 – 9999 (Jahr), 01 – 12 (Monat) und 01 – 31 (Tag) annehmen kann. Die Jahresangabe wird also grundsätzlich vierstellig gespeichert. Das folgende Beispiel erzeugt eine Datums- und eine Zeitspalte:

```
CREATE TABLE Test1 (
Datum DATE,
Zeit TIME )
```

Unter Access erhalten Sie damit den kombinierten Typ *Jahr/ Zeit*, den Access auch für den Typ TIMESTAMP verwendet. Kurz: Access behandelt alle Datums- und Zeitwerte als TIMESTAMP. Die Unterscheidung erfolgt erst bei der Ausgabe durch entsprechende Formatierung. Die meisten anderen Datenbanken, auch MySQL, verwenden jedoch tatsächlich unterschiedliche Typen und damit auch unterschiedliche Feldlängen.

Spezielle Datentypen

Die wichtigsten Typen haben wir bereits kennengelernt. Für besondere Zwecke können in einigen Datenbanksystemen auch noch die Typen aus Tabelle L16.4 eingesetzt werden.

Typ	Beschreibung
BIT	Bitfolgen fester Länge.
BIT VARYING	Bitfolgen variabler Länge.

Tab. L16.4: Sonstige Datentypen

BIT-Typen speichern beliebige Bit-Folgen. Sie gleichen darin dem Typ CHAR. Der Unterschied wird jedoch bei Vergleichen sichtbar: Während die Vergleichbarkeit von CHAR-Typen auf der Verwendung des gleichen Zeichensatzes basiert, spielt der Zeichensatz bei Bit-Folgen keine Rolle. Beachten Sie, dass wirklich Bits gemeint sind. Um ein Zeichen zu speichern, benötigen Sie also mindestens sieben bzw. acht Bits. Access akzeptiert zwar den Typ, aber keine Parameterangabe. Sie erhalten damit automatisch eine Länge von einem Bit. Damit erzeugen Sie unter Access das übliche *Ja/Nein*-Feld:

```
CREATE TABLE Test
( Feld1 BIT )
```

MySQL kennt diesen Typ eigentlich nicht. Die Anweisung wird jedoch akzeptiert, wobei MySQL den eigenen Typ TINYINT erzeugt. Dieser kann ganzzahlige Werte bis 255 aufnehmen, also bis zu acht Bit.

Sonstige Datentypen

Neben den schon vorgestellten Typen werden von den meisten SQL-Datenbanken auch noch Typen unterstützt, die eigentlich nicht zum engeren SQL-Sprachumfang gehören. Eine eher kleine Auswahl finden Sie in Tabelle L16.5.

Typ	Beschreibung
BLOB	Binary Large Object. Dieser Typ speichert praktisch alle Arten von Daten. Gespeichert wird ein unstrukturierter Binärstrom. Es findet also keine Interpretation der Daten statt. BLOB-Felder können daher Sound-Daten, Videos, beliebige Grafikformate und auch ausführbare Programme speichern.
MEMO TEXT	MEMO-Felder speichern lange Texte. Üblicherweise ist dieser Typ auf reine ASCII-Texte beschränkt. Oft existiert auch noch eine Längenbeschränkung, etwa auf maximal 4.000 Zeichen.

Tab. L16.5: Sonstige Datentypen

Die genannten Typen sind aus den Anforderungen der Praxis entstanden, möglichst alles, beispielsweise auch Videosequenzen oder lange Texte, per Datenbank verwalten zu können. Unterstützt werden diese Typen unter anderem von Access, MySQL und Oracle. Das folgende Beispiel haben wir unter Access erzeugt:

```
CREATE TABLE Test
( Feld1 MEMO )
```

Einschränkungen

Allerdings werden Sie selbst bei Datenbanken, die in der Lage sind, diese Typen zu speichern, kaum SQL-Befehle, insbesondere SELECT-Anweisungen, darauf anwenden können. Im Folgenden beschäftigen wir uns daher überwiegend mit den Einschränkungen, denen die genannten Typen unterliegen.

Grundsätzlich gilt: BLOB und MEMO lassen sich normalerweise nicht in Indizes verwenden. Auch die Einbindung in die Bedingungen von WHERE-Klauseln ist in der Regel nicht möglich.

Da MEMO-Felder und besonders BLOBs sehr groß werden können (BLOBs unter Oracle bis zu vier GB), erfolgt die Speicherung in der Regel außerhalb der eigentlichen Datentabelle.

BLOB

Einige Datenbanksysteme, etwa MySQL, unterscheiden auch beim BLOB-Feld noch Untertypen wie beispielsweise MEDIUMBLOB oder LONGBLOB. Diese weisen unterschiedliche Längen auf. Eine Verwendung in SQL-Abfragen ist in der Regel im begrenzten Umfang möglich. Die Anwendung kann sich jedoch je nach Datentyp erheblich unterscheiden. Üblicherweise werden Sie BLOB-Felder nur bei der Programmierung von Datenbankanwendungen einsetzen. In diesem Fall nutzen Sie für den Zugriff spezielle Programmierschnittstellen, die vom Hersteller der betreffenden Datenbank angeboten werden.

MEMO-Felder

Der Typ MEMO ist eigentlich schon sehr alt. Aufgrund seiner unhandlichen Länge lässt er sich mit SQL-Anweisungen aber nur unzureichend handhaben. Unter Access können MEMO-Felder zumindest in der Feldliste des SELECT-Befehls erscheinen. Für das folgende Beispiel gehen wir davon aus, dass die Kundentabelle ein MEMO-Feld mit der Bezeichnung *Bemerkung* enthält:

```
SELECT Firma, Bemerkung
FROM Kunden
WHERE KundenNr = 2;
```

Access behandelt MEMO-Felder fast wie sehr große Textfelder (Typ CHAR), sodass sich auch andere Operationen, etwa eine Sortierung mit ORDER BY, darauf anwenden lassen.

Den richtigen Typ wählen

Die Wahl des richtigen Typs hängt natürlich davon ab, welche Werte in der jeweiligen Spalte gespeichert werden sollen. Allerdings ist nicht jeder Wert, der eventuell nur aus Ziffern besteht, auch gleich ein numerischer Wert. Das gilt beispielsweise für Telefon- und Faxnummern. Diese stellen eigentlich einen Code dar, der nur mehr oder weniger zufällig aus Ziffern besteht. Zudem kann eine Telefonnummer auch Sonderzeichen wie den Schrägstrich oder den Bindestrich enthalten.

Echte/unechte numerische Daten

Ob es sich jeweils um einen echten oder unechten numerischen Wert handelt, lässt sich daran festmachen, ob mit diesem Wert auch sinnvoll gerechnet werden kann. Das dürfte bei Telefonnummern wohl kaum zutreffen. Solche Werte sollten Sie daher gleich als verkappte alphanumerische Werte betrachten und im Typ `CHAR` speichern. Das gilt grundsätzlich auch für Werte wie die Postleitzahl. Die Operationen, die mit einem bestimmten Feld möglich sind, sollten auch den Datentyp bestimmen.

Datentyp und Eingabekontrolle

Die zweite wichtige Funktion des Feldtyps besteht in der Eingabekontrolle. Wenn Sie den Typ `INTEGER` gewählt haben, kann das entsprechende Feld eben nur ganze Zahlen bis zu einer bestimmten Größe aufnehmen. Die Datenbank kümmert sich dann selbst darum, dass keine Buchstaben eingetragen werden und die Begrenzung eingehalten wird. Eine korrekte Bestimmung des Datentyps hilft Ihnen daher, die Konsistenz der Datenbank sicherzustellen.

Autowert für Primärschlüssel

Künstliche Schlüssel wie Kunden- und Rechnungsnummer müssen eindeutig sein. Sie können die betreffenden Werte natürlich errechnen, etwa durch Addition des Werts 1 auf die jeweils höchste Kunden- oder Rechnungsnummer. Einfacher ist aber der Feldtyp `Autowert` (`AutoIncrement`), der selbstständig für eindeutige Schlüssel sorgt. Er wird unter anderem von Access und MySQL unterstützt. Beachten Sie aber, dass sich die Schreibweise unterscheiden kann. MySQL und andere Datenbanken erwarten einen Unterstrich (`AUTO_INCREMENT`), während Access auf den Unterstrich verzichtet.

Autowert nicht als Fremdschlüssel

In der Rechnungstabelle ist die Kundennummer ebenfalls enthalten. Hier identifiziert sie aber nicht den Datensatz, sondern dient nur der Zuordnung der Rechnungen zum jeweiligen Kunden. Die Kundennummer fungiert in diesem Fall als Fremdschlüssel. Wenn Sie `Autowert` als Feldtyp für den Primärschlüssel verwenden, müssen Sie für das gleiche Feld als Fremdschlüssel den Typ `INTEGER` (unter Access `LONG INTEGER`) verwenden. Die Kundennummer darf also nur in der Kundentabelle den Typ `Autowert` erhalten, also nur bei der Verwendung als Primärschlüssel.

Den Feldtyp später ändern

Grundsätzlich ist es möglich, den Feldtyp später noch zu ändern. Enthält die Tabelle bereits Daten, muss aber mit Datenverlust gerechnet werden. Bestimmte Typen lassen sich auch nachträglich nicht mehr wählen. Das gilt beispielsweise für den Typ `Autowert`. Hier hilft dann nur, die betreffende Spalte zu löschen und dafür eine neue Spalte einzufügen.

Feldlänge bestimmen

Nur bei alphanumerischen Typen und bei einigen numerischen Typen können Sie auch noch die Feldlänge bestimmen. Bei allen anderen Typen ist mit dem Typ auch die Länge vorgegeben. Grundsätzlich könnten Sie immer die maximal mögliche

Feldlänge wählen. Sie ersparen sich damit Änderungen an der Datenbankstruktur, wenn ein Eintrag unerwarteterweise einmal die vorgesehene Länge überschreiten sollte.

Nachteile langer Datenfelder

Lange Felder haben aber nicht nur Vorteile. Der Preis besteht üblicherweise in einer Einschränkung der Performance. Viele Operationen, etwa das Sortieren, Suchen und Filtern, also die üblichen SELECT-Abfragen, verzögern sich. Bei großen Datenbanken können sich dadurch deutlich längere Antwortzeiten ergeben. Kurz: Die richtige Feldlänge ist ein Kompromiss zwischen der Sicherheit, auch unerwartet lange Einträge speichern zu können, und der Performance des Datenbanksystems. Für die Felder von Adressen-Tabellen, etwa *Firma*, *Ort* und *Straße*, haben sich beispielsweise Feldlängen zwischen 50 und 100 Zeichen eingebürgert. Zu knapp sollten Sie allerdings auch nicht kalkulieren, weil Sie sonst sehr viele Einträge abkürzen oder die Feldlänge sehr bald ändern müssen.

Feldlänge und Eingabekontrolle

Auch die Feldlänge kann bei der Eingabekontrolle behilflich sein. Wenn ein Feld nur Einträge einer bestimmten Länge aufnehmen kann, sollten Sie diese Möglichkeit auch nutzen. Das gilt beispielsweise für die Postleitzahl, die auf fünf Zeichen begrenzt ist. Eine Möglichkeit, Fehleingaben vorzunehmen, wäre damit schon eliminiert. Bei anderen Feldern können Sie zumindest die maximale Zeichenzahl bestimmen und so das Risiko von Fehleingaben zumindest reduzieren.

Teil II: Üben

Ü1 Übungen zu Kapitel L1

1 Welche Aufgaben lassen sich mit SQL-Kommados erledigen?

SQL dient der Abfrage und Manipulation von Daten und zur Erzeugung und Änderung der Datenbankstruktur.

2 Was ist bei SQL-Anweisungen bezüglich der Verwendung von Groß- und Kleinschreibung zu beachten?

Groß- und Kleinschreibung werden von SQL nicht beachtet. Es ist allerdings üblich, SQL-Kommandos durchgängig großzuschreiben. Alle variablen Elemente (Parameter), etwa Feldnamen, sollten Sie hingegen kleinschreiben oder lediglich mit einem Großbuchstaben einleiten. Das gilt jedoch nur eingeschränkt für Parameter wie beispielsweise den Tabellennamen. Unter anderen Betriebssystemen, etwa LINUX, kann die Beachtung von Groß- und Kleinschreibung wichtig werden.

3 Wie wirken sich Zeilenumbrüche auf eine SQL-Anweisung aus?

Zeilenumbrüche haben keine Auswirkung auf SQL-Anweisungen. Jede Anweisung lässt sich auf nahezu beliebig viele Zeilen verteilen.

4 Wie ist eine SQL-Anweisung abzuschließen?

Eine SQL-Anweisung wird normalerweise mit einem Semikolon abgeschlossen. Viele Datenbanken kommen bei Einzelanweisungen aber auch ohne Abschlusszeichen aus.

5 **Was kann unter SQL alles als »Abfrage« bezeichnet werden?**

Neben den üblichen Auswahl- bzw. SELECT-Abfragen werden auch solche SQL-Anweisungen als Abfragen bezeichnet, die lediglich den Datenbestand ändern, aber keine Ergebnisse zurückliefern. Dazu gehören beispielsweise das Hinzufügen und Löschen von Datensätzen.

6 **Starten Sie, soweit Sie über das Programm verfügen, Microsoft Access und wechseln Sie hier in den Abfragemodus. Definieren Sie eine Abfrage im Entwurfsmodus und lassen Sie sich den von Access erzeugten SQL-Code in der SQL-Ansicht anzeigen.**

Ü2 Übungen zu Kapitel L2

1 **Welche Bedeutung hat der `SELECT`-Befehl für die Abfragesprache SQL?**

Der `SELECT`-Befehl stellt die zentrale SQL-Anweisung für Auswahlabfragen dar. Jede Abfrage, die Daten zurückliefern soll, wird mit `SELECT` eingeleitet.

2 **Wie lässt sich die Zahl der in der Ergebnistabelle angezeigten Spalten einschränken?**

Eine Begrenzung der Spalten ergibt sich durch Auflistung der Spaltennamen in der `SELECT`-Zeile.

3 **Was ist bei der Angabe der Spaltennamen in der `SELECT`-Anweisung zu beachten?**

Die einzelnen Spaltennamen sind durch Kommata getrennt anzugeben. Auf den letzten Spaltennamen folgt kein Komma mehr.

4 **Definieren Sie für unsere Kundentabelle eine einfache `SELECT`-Abfrage, die für alle Kunden die Firmenbezeichnung und die E-Mail-Adresse ausgibt.**

Eine `SELECT`-Abfrage über die Spalten *Firma* und *eMail* muss folgende Form haben:

```
SELECT Firma, eMail
FROM Kunden;
```

5 **Wie lässt sich die Zahl der angezeigten Zeilen (Datensätze) einschränken?**

Eine Begrenzung der Zeilen kann durch eine `WHERE`- oder `LIMIT`-Klausel erreicht werden. Die in der `WHERE`-Klausel definierte Bedingung lässt in der Ergebnistabelle nur solche Datensätze erscheinen, die der Bedingung genügen.

6 **Welche Bedeutung hat die FROM-Klausel?**

In der FROM-Klausel sind die Tabellen anzugeben, auf die sich die Abfrage bezieht. Die FROM-Klausel wird immer benötigt, auch wenn die Tabellenbezeichnungen bereits bei der Definition der Spaltenbezeichnungen angegeben wurden.

7 **Welche Funktion können Aliasnamen erfüllen?**

Aliasnamen können in der Ergebnistabelle die üblichen Spaltennamen ersetzen. Sie werden beispielsweise verwendet, um lange Spaltenbezeichnungen für die Ergebnistabelle abzukürzen oder bei Zusammenfassung mehrerer Spalten einen passenden Namen für die Ergebnisspalte zu definieren.

8 **Welche Bedeutung hat der Datentyp für die WHERE-Klausel?**

Der Datentyp bestimmt unter anderem, ob ein Vergleichswert in Anführungszeichen übergeben werden muss (Typ CHAR) oder ohne Anführungszeichen auskommt.

9 **Mit welcher Klausel lassen sich Sortierungen vorgeben und wie kann die Richtung der Sortierung gesteuert werden?**

Für die Sortierung ist die Klausel ORDER BY zuständig. Die Klausel benötigt die Angabe der Spalte, über die sortiert werden soll. Eine aufsteigende Sortierung ist üblicherweise voreingestellt. Sie kann mit dem Wort ASC aber auch explizit angegeben werden. Um eine absteigende Sortierung zu erhalten, ist das Wort DESC zu verwenden.

10 **Was ist unter einer qualifizierten Spaltenbezeichnung (Feldnamen) zu verstehen und wann werden solche Bezeichnungen benötigt?**

Qualifizierte Spaltenbezeichnungen setzen sich aus dem Namen der Tabelle und dem der jeweiligen Spalte zusammen. Als Trennzeichen wird der Punkt verwendet. Der Einsatz qualifizierter Spaltenbezeichnungen kann erforderlich sein, wenn in einer Abfrage gleichnamige Spalten aus unterschiedlichen Tabellen benötigt werden.

11 **Welche wesentlichen Unterschiede bestehen bei numerischen Datentypen?**

Bei numerischen Datentypen ist zunächst zwischen Ganzzahlen und Fließkommazahlen zu unterscheiden. Zudem lassen sich innerhalb dieser Gruppen noch Unterschiede feststellen, die sich auf den darstellbaren Wertebereich (Ganzzahlen) oder die Genauigkeit (Fließkommazahlen) beziehen.

12 **Definieren Sie für unsere Kundentabelle eine `SELECT`-Abfrage, die für alle Kunden aus Leipzig die Firmenbezeichnung und den Ort ausgibt.**

Eine `SELECT`-Abfrage über die Spalten *Firma* und *Ort* muss folgende Form haben:

```
SELECT Firma, Ort
FROM Kunden
WHERE Ort = "Leipzig";
```

Ü3 Übungen zu Kapitel L3

1 Was sind Ausdrücke?

Ausdrücke sind Formeln. Sie liefern einen Wert, der einem bestimmten Datentyp zugerechnet werden kann.

2 Für welche Aufgaben werden Operatoren benötigt?

Operatoren dienen zusammen mit Operanden der Bildung von Ausdrücken.

3 Was ist bei berechneten Feldern zu beachten?

Berechnete Felder sind nicht Teil einer realen Datentabelle. Sie werden nur durch die Abfrage erzeugt und stehen daher nur in der virtuellen Ergebnistabelle zur Verfügung.

4 Definieren Sie eine Abfrage, die alle Kunden aus dem Postleitzahlgebiet 4 ausgibt.

Die Abfrage muss das Ersatzzeichen `%` (unter Acccess *) verwenden und könnte beispielsweise folgende Form haben:

```
SELECT Firma, PLZ, Ort
FROM Kunden
WHERE PLZ LIKE "4%";
```

5 Wofür steht der Wert `NULL`?

Der Wert `NULL` wird gegebenenfalls von Feldern geliefert, die noch keinen Eintrag erhalten haben. `NULL` ist keinem der üblichen Datentypen zuzuordnen, lässt sich aber in Vergleichen mit jedem dieser Typen verwenden.

6 **Wie lässt sich ein Vergleich mit einem Suchmuster realisieren?**

Für Suchmuster ist der Operator `LIKE` zuständig. Dieser kann Feldeinträge mit Mustern vergleichen, die Ersatzzeichen wie das Prozentzeichen (bzw. das Zeichen *) oder den Unterstrich (_) enthalten.

7 **Wozu verwenden Sie logische Operatoren und welche dieser Operatoren kennen Sie?**

Logische Operatoren dienen der Verknüpfung von Teilbedingungen zu komplexeren Bedingungen. In SQL-Anweisungen lassen sich die Operatoren `AND` (logisches `UND`), `OR` (logisches `ODER`) und `NOT` (Negation) verwenden.

8 **An welchen Stellen können Funktionen in SQL-Anweisungen eingesetzt werden?**

Funktionen können sowohl in der Feldliste der `SELECT`-Anweisung als auch in der `WHERE`-Klausel verwendet werden. In der Feldliste dienen sie üblicherweise dazu, für die Ergebnistabelle neue (berechnete) Felder zu erzeugen.

9 **Was ist unter dem Trimmen einer Zeichenfolge zu verstehen und warum kann es sinnvoll sein, Zeichenfolgen zu trimmen?**

Beim Trimmen werden führende und folgende Leerzeichen aus einer Zeichenfolge entfernt. Da Leerzeichen einen Vergleich beeinflussen können, ist es oft sinnvoll, unbekannte Zeichenfolgen, etwa den Inhalt von Datenbankfeldern, zu trimmen.

10 **Was ist bei der Verwendung von Datumswerten in `WHERE`-Klauseln zu beachten?**

Datumsfelder sind zunächst wie Strings zu behandeln. Bei festen Datumswerten erwarten die meisten Datenbanksysteme zudem das amerikanische Format.

11 **Definieren Sie eine Abfrage, die alle Datensätze aus der Tabelle *Kunden* mit einem Datum vor dem 15.12.2007 liefert.**

Die Abfrage kann unter Access folgende Form haben:

```
SELECT Firma, Ort, Datum
FROM Kunden
WHERE Datum < #2007-10-15#
```

Für andere Datenbanken, etwa MySQL, sind Anführungszeichen zu verwenden, sodass sich eine Schreibweise wie `'2007-10-15'` ergibt.

Ü4 Übungen zu Kapitel L4

1 Wie lässt sich die gewünschte Reihenfolge bei der Abarbeitung kombinierter Bedingungen in der `WHERE`-Klausel sicherstellen?

Die Reihenfolge kann durch Klammerung von Teilausdrücken bestimmt werden. Ausdrücke in Klammern werden von SQL zuerst ausgewertet.

2 Können berechnete Spalten auch selbst wieder in Berechnungen als Operanden verwendet werden?

Zumindest Access und MySQL akzeptieren berechnete Spalten auch als Operanden.

3 Was ist unter der Verschachtelung von Funktionen zu verstehen?

Funktionen lassen sich verschachteln, indem eine Funktion als Argument einer anderen Funktion verwendet wird.

4 Welche Möglichkeiten bietet das Rechnen mit Datumswerten?

Beim Rechnen mit Datumswerten lassen sich beispielsweise Datumsdifferenzen ermitteln. Auch können neue Datumswerte durch Addition oder Subtraktion gebildet werden.

5 Definieren Sie eine Abfrage, die alle Leipziger Kunden mit einem Umsatz von mindestens 1.000 Euro ausgibt.

Die Abfrage muss zwei Ausdrücke mit den Kriterien *Ort* und *Umsatz* durch den `AND`-Operator zu einem Gesamtausdruck verknüpfen und könnte beispielsweise folgende Form haben:

```
SELECT Firma, Ort, Umsatz
FROM Kunden
WHERE Ort = "Leipzig" AND Umsatz >= 1000;
```

Das vorstehende Beispiel sollte mit praktisch allen Datenbanksystemen funktionieren.

Ü5 Übungen zu Kapitel L5

1 Was ist in `INSERT`-Anweisungen bei der Angabe von Feld- und Werteliste zu beachten?

Die Felder und die zugehörigen Werte müssen in Zahl und Reihenfolge übereinstimmen.

2 Wie sind Primärschlüsselfelder zu behandeln?

Primärschlüsselfelder müssen einen Wert erhalten. Dieser muss zudem eindeutig sein. Wenn für das Primärschlüsselfeld jedoch der Typ *Autowert* (*Autoincrement*) verwendet wird, vergibt die Datenbank den Wert automatisch. Die Wertzuweisung innerhalb eines `INSERT`-Befehls muss dann unterbleiben.

3 Definieren Sie eine `INSERT`-Anweisung, die der Kundentabelle einen neuen Kunden hinzufügt.

Wenn die Kundennummer nicht durch eine *AutoIncrement*-Spalte erzeugt wird, ist beispielsweise folgende Anweisung erforderlich:

```
INSERT INTO Kunden (KundenNr, Firma,
                    PLZ, Ort, Umsatz)
VALUES (155, "Schwarz & Söhne Gmbh",
        "80000", "München", 3000);
```

Bei Verwendung einer *AutoIncrement*-Spalte entfällt die Angabe der Kundennummer (hier *KundenNr*).

4 Welche Bedeutung hat die `WHERE`-Klausel beim Kopieren von Datensätzen in eine andere Tabelle?

Die `WHERE`-Klausel sorgt dafür, dass nur ausgewählte Datensätze der Quelltabelle in die Zieltabelle kopiert werden. Ohne die `WHERE`-Klausel landen alle Datensätze der Quelltabelle in der Zieltabelle.

5 Was ist bei der Datenübergabe aus anderen Tabellen zu beachten?

Die Strukturen der Quell- und der Zieltabelle müssen sehr ähnlich sein. Für jedes zu übertragende Feld ist in der Zieltabelle ein Feld erforderlich, das diesen Typ speichern kann. Dazu genügt es, dass Quell- und Zieltyp kompatibel sind; sie müssen nicht identisch sein.

6 Können beim Kopieren von Daten in eine Zieltabelle auch berechnete Felder verwendet werden und was ist dabei zu beachten?

Beim Kopieren lassen sich auch berechnete Felder verwenden. In der Zieltabelle muss dafür jedoch ein reales Feld vorhanden sein. Dieses Feld muss dem Typ entsprechen, den die Berechnung liefert.

Ü6 Übungen zu Kapitel L6

1 Welche Klausel ist für die Wertzuweisung an eine Spalte zuständig?

Die Zuweisung erfolgt mit Hilfe der `SET`-Klausel und des Zuweisungsoperators (=).

2 Welche Bedeutung hat die Bedingung der `WHERE`-Klausel bei `UPDATE`-Anweisungen?

Die `WHERE`-Klausel bestimmt, welche Datensätze geändert werden. Eine `UPDATE`-Anweisung ohne `WHERE`-Klausel bewirkt, dass alle Datensätze der Zieltabelle geändert werden.

3 Wie lassen sich Spalteneinträge mit Hilfe der `UPDATE`-Anweisung löschen?

Bei der Wertzuweisung können Leerstrings (leere Zeichenfolgen) bzw. der Wert 0 übergeben werden. Eine korrekte Löschung ist jedoch nur durch Zuweisung des Werts `NULL` möglich.

4 Wie lässt sich gefahrlos testen, ob eine `UPDATE`-Anweisung nur die Datensätze ändert, die auch geändert werden sollen?

Für die Auswahl der zu ändernden Datensätze ist eine `WHERE`-Klausel zuständig. Es kann daher sinnvoll sein, diese Klausel zunächst in einer `SELECT`-Anweisung zu testen.

5 Was ist bei der Zuweisung von Datumswerten zu beachten?

Datumswerte müssen in einfachen Anführungszeichen und in einem bestimmten Format übergeben werden. Viele Datenbanken erwarten das amerikanische Format (`'Jahr-Monat-Tag'`, beispielsweise `'2008-01-17'`).

6 **Lassen sich mit der `UPDATE`-Anweisung auch Werte zuweisen, die alte Feldinhalte berücksichtigen?**

Eine `UPDATE`-Anweisung kann die zuzuweisenden Werte berechnen. In den Berechnungsformeln lassen sich dabei auch Feldnamen und damit indirekt deren Werte verwenden.

7 **Wie lassen sich Feldeinträge löschen?**

Feldinhalte lassen sich durch Zuweisung des Werts `NULL` löschen. Dabei ist aber zu beachten, dass nicht alle Felder diesen Wert akzeptieren.

8 **Definieren Sie eine `UPDATE`-Anweisung, welche die Spalte *Datum* in unserer Kundentabelle auf das aktuelle Tagesdatum setzt.**

Die `UPDATE`-Anweisung hat für Access folgende Form:

```
UPDATE Kunden
SET Datum = DATE()
```

Ü7 Übungen zu Kapitel L7

1 **Was passiert, wenn Sie den `DELETE`-Befehl ohne `WHERE`-Klausel einsetzen?**

Es werden alle Datensätze der betreffenden Tabelle gelöscht.

2 **Wie stellen Sie sicher, dass bei Verwendung der `DELETE`-Anweisung auch nur ein bestimmter Datensatz gelöscht wird?**

Die Bedingung in der `WHERE`-Klausel darf lediglich auf genau einen Datensatz zutreffen.

3 **Definieren Sie eine `DELETE`-Anweisung, die nur den Kunden Maier KG aus Dresden löscht.**

Eine Lösung, die sowohl mit Access als auch mit MySQL funktioniert, könnte folgende Form haben:

```
DELETE FROM Kunden
WHERE Firma = "Maier KG" AND Ort = "Dresden"
```

Die Bedingung muss die Spalten *Firma* und *Ort* umfassen und beide Einzelbedingungen mit `AND` verknüpfen. Allerdings sind Sie damit noch nicht auf der sicheren Seite. Es ist durchaus möglich, dass in Dresden mehrere Kunden mit dem gleichen Namen existieren. Die vorstehende Anweisung löscht dann gegebenenfalls mehrere Datensätze. Eigentlich müssten Sie die Kundennummer ermitteln und diese dann als Kriterium verwenden.

4 **Wie können Sie prüfen, ob eine `DELETE`-Anweisung auch nur die gewünschten Datensätze löscht?**

Die sicherste Methode besteht darin, die Bedingung der `WHERE`-Klausel zunächst mit Hilfe einer `SELECT`-Anweisung zu testen.

Ü8 Übungen zu Kapitel L8

1 Was ist unter Gruppierung zu verstehen?

Mit Gruppierung ist die Zusammenfassung von einzelnen Datensätzen gemeint. In der Ergebnistabelle werden dann nicht mehr bestimmte Datensätze angezeigt, sondern neue Datensätze, die eine Aussage über eine Gesamtheit von Datensätzen treffen.

2 Wie und in welcher Reihenfolge wirken sich die Klauseln `WHERE` und `GROUP BY` auf eine Abfrage aus?

Zunächst wirkt die `WHERE`-Klausel. Sie sorgt dafür, dass nur die Datensätze in die Auswahl übernommen werden, die der Bedingung genügen. Erst auf diese bereits ausgewählten Datensätze wird dann die `GROUP BY`-Klausel angewendet.

3 Was sind Aggregatfunktionen?

Aggregatfunktionen fassen Informationen aus einer Spalte zusammen. So lassen sich beispielsweise Durchschnittswerte oder Summen über mehrere Datensätze einer Spalte bilden.

4 Ermitteln Sie mit einer passenden Abfrage die Zahl der Dresdner und Osnabrücker Kunden.

Die Abfrage muss die Aggregatfunktion `COUNT` verwenden und beispielsweise wie folgt aussehen:

```
SELECT Ort, COUNT(Ort)
FROM Kunden
WHERE Ort = "Dresden" OR Ort = "Osnabrück"
GROUP BY Ort
```

Statt der `WHERE`-Klausel wäre es in diesem Fall auch möglich, die Bedingung mit einer `HAVING`-Klausel zu definieren.

5 Welche Einschränkungen gelten für Aggregatfunktionen?

Aggregatfunktionen lassen sich nur auf Spalten anwenden. Sie werden deshalb auch als Spaltenfunktionen bezeichnet.

6 Wie lässt sich die Summe der Umsätze für das Kundensegment *Freiberufler* bilden?

Auf die Spalte *Umsatz* ist die Aggregatfunktion `SUM` anzuwenden. Zudem sollten Sie einen Alias vergeben, damit der angezeigte Wert auch eine Bezeichnung erhält. Ein Beispiel:

```
SELECT  SUM(Umsatz) AS Umsatz_Freiberufler
FROM Kunden
WHERE Kundensegment = "Freiberufler"
```

Etwas komplizierter wird die Anweisung bei Verwendung einer `GROUP BY`-Klausel. Sie müssen dann das Feld *Kundensegment* als Gruppierungsfeld angeben. Zusätzlich ist das Feld *Kundensegment* in die Feldliste der `SELECT`-Anweisung aufzunehmen:

```
SELECT  Kundensegment, SUM(Umsatz)
FROM Kunden
WHERE Kundensegment = "Freiberufler"
GROUP BY Kundensegment
```

7 Wie wirkt sich die Verwendung einer `GROUP BY`-Klausel auf Abfragen mit Aggregatfunktionen aus?

`GROUP BY` bewirkt, dass die Aggregatfunktion immer nur für die Datensätze gilt, die zu einer bestimmten Gruppe, also zu einer bestimmten Wertausprägung des in der `GROUP BY`-Klausel genannten Felds, gehören.

8 Wie und in welcher Reihenfolge arbeiten `WHERE`-, `GROUP BY`- und `HAVING`-Klausel zusammen?

Zunächst selektiert die `WHERE`-Klausel Datensätze, die einer bestimmten Bedingung genügen. Im nächsten Schritt gruppiert `GROUP BY` diese Datensätze. `HAVING` wählt dann aus diesen Gruppen bestimmte Gruppen aus.

9 **Welche Einschränkung gilt für die Bedingung der `HAVING`-Klausel?**

Die Bedingung der `HAVING`-Klausel kann sich nur auf Felder beziehen, die in der `SELECT`-Anweisung aufgelistet werden. Dabei müssen gegebenenfalls auch die Ausdrücke verwendet werden, mit denen die temporären Spalten (Summen, Durchschnittswerte, Minimum, Maximum etc.) gebildet wurden.

Ü9 Übungen zu Kapitel L9

1 Wie ist ein Natural Join definiert?

Ein Natural Join verknüpft Tabellen, sodass grundsätzlich nur Datensätze angezeigt werden, für die in den Verknüpfungsfeldern beider Tabellen gleiche Einträge enthalten sind.

2 Wie definieren Sie die Bedingung für eine einfache Verknüpfung (Natural Join), ohne `JOIN` zu verwenden?

Für eine einfache Verknüpfung wird nicht unbedingt die `JOIN`-Klausel benötigt. Die Verknüpfung kann auch über eine `WHERE`-Klausel erfolgen. Dazu müssen in den zu verknüpfenden Tabellen ähnliche Felder vorhanden sein. Die Bedingung in der `WHERE`-Klausel besagt nun, dass nur dann Zeilen in der Ergebnistabelle erzeugt werden, wenn in beiden Tabellen Datensätze mit gleichen Einträgen in den Verknüpfungsspalten vorhanden sind.

3 Definieren Sie eine Abfrage über die Tabellen *Kunden* und *Rechnungen*, bei der lediglich die Felder *Firma* und *Ort* sowie die zugehörigen Rechnungsnummern und Rechnungsbeträge ausgegeben werden:

Die Abfrage kann `INNER JOIN` verwenden und beispielsweise wie folgt definiert sein:

```
SELECT Kunden.Firma, Kunden.Ort,
       Rechnungen.RechnungsNr,
       Rechnungen.Rechnungsbetrag
FROM Kunden INNER JOIN Rechnungen
ON Kunden.KundenNr = Rechnungen.KundenNr
```

4 Auf welche Gefahr ist beim Verknüpfen von Tabellen zu achten?

Wenn beim Verknüpfen von Tabellen eine Verknüpfungsbedingung (`JOIN` oder `WHERE`-Klausel) vergessen wird, können sehr große Tabellen entstehen. Jeder Datensatz aus der ersten Tabelle wird dann mit einem Datensatz aus der zweiten Tabelle verknüpft, sodass aus zwei Tabellen mit jeweils 100 Datensätzen eine Ergebnistabelle mit 10.000 Datensätzen entsteht.

5 Wie ist ein Outer Join definiert?

Beim Outer Join werden alle Datensätze der linken oder alle Datensätze der rechten Tabelle angezeigt, auch wenn in der jeweils anderen Tabelle keine zugeordneten Datensätze enthalten sind.

6 Kann die `WHERE`-Klausel zusätzlich zu `JOIN` eingesetzt werden?

Die `WHERE`-Klausel kann zusätzlich zu einem Join verwendet werden. In der Bedingung der Klausel lassen sich Teilbedingungen aus beiden Tabellen kombinieren.

7 Definieren Sie eine Abfrage über die Tabellen *Kunden* und *Rechnungen*, bei der die Felder *Firma* und *Ort* sowie die zugehörigen Rechnungsnummern und Rechnungsbeträge ausgegeben werden und die lediglich Kunden aus Dresden berücksichtigt.

```
SELECT Kunden.Firma, Kunden.Ort,
             Rechnungen.RechnungsNr,
             Rechnungen.Rechnungsbetrag
FROM Kunden INNER JOIN Rechnungen
ON Kunden.KundenNr = Rechnungen.KundenNr
WHERE Ort = "Dresden"
```

8 **Definieren Sie eine Abfrage über die Tabellen *Kunden* und *Rechnungen*, bei der für die einzelnen Firmen die summierten (aggregierten) Rechnungsbeträge (also die sich aus der Rechnungstabelle ergebenden Umsätze) ausgegeben werden.**

```
SELECT Kunden.Firma, Kunden.Ort,
       SUM(Rechnungen.Rechnungsbetrag) AS Umsaetze
FROM Kunden INNER JOIN Rechnungen
ON Kunden.KundenNr = Rechnungen.KundenNr
GROUP BY Kunden.Firma, Kunden.Ort
```

9 **Was sind Mengenoperationen?**

Mit Mengenoperationen lassen sich aus den Daten mehrerer Tabellen Schnittmengen, Vereinigungsmengen und Differenzmengen bilden. Zwischen den Tabellen einer Mengenoperation bestehen keine Abhängigkeitsbeziehungen.

10 **Wie definieren Sie eine Vereinigungsmenge?**

Eine Vereinigungsmenge wird mit Hilfe des `UNION`-Operators gebildet. Der Operator verbindet zwei Tabellen oder zwei `SELECT`-Abfragen.

11 **Welche Funktion übernimmt `ALL` im Zusammenhang mit der Bildung von Vereinigungsmengen?**

`ALL` bestimmt, dass auch mehrfach vorhandene Datensätze in die Ergebistabelle übernommen werden.

12 **Wie lässt sich die Funktion von `INTERSECT`, etwa im Vergleich zu `EXCEPT`, charakterisieren?**

`INTERSECT` stellt praktisch das Gegenteil von `EXCEPT` dar. Während `EXCEPT` (ohne `ALL`) übereinstimmende Datensätze der einzelnen Tabellen oder `SELECT`-Abfragen nicht anzeigt, wählt `INTERSECT` gerade diese aus.

Ü10 Übungen zu Kapitel L10

1 **Was ist bei der Benennung von Datenbanken zu beachten?**

Viele Datenbanksysteme, beispielsweise Access, akzeptieren auch Leerzeichen und Sonderzeichen wie die deutschen Umlaute. Das gilt aber nicht für alle. Zudem hat SQL Probleme mit solchen Zeichen. Es ist daher sinnvoll, grundsätzlich nur die normalen alphanumerischen Zeichen und den Unterstrich zu verwenden. Beim Einsatz von LINUX bzw. UNIX ist auch auf Groß- und Kleinschreibung zu achten.

2 **Wie definieren Sie eine Spalte, in die maximal 30 alphanumerische Zeichen eingegeben werden sollen?**

Für alphanumerische Spalten ist der Typ `CHAR` zuständig. In Klammern ist die Zahl der maximal zulässigen Zeichen anzugeben, sodass nach dem Spaltennamen noch der Ausdruck `CHAR(30)` anzugeben ist.

3 **Wie definieren Sie einen Primärschlüssel?**

Um einen Primärschlüssel zu definieren, kann in die Feldliste noch die Klausel `PRIMARY KEY` eingefügt werden. Die Klausel enthält eine Klammer, in der das Schlüsselfeld anzugeben ist.

4 **Welche Klausel ist für die Vorgabe eines Werts (Vorbelegung) zuständig und wie wird diese Klausel eingesetzt?**

Für die Vorbelegung einer Spalte ist die Klausel `DEFAULT` zuständig. Der automatisch einzufügende Wert kann nach dem Schlüsselwort `DEFAULT` angegeben werden.

5 **Definieren Sie eine Anweisung, die eine Rechnungetabelle mit den Spalten *RechnungsNr* (`INTEGER PRIMARY KEY`), *KundenNr* (`INTEGER`), *Rechnungsbetrag* (`CURRENCY` bzw. unter MySQL `DECIMAL`) und *Rechnungsdatum* erzeugt.**

Für Access könnte eine entsprechende `CREATE`-Anweisung folgende Form haben:

```
CREATE TABLE Rechnungen (
   RechnungsNr INTEGER PRIMARY KEY,
   KundenNr INTEGER,
   Rechnungsbetrag CURRENCY,
   Rechnungsdatum DATE  )
```

6 **Wie stellen Sie sicher, dass eine Spalte auch Einträge erhalten muss?**

Eine Spalte, die beim Erzeugen eines neuen Datensatzes unbedingt einen neuen Eintrag erhalten soll, muss mit dem Zusatz `NOT NULL` definiert werden.

7 **Welche Bedeutung hat das Schlüsselwort `UNIQUE`?**

`UNIQUE` bestimmt, dass eine Spalte nur eindeutige Werte enthalten darf. Auch der `NULL`-Wert ist in solchen Spalten nicht zulässig.

8 **Was ist bei der Verwendung von `NOT NULL` zu beachten?**

Mit `NOT NULL` bestimmen Sie, dass eine Spalte keine `NULL`-Werte akzeptiert und damit keine Leereinträge. Viele Felder werden aber gelegentlich frei bleiben müssen. Erzwungene Einträge darf es nur geben, wo dies unbedingt erforderlich ist.

9 **Welche Vorteile haben Views?**

Views ermöglichen einen vereinfachten `SELECT`-Zugriff auf komplexe Tabellen und Tabellenverknüpfungen. Zugleich steigern sie die Sicherheit der Datenbank, weil weniger direkte Zugriffe auf die eigentlichen Tabellen benötigt werden.

10 Definieren Sie auf Basis der Kundentabellen für die Kunden aus Dresden einen View über die Spalten *Firma*, *Ort* und *Umsatz* (nur unter MySQL möglich).

```
CREATE VIEW KundenDresden
AS SELECT Firma, Ort, Umsatz
FROM Kunden
WHERE Ort = 'Dresden'
```

Ü11 Übungen zu Kapitel L11

1 Was ist beim Ändern und Löschen von Datenbankobjekten zu beachten?

Beim Löschen und Ändern von Datenbankobjekten können Daten verloren gehen. Wird beispielsweise der Datentyp einer Spalte geändert, lassen sich möglicherweise die ursprünglichen Daten dieser Spalte nicht mehr vollständig anzeigen. Die Daten werden dann bei der Änderung nicht übernommen.

2 Welche Klausel wird für das Hinzufügen von Spalten benötigt?

Neue Spalten lassen sich mit `ADD COLUMN` hinzufügen. Der Tabellenname ist dabei im `ALTER TABLE`-Befehl anzugeben.

3 Definieren Sie eine Anweisung, die an die Kundentabelle das Feld *Bemerkung* (`CHAR(255)`) anfügt.

Ein Beispiel, das mit Access und MySQL funktioniert, sollte wie folgt aufgebaut sein.

```
ALTER TABLE Kunden
ADD COLUMN Bemerkung CHAR(255)
```

4 Mit welchen Sprachelementen ändern Sie eine Tabellenspalte?

Für die Änderung einer Spalte ist zunächst die `ALTER COLUMN`-Anweisung zuständig. Als erster Parameter ist der Spaltenname zu bestimmen. Danach folgen die Änderungen, die sich beispielsweise auf den Typ beziehen können. Der Typ ist dabei in der Form anzugeben, die auch bei der Erzeugung einer Spalte verwendet wird. Die ganze Anweisung muss Teil einer `ALTER TABLE`-Anweisung sein.

5 Wie schränken Sie eine Spalte so ein, dass diese keine Leerwerte mehr akzeptiert?

Um keine Leereingabe mehr zu akzeptieren, muss die Spalte die Einschränkung `NOT NULL` erhalten. Diese Einschränkung ist in der `ALTER COLUMN`-Anweisung nach dem Spaltennamen anzugeben.

6 Wie löschen Sie eine Tabelle?

Eine Tabelle wird mit der Anweisung `DROP TABLE` gelöscht. Als Parameter ist der Tabellenname anzugeben.

7 Was ist beim Löschen von Datenbankobjekten grundsätzlich zu beachten?

Es lassen sich nur Objekte löschen, die nicht gerade von anderen Anwendern benutzt werden. Die Objekte müssen eventuell für andere Anwender gesperrt werden, um die Löschung vornehmen zu können.

Ü12 Übungen zu Kapitel L12

1 Welche Nachteile sind bei Verwendung vieler Indizes zu erwarten?

Indizes werden bei jeder Datenänderung aktualisiert. Bei vielen Indizes ist damit ein erheblicher Aufwand verbunden, was sich gerade beim Einfügen und Löschen von Daten durch entsprechende Zeitverzögerungen bemerkbar machen kann.

2 Wie ändern Sie einen bestehenden Index?

Die Option, einen Index zu ändern, ist in der Regel nicht gegeben. Die einfachste Möglichkeit besteht darin, den alten Index zu löschen und dafür einen neuen zu erzeugen.

3 Wie definieren Sie einen eindeutigen Index und welche Einschränkungen ergeben sich daraus für die Indexspalte?

Eindeutige Indizes lassen sich mit Hilfe von `UNIQUE` erzeugen. Eine Spalte, für die ein eindeutiger Index erstellt wurde, kann auch nur eindeutige Werte aufnehmen.

4 Definieren Sie für die Kundentabelle einen Mehrfelderindex über die Spalten *Firma* und *Ort*.

Für einen Mehrfelderindex sind in der Klammer der `ON`-Klausel die einzelnen Spalten (Felder) anzugeben:

```
CREATE INDEX FirmaOrt
ON Kunden (Firma, Ort)
```

Den Indexnamen (hier *FirmaOrt*) können Sie selbst bestimmen. Die vorstehende Anweisung funktioniert mit Access und MySQL.

5 **Welche SQL-Spracherweiterungen sind für die Sortierrichtung eines Index zuständig und welche Sortierung ist voreingestellt?**

Für die Sortierrichtung eines Index sind die Elemente `ASC` und `DESC` zuständig. Voreingestellt ist eine aufsteigende Sortierung, die Sie auch mit `ASC` erhalten.

6 **Welche Vorteile haben temporäre Indizes?**

Temporäre Indizes können Sie erstellen, wenn diese zur Erledigung bestimmter Aufgaben benötigt werden. Nach der Verwendung löschen Sie diese wieder. Die Indizes müssen dann nicht während des normalen Betriebs ständig aktualisiert werden und belasten daher das Datenbanksystem und dessen Leistungsverhalten nicht unnötig.

Ü13 Übungen zu Kapitel L13

1 Warum sollte der Zugriff auf eine Datenbank unbedingt eingeschränkt werden?

Datenbanken können schon durch wenige fehlerhafte Daten in einen inkonsistenten Zustand geraten und damit zumindest teilweise unbrauchbar werden. Um die Risiken zu minimieren, sollte der Zugriff auf die Personen begrenzt werden, die unbedingt mit den Daten arbeiten müssen.

2 Wer ist normalerweise für die Einrichtung von Benutzerrechten zuständig?

Benutzer- und Zugriffsrechte werden üblicherweise vom Administrator eingerichtet oder auch wieder entzogen.

3 Wie kann der Tabellenzugriff auf den *Nur-Lese-Modus* eingeschränkt werden und welche Operationen darf der Benutzer mit einer derart geschützten Tabelle noch ausführen?

In der `GRANT`-Anweisung ist zunächst `SELECT` als Privileg (Zugriffsrecht) anzugeben. In der `ON`-Klausel werden zudem noch der Benutzername und gegebenenfalls ein Passwort benötigt. Der Anwender kann dann nur noch `SELECT`-Abfragen ausführen.

4 Was sind Privilegien?

Privilegien bestimmen, welche Rechte (Lesen, Einfügen, Ändern etc.) vom betreffenden Benutzer ausgeführt werden dürfen. Als Typbezeichnungen werden dafür normalerweise die Schlüsselwörter `SELECT`, `INSERT`, `DELETE` und `UPDATE` verwendet.

5 **Definieren Sie eine `GRANT`-Anweisung, die dem Benutzer *peter* die `SELECT`-, `INSERT`- und `UPDATE`-Rechte für die Tabelle *Kunden* zuweist.**

Die Anweisung, die mit MySQL, nicht aber mit Access funktioniert, könnte folgende Form haben:

```
GRANT SELECT, INSERT, UPDATE
ON Kunden
TO peter
IDENTIFIED BY 'geheim'
```

6 **Wie lassen sich mehrere Privilegien in einer `GRANT`-Anweisung verwenden?**

Mehrere Privilegien können in der `GRANT`-Anweisung durch Kommata separiert angegeben werden.

7 **Wie definieren Sie Zugriffsrechte auf Datenbankebene?**

Um Zugriffsrechte auf Datenbankebene einzurichten, muss in der `ON`-Klausel der Datenbankname angegeben werden. Sollen alle Objekte der Datenbank zugänglich sein, kann als Ersatzzeichen das Sternchen verwendet werden.

8 **Welche Voraussetzung muss erfüllt sein, damit ein Benutzer seine Rechte weitergeben kann?**

Ein Benutzer kann die ihm eingeräumten Rechte nur dann weitergeben, wenn bei der Definition seiner Rechte die Klausel `WITH GRANT OPTION` verwendet wurde.

9 **Wer kann Zugriffsrechte wieder entziehen?**

In der Regel kann nur derjenige Rechte entziehen, der diese zuvor zugewiesen hat. Das wird meistens der Administrator (unter MySQL *root*) sein.

10 **Definieren Sie eine `REVOKE`-Anweisung, die dem Benutzer *peter* die `SELECT`-, `INSERT`- und `UPDATE`-Rechte für die Tabelle *Kunden* wieder entzieht.**

Die Anweisung, die mit MySQL, nicht aber mit Access funktioniert, könnte folgende Form haben:

```
REVOKE INSERT, UPDATE
ON Kunden
FROM peter
```

Die Anweisung lässt sich natürlich nur vom Administrator ausführen.

Ü14 Übungen zu Kapitel L14

1 Was ist eine Unterabfrage und wie kann diese in einer Abfrage verwendet werden?

Unterabfragen sind in Abfragen eingebettete Abfragen. Die übergeordnete Abfrage verwendet dann die Ergebnisse der Unterabfrage, um Auswahlkriterien zu definieren.

2 Was ist zu beachten, wenn Unterabfragen mit Hilfe von Vergleichsoperatoren angebunden werden?

Unterabfragen, die über Vergleichsoperatoren angebunden werden, liefern in der Regel einen Wert. Sie verwenden daher meistens Aggregatfunktionen wie `SUM` oder `AVG`.

3 Definieren Sie eine Unterabfrage, die alle Kunden (Tabelle *Kunden*) ausgibt, die einen Umsatz aus Rechnungsbeträgen (Tabelle *Rechnungen*) größer oder gleich dem durchschnittlichen Umsatz aus der Rechnungstabelle aufweisen.

Die Abfrage muss in der übergeordneten Abfrage die Umsätze der einzelnen Kunden aus der Rechnungstabelle bilden (nach Kunden, beispielsweise der Spalte *Firma*, gruppieren). In der eigentlichen Unterabfrage ist dann der durchschnittliche Umsatz pro Kunde zu ermitteln:

```
SELECT  Firma, SUM(Rechnungsbetrag) AS Gesamtumsatz
FROM Kunden, Rechnungen
WHERE Kunden.KundenNr = Rechnungen.KundenNr
GROUP BY Firma
HAVING SUM(Rechnungsbetrag) >
   (SELECT SUM(Rechnungsbetrag) /
        (SELECT COUNT(KundenNr) FROM Kunden)
    FROM Rechnungen  )
```

Sie haben die Aufgabe hoffentlich nicht unterschätzt. Der durchschnittliche Umsatz pro Kunde ist etwas anderes als die durchschnittliche Rechnungssumme. Um den durchschnittlichen Umsatz zu erhalten, muss die gesamte Rechnungssumme durch die Anzahl der Kunden (`COUNT(KundenNr)`) geteilt werden. Wir haben uns nicht anders zu helfen gewusst, als innerhalb der untergeordneten Abfrage nochmals eine Unterabfrage einzuschieben. Die Anweisung enthält folglich gleich drei `SELECT`-Befehle. Möglicherweise finden Sie einen einfacheren Weg, die Aufgabe zu lösen. Beachten Sie auch, dass wir alle Kunden verwendet haben, um den durchschnittlichen Umsatz zu ermitteln.

4 Mit welchen Operatoren können Unterabfragen verwendet werden, die mehr als eine Spalte liefern?

Unterabfragen, die mehr als eine Spalte liefern, lassen sich unter anderem mit den Operatoren `ANY`, `ALL` und `SOME` verwenden.

5 Wann kann es sinnvoll sein, eine Tabelle für andere Benutzer vollständig zu sperren?

Die vollständige Sperrung einer Tabelle ist sinnvoll, wenn große Datenmengen in die Tabelle geschrieben werden müssen oder eine Änderung der Tabellenstruktur vorgesehen ist.

6 Wie muss eine Befehlssequenz aussehen, die als Transaktion ausgeführt werden soll?

Eine Befehlssequenz, die eine Transaktion bilden soll, muss in der Regel mit der Anweisung `BEGIN` eingeleitet und mit `COMMIT` oder `ROLLBACK` abgeschlossen werden. Das Schema hat folgende Form:

```
BEGIN
    SQL-Anweisungen
COMMIT / ROLLBACK
```

Zwischen diesen Anweisungen können beliebige Anweisungen folgen, die Änderungen an der Datenbank vornehmen.

7 Was ist unter dem Begriff AutoCommit zu verstehen?

Mit AutoCommit ist gemeint, dass ein Datenbanksystem jede einzelne Operation als vollständige Transaktion betrachtet und sofort in der Datenbank speichert.

8 Wie beenden Sie alle SQL-Sitzungen mit nur einer Anweisung?

Damit alle Sitzungen beendet werden, ist der `DISCONNECT`-Befehl um die Klausel `ALL` zu erweitern.

Ü15 Übungen zu Kapitel L15

1 Was wird in der Datenbanktheorie als Relation bezeichnet?

Mit Relation ist normalerweise eine Tabelle gemeint, nicht die Verknüpfung von Tabellen.

2 Welche Funktion hat ein Schlüssel?

Ein Schlüssel »erschließt« die einzelnen Datensätze einer Tabelle. Er muss zu diesem Zweck eindeutig sein. Der Wert des Schlüssels darf in der Schlüsselspalte also nicht mehrfach vorkommen.

3 Was sind künstliche Schlüssel und welche Vorteile haben diese?

Künstliche Schlüssel sind beispielsweise Spalten wie Kunden- oder Artikelnummer. Gegenüber zusammengesetzten Schlüsseln haben sie den Vorteil, dass sie schon per Definition eindeutig sind. Jede Kunden- oder Artikelnummer wird eben nur einmal vergeben.

4 Was ist unter dem Begriff »Datenbankkonsistenz« zu verstehen und wie steht diese mit der Datenredundanz im Zusammenhang?

Datenbankkonsistenz meint die Widerspruchsfreiheit der Daten einer Datenbank. Diese wird durch eine redundante Speicherung der Daten bedroht, weil bei Änderungen die Möglichkeit besteht, dass mehrfach vorhandene Datensätze nicht gleichzeitig geändert werden.

5 Was ist unter dem Prozess der Normalisierung zu verstehen?

Der Prozess der Normalisierung soll eine weitgehend redundanzfreie Datenhaltung ermöglichen.

6 Welche Probleme können bei extremer Normalisierung auftreten?

Bei extremer Normalisierung können viele kleine Tabellen entstehen, welche die Leistung der Datenbank vermindern und aufgrund der komplexeren Verknüpfung auch wieder zu größerer Fehleranfälligkeit führen.

7 Was ist beim Datenbankentwurf bezüglich der Feldnamen (Spaltennamen) zu beachten?

Feldnamen sollten keine Sonderzeichen, keine Leerzeichen und auch keine Bindestriche enthalten. Zwar akzeptieren viele Datenbanksysteme solche Zeichen, bei der Verwendung in SQL-Abfragen kann es damit jedoch zu Problemen kommen.

8 Was ist unter einem Fremdschlüssel zu verstehen und wozu wird dieser üblicherweise verwendet?

Als Fremdschlüssel bezeichnen wir eine Spalte, die in einer übergeordneten Tabelle als Schlüssel verwendet wird. Über den Fremdschlüssel erfolgt in der Regel die Verknüpfung zwischen über- und untergeordneten Tabellen.

9 Wofür steht der Begriff der »Referenziellen Integrität«?

Referenzielle Integrität meint, dass zu den Datensätzen in einer abhängigen (untergeordneten) Tabelle immer ein zugehöriger Datensatz in der übergeordneten Tabelle existieren muss.

10 Wozu dient das Transaktionskonzept?

Das Transaktionskonzept stellt sicher, dass alle für einen bestimmten Vorgang erforderlichen Operationen ausgeführt werden oder, wenn das nicht möglich ist, die schon erfolgten Teiloperationen zurückgenommen werden. Das Transaktionskonzept dient damit der Sicherstellung der Datenbankintegrität.

Ü16 Übungen zu Kapitel L16

1 **Welches sind die wohl wichtigsten numerischen Datentypen?**

Besonders häufig werden die Typen `INTEGER` und `DOUBLE` verwendet.

2 **Für welche Aufgaben eignen sich die Typen `INTEGER` und `LONGINTEGER`?**

Die `INTEGER`-Typen werden regelmäßig für die Bildung von Schlüsselwerten, etwa Kunden- oder Artikelnummern, benötigt.

3 **Wie unterscheiden sich die Typen `INTEGER` und `FLOAT`?**

Der Typ `INTEGER` kann nur ganzzahlige Werte aufnehmen, während sich mit dem Typ `FLOAT` auch Dezimalwerte darstellen lassen.

4 **Welchen Datentyp sollten Sie für Felder wie Telefon- oder Faxnummer verwenden?**

Da es sich bei Telefon- und Faxnummern nicht um Felder handelt, die in Rechenoperationen benötigt werden, sollten Sie dafür den alphanumerischen Typ `CHAR` wählen.

5 **Welche Bedeutung hat die Wahl des richtigen Datentyps für die Konsistenz der Datenbank?**

Der Datentyp kann bereits eine Art Eingabekontrolle bewirken. So lassen sich in ein Feld vom Typ `INTEGER` eben nur ganzzahlige numerische Werte eingeben.

6 Erzeugen Sie anhand der Strukturbeschreibung im Anhang eine Artikeltabelle.

Die CREATE-Anweisung, die in dieser Form unter Access funktioniert, könnte folgende Form haben:

```
CREATE TABLE Artikel (
   ArtikelNr AUTOINCREMENT  PRIMARY KEY,
   Artikelname CHAR(100),
   Artikelgruppe CHAR(50),
   Lagerbestand DOUBLE,
   Lagerort CHAR(30),
   Einheit CHAR(10),
   Preis CURRENCY,
   MwStSatz FLOAT,
   Mehrwertsteuer CURRENCY,
   Bruttopreis CURRENCY,
   Datum DATE,
   Status CHAR(1) )
```

Für MySQL sind leichte Änderungen erforderlich. So sollten Sie beispielsweise die Artikelnummer etwas anders definieren und den Typ CURRENCY (Spalte *Preis* etc.) durch den Typ DECIMAL ersetzen.

```
CREATE TABLE Artikel (
   ArtikelNr INTEGER AUTO_INCREMENT PRIMARY KEY,
   Artikelname CHAR(100),
   Artikelgruppe CHAR(50),
   Lagerbestand DOUBLE,
   Lagerort CHAR(30),
   Einheit CHAR(10),
   Preis DECIMAL(10,2),
   MwStSatz FLOAT,
   Mehrwertsteuer DECIMAL(10,2),
   Bruttopreis DECIMAL(10,2),
   Datum DATE,
   Status CHAR(1) )
```

Teil III: Anwenden

A1 MySQL-Datenbankserver

SQL-Datenbankserver zählen immer noch zu den ausgesprochen teuren Anwendungen. Der Erfolg von MySQL hat jedoch dazu geführt, dass selbst Firmen wie IBM, Microsoft und Oracle preisgünstige bzw. kostenlose Einstiegsvarianten ihrer Datenbanken anbieten. Diese sind zwar leistungsmäßig begrenzt, eignen sich aber trotzdem für professionelle Zwecke. Tabelle A1.1 zeigt eine Auswahl der Systeme, die zum Zeitpunkt der Drucklegung dieses Buchs verfügbar waren.

Datenbank	Beschreibung
Access	Die am häufigsten verwendete Desktop-Datenbank. Der SQL-Sprachumfang ist jedoch etwas eingeschränkt. Access ist natürlich nicht kostenlos zu haben.
DB2	Ein DBMS der Firma IBM. Diese sehr leistungsfähige Datenbank unterstützt nahezu den vollen ANSI-92-Standard. Die Variante Express-C ist als kostenlose Einstiegsversion gedacht.
Microsoft SQL-Server	SQL-Server der Firma Microsoft. Auch von Microsoft gibt es mit der Express Edition eine kostenlose Version des SQL-Servers.
MySQL	Open-Source-SQL-Server. Dieses Datenbanksystem darf unter bestimmten Umständen kostenlos genutzt werden. Lediglich beim kommerziellen Einsatz sind vergleichsweise geringe Gebühren fällig. Zudem steht der Quellcode des Programms zur Verfügung (Open-Source), sodass erfahrene Programmierer die Funktionalität des Systems erweitern können. MySQL wird besonders häufig für Webanwendungen genutzt.

Datenbank	Beschreibung
Oracle	Der wohl am weitesten verbreitete SQL-Server. Diese Datenbank wird in vielen Großunternehmen als Basis für kritische Anwendungen eingesetzt. Die Installation ist allerdings sehr komplex und erfordert zudem sehr viel Platz auf der Festplatte. Mit der Express Edition steht eine leistungsmäßig begrenzte, aber dafür kostenlose Version zur Verfügung.
ProgresSQL	Open-Source-Datenbank, die in Webanwendungen häufig in Konkurrenz zu MySQL eingesetzt wird.

Tab. A1.1: Übersicht SQL-Datenbanksysteme

Zunächst ist zwischen »richtigen« SQL-Servern und Desktop-Datenbanken wie Access zu unterscheiden. Zwar sind Desktop-Datenbanken wie Access auch netzwerkfähig, sie werden jedoch vorzugsweise als Einzelplatzsysteme eingesetzt. SQL spielt hier nur eine untergeordnete Rolle. Der Benutzer ist in der Regel nicht darauf angewiesen, SQL-Abfragen zu programmieren, sondern kann diese mit Hilfe eines Abfrage- bzw. Reportgenerators erzeugen.

Zu den ganz dicken Paketen im Datenbankmarkt zählen Oracle und DB2. Diese Systeme sind in der Regel sehr teuer und laufen normalerweise auch nur auf Betriebssystemen wie LINUX/UNIX oder Windows NT/2000/XP. Der Umgang mit diesen Systemen setzt sehr gute SQL-Kenntnisse voraus. Sehr komplex ist vor allem Oracle, das in der Server-Welt zurzeit führende Datenbanksystem. Das leistungsmäßig etwa gleichwertige DB2 lässt sich in der Regel einfacher verwalten.

MySQL einsetzen

Wir haben in diesem Buch schon häufiger auf MySQL hingewiesen. Das hat vor allem damit zu tun, dass MySQL sehr leistungsfähig ist und von privaten Anwendern praktisch kostenlos genutzt werden kann. Für den kommerziellen Einsatz sind relativ geringe Gebühren fällig. Allerdings ist MySQL nicht immer ganz einfach in der Handhabung. Das gilt jedoch für praktisch alle großen Datenbanksysteme. In diesem Unterkapitel wollen wir daher etwas näher auf MySQL eingehen.

MySQL aus dem Internet laden

Unter Windows können Sie MySQL in kompilierter Form über das Internet beziehen und recht einfach installieren. Sie finden MySQL unter der folgenden Adresse:

www.mysql.com

Das Datenbanksystem ist auch für LINUX und andere Betriebsysteme verfügbar. Dieses Buch geht jedoch nur auf die Windows-Version ein.

Neue MySQL-Versionen

MySQL wird ständig weiterentwickelt. Wenn Sie dieses Buch lesen, ist vermutlich schon eine neuere Version verfügbar. Sie sollten diese dann auch verwenden. Es ist aber nicht auszuschließen, dass sich dann auch einige Details der Installation und der Bedienung ändern. Die folgenden Ausführungen gelten daher nur bedingt für neuere MySQL-Versionen.

Setup starten

Am einfachsten gestaltet sich die Installation, wenn Sie das msi-Paket (Windows-Installer-Datei) herunterladen. Bei der Installation richtet das Setup-Programm einige Unterverzeichnisse ein. Im Unterverzeichnis */bin* finden Sie die ausführbaren Programme und einige Tools für die Administration. Üblicherweise wird MySQL unter Windows als sogenannter Dienst installiert und kann daher über den Dienste-Dialog (*Systemsteuerung / Verwaltung / Dienste*) gestartet und beendet werden.

MySQL System Tray Monitor

Das Setup-Programm richtet zudem im Hauptmenü ein MySQL-Menü ein, über das Sie ein Icon in der Systemtray erzeugen können. Sie haben damit Zugriff auf den MySQL System Tray Monitor, der Ihnen über ein Kontextmenü (rechte Maustaste) die wichtigsten Funktionen für die Verwaltung des Servers und der (separat zu installierenden) MySQL-Tools anbietet.

MySQL-Tools

Im schon genannten Ordner */bin* finden Sie mehrere ausführbare Programme (Tools). Diese erfüllen unterschiedliche Aufgaben bei der Verwaltung des Servers und der Datenbanken. Das wichtigste Tool ist *mysql.exe* (MySQL Command Line Client). Es handelt sich dabei um ein Kommandozeilentool, das Sie unter Windows über die Eingabeaufforderung oder über das MySQL-Menü starten können.

MySQL Command Line Client

Das Tool bietet alle Funktionen, die Sie für die Verwaltung des Servers und der Datenbanken benötigen. Sie können damit unter anderem neue Datenbanken erstellen und bestehende Datenbanken abfragen.

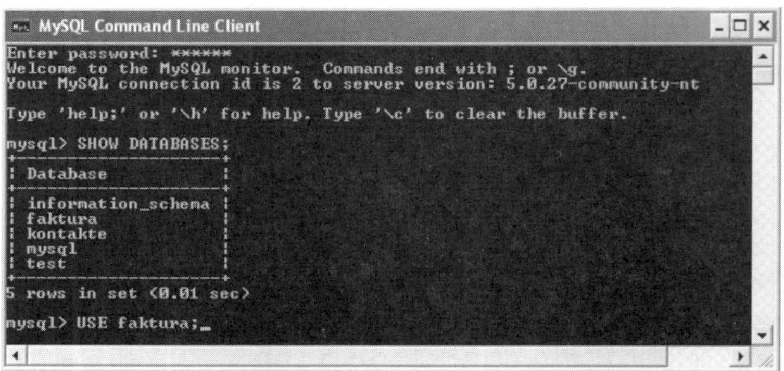

Abb. A1.1: MySQL Command Line Client (*mysql.exe*)

Sollte der Server noch nicht laufen, erhalten Sie eine Fehlermeldung angezeigt. Ist alles in Ordnung, meldet sich das Programm mit einem schlichten mysql-Prompt:

```
mysql>
```

Hier können Sie nun SQL-Kommandos oder spezifische MySQL-Befehle eingeben. Sollen alle verfügbaren Datenbanken angezeigt werden, ist das folgende Kommando erforderlich:

```
SHOW DATABASES;
```

Achten Sie dabei auf das Semikolon. Dieses Zeichen muss jeden Befehl abschließen. Mit der Eingabetaste starten Sie dann die Ausführung. Die Anzeige erfolgt im gleichen Fenster. Mit dem Kommando `USE` bestimmen Sie die aktuelle Datenbank, auf die sich dann alle weiteren Kommandos beziehen. Als Argument ist der Name der gewünschten Datenbank anzugeben:

```
USE Faktura;
```

Anschließend können Sie beliebige SQL-Anweisungen, beispielsweise eine `SELECT`-Abfrage, erzeugen und abschicken.

```
SELECT * FROM Kunden;
```

Auch diese Anweisungen sind immer mit einem Semikolon abzuschließen und mit der Eingabetaste zu bestätigen. Für die Ausgabe von größeren Ergebnistabellen ist das DOS-Fenster allerdings nicht besonders gut geeignet.

Den MySQL-Monitor beenden

Sie beenden den MySQL-Monitor mit dem Befehl `EXIT`, nicht durch Schließen des Fensters. MySQL bleibt aber weiterhin im Speicher und kann über andere Tools genutzt werden.

Neue Datenbank erstellen

Die Einrichtung einer Datenbank bedeutet zunächst, einen Ordner zu erzeugen. Dazu haben Sie zwei Möglichkeiten: Sie erzeugen im MySQL-Ordner */data* mit Hilfe des Datei-Managers einen neuen Ordner. Der Name des Ordners ist dann der Name der neuen Datenbank. Die zweite Möglichkeit besteht darin, die neue Datenbank über den gerade vorgestellten Command Line Client zu erzeugen. Dazu ist am mysql-Prompt die folgende Anweisung einzugeben:

```
CREATE DATABASE Datenbankname;
```

Sie sollten darauf achten, keine Leer- und Sonderzeichen zu verwenden, auch nicht unter Windows. In beiden Fällen erhalten Sie lediglich eine leere Datenbank. Im nächsten Schritt sind daher Tabellen zu definieren.

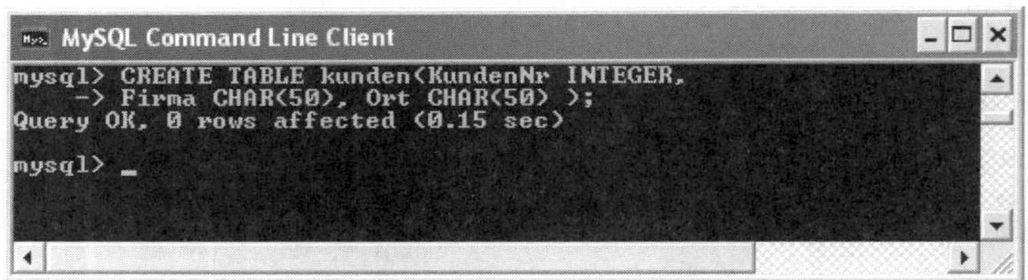

Abb. A1.2: Eine Tabelle definieren

Wir wollen auf die in Abbildung A1.2 gezeigte Anweisung nicht weiter eingehen. Die Syntax sollte Ihnen noch aus den vorhergehenden Kapiteln vertraut sein. Im Folgenden soll nun ein grafisches Tool vorgestellt werden, das den Umgang mit MySQL und insbesondere mit SQL-Anweisungen erheblich erleichtert.

TIPP

Wenn Sie den Command Line Client verwenden, sollten Sie beachten, dass jeder Zeilenumbruch mit [↵] nur eine weitere Zeile hinzufügt. Erst wenn Sie das Semikolon eingeben und dann [↵] betätigen, wird das komplette Kommando (alle Zeilen seit dem letzten mysql-Prompt) abgeschickt.

MySQL Query Browser

Wie unkomfortabel Kommandozeilen-Tools sein können, haben inzwischen auch die MySQL-Programmierer gemerkt und bieten nun mit dem *MySQL Query Browser* ein recht brauchbares grafisches Tool für die Erstellung und Pflege von MySQL-Datenbanken an. Der Query Browser ist ein recht einfaches Tool, das hauptsächlich dazu dient, SQL-Anweisungen abzusetzen.

Hinweise zur Installation

Den Query Browser erhalten Sie ebenfalls über *www.mysql.com*. Da er der GPL-Lizenz unterliegt, kann er ebenfalls frei heruntergeladen werden. Üblicherweise liegt der Query Browser für Windows als msi-Paket vor, sodass die Installation weitgehend automatisch erfolgt. Bei der Installation wird zudem ein Eintrag im MySQL-Menü erzeugt, über den Sie den Query Browser starten können.

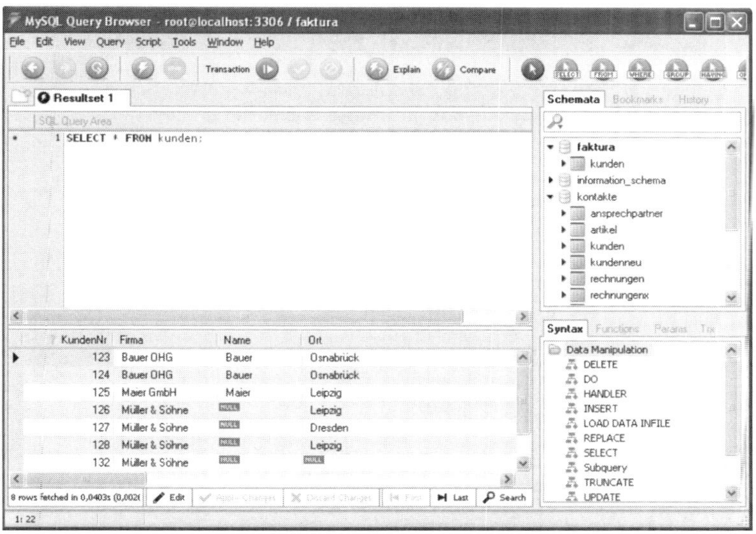

Abb. A1.3: Der MySQL Query Browser

SQL-Anweisungen erzeugen

Im sogenannten *Schemata*-Fenster werden die bereits vorhandenen Datenbanken angezeigt. Mit einem Doppelklick auf die gewünschte Datenbank öffnen Sie deren Struktur (Tabellen und Views). Alle wichtigen Funktionen finden Sie im Kontextmenü des jeweiligen Objekts.

Zumindest für die Definition von Datenbanken und Tabellen können Sie auf SQL-Anweisungen verzichten. Eine neue Datenbank erhalten Sie beispielsweise über die Option *Create New Schema*, die Sie im Kontextmenü des Schemata-Fensters finden.

Tabellen erzeugen

Komplexer ist die Definition einer Tabelle (im Kontextmenü: *Create New Table*). Dafür öffnet der Query Browser einen speziellen Dialog, der auch die Definition der Spalten und Indizes erlaubt.

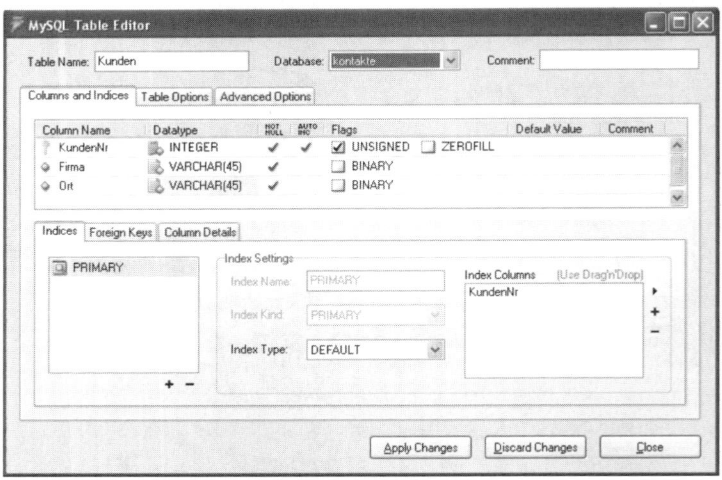

Abb. A1.4: Tabellen im Query Browser erstellen

Spalten definieren

Nach der Eingabe des Tabellennamens können Sie die Tabellenstruktur eingeben. Dazu wechseln Sie zur Seite *Columns and Indices*, klicken zweimal auf die erste Spalte und geben dann den Spaltennamen ein. Nach Betätigen der Eingabetaste werden in der gleichen Zeile weitere Eigenschaften der betreffenden Spalte angegeben Die meisten Optionen dürften Ihnen aus früheren Kapiteln vertraut sein. An dieser Stelle soll daher nicht weiter darauf eingegangen werden.

Mit dem Schalter *Apply Changes* speichern Sie die Tabellendefinition. Diese steht nun für die Dateneingabe zur Verfügung.

MySQL-Besonderheiten

MySQL weicht in einigen Bereichen nicht unerheblich vom SQL-Standard ab. Die wichtigsten Besonderheiten haben wir nachfolgend zusammengefasst. Da sich die Entwickler um Kompatibilität zu SQL/92 bemühen, dürfte jede neuere Version etwas näher an den Standard heranrücken. So unterstützt Version 5 beispielsweise den Befehl `UNION`, ermöglicht Unterabfragen und kennt inzwischen auch Stored Procedures.

Spezielle MySQL-Datentypen

MySQL verfügt über sehr viele Datentypen, die hier nicht alle vorgestellt werden können. Bei der folgenden Übersicht haben wir uns daher auf die wichtigsten beschränkt.

Typ	Bedeutung
TINYINT	Sehr kleine Ganzzahl (–127 bis 127 oder bis 255).
SMALLINT	Kleine Ganzzahl (–32768 bis 32767 oder zwischen 0 und 65535).
INT / INTEGER	Große Ganzzahl. MySQL kennt zudem noch die Typen `MEDIUMINT` und `BIGINT`.

Typ	Bedeutung
DECIMAL / DEC	Exakte Zahl mit festen Nachkommastellen. MySQL unterscheidet nicht zwischen den SQL-Typen `NUMERIC` und `DECIMAL`, sondern fasst beide zum Typ `DECIMAL` zusammen.
FLOAT	Fließkommazahl mit einfacher Genauigkeit.
DOUBLE PRECISION / REAL	Fließkommazahl mit doppelter Genauigkeit.
DATE	Datumswert im Format Jahr-Monat-Tag.
TIME	Zeitwert im Format Stunden:Minuten:Sekunden (HH:MM:SS).
CHAR	Zeichenfolge (String) zwischen 1 und 255 Zeichen. Dieser Typ steht für ein Feld fester Länge. Kürzere Zeichenfolgen werden beim Speichern mit Leerzeichen aufgefüllt. Bei der Ausgabe entfernt der Server die Leerzeichen jedoch wieder.
VARCHAR	Zeichenfolge (String) zwischen 1 und 255 Zeichen. Dieser Typ steht für ein Feld variabler Länge.
TEXT	Ein Textfeld (Memo) mit bis zu 65.535 Zeichen.
ENUM	Dieser Typ akzeptiert nur Werte aus einer Werteliste (Aufzählung), die bei der Definition der Tabelle bzw. der Spalte angelegt wurde.

Tab. A1.2: Datentypen in MySQL (Auswahl)

Die Tabelle A1.2 umfasst sowohl SQL-Typen als auch spezielle MySQL-Typen. Weitere Datentypen finden Sie in der MySQL-Referenz, die als HTML-Datei Teil des MySQL-Pakets ist.

Numerische Typen

Ganzzahlige Typen wie beispielsweise `INT` (bzw. `INTEGER`) lassen sich noch mit `UNSIGNED` qualifizieren. Sie bestimmen damit, ob ein Wert mit oder ohne Vorzeichen dargestellt werden soll. Ein Beispiel:

```
KundenNr INTEGER UNSIGNED
```

Lassen Sie die Qualifizierung weg, wird eine Stelle für das Vorzeichen reserviert, sodass Sie auch negative Werte speichern können. Für Felder wie die Kundennummer, die eigentlich nur positive Werte darstellen sollen, kann es sinnvoll sein, `UNSIGNED` zu verwenden.

Der Typ ENUM

Dieser Typ akzeptiert nur Werte aus einer Liste, die beim Erstellen der Tabelle definiert wurde. Ein passender `CREATE`-Befehl könnte wie folgt aussehen:

```
CREATE TABLE Test (
Spalte1 ENUM("abc", "xyz") );
```

Damit eignet sich dieser Typ für Felder, die nur eine bestimmte Anzahl von Wertausprägungen annehmen können, beispielsweise Ländercodes. Wenn Sie andere Werte eingeben wollen, werden diese von MySQL nicht in die Tabelle übernommen.

Datumswerte

Wie üblich stellen Datumswerte ein nicht zu unterschätzendes Problem dar. Datumswerte müssen in einem von zwei Formaten vorliegen. Sie können einen numerischen Wert einsetzen, der von MySQL als Datumswert interpretiert wird. Dabei handelt es sich jedoch nicht um einen Zeitstempel. Vielmehr erwartet MySQL Angaben wie die folgenden:

```
20070724
070724
```

Die Angaben müssen im Format YYMMDD bzw. YYYYMMDD vorliegen. Möglich ist also beispielsweise eine SQL-Anweisung wie die folgende:

```
INSERT INTO Kunden (KundenNr, Datum)
VALUES (144, 20070724);
```

An Stelle der vierstelligen Jahreszahl lässt sich alternativ ein zweistelliges Jahr einsetzen. Das gilt auch für die schon bekannte und dem SQL-Standard entsprechende Übergabe als Zeichenfolge, nur dass Sie hier zusätzlich noch ein Trennzeichen benötigen:

```
2007-07-24
07-07-24
```

In der SQL-Anweisung verwenden Sie die gleiche Schreibweise, wobei der Datumswert in einfache Anführungszeichen zu setzen ist:

```
INSERT INTO Kunden (KundenNr, Datum)
VALUES (145, '2007-07-24');
```

Beachten Sie, dass MySQL nicht prüft, ob es sich um ein zulässiges Datum handelt. Lediglich die Monate und Tage müssen in den Bereichen 1 bis 12 bzw. 1 bis 31 liegen. Sie können also durchaus den 30.02.2008 in ein Datumsfeld eintragen.

Unterschiede in der SQL-Syntax

Alle SQL-Datenbanken modifizieren die Syntax des SQL-Standards (SQL/92). Das gilt auch für MySQL. Die Details der Abweichungen würden vermutlich Dutzende von Seiten füllen. Hier wollen wir daher nur die wichtigsten Abweichungen ansprechen.

SELECT INTO OUTFILE

Exportieren

Mit SELECT INTO OUTFILE haben Sie die Möglichkeit, die Ergebnisse einer Abfrage in eine Datei umzulenken (zu exportieren). Die Datei darf noch nicht existieren. Der SELECT-Befehl kann natürlich die üblichen Klauseln und Argumente enthalten:

```
SELECT * FROM Kunden
INTO OUTFILE 'Kunden.txt';
```

Die Datei wird im Verzeichnis der betreffenden Datenbank angelegt. Sie können aber auch einen Pfad bestimmen. Dabei ist als Trennzeichen der Schrägstrich (Slash) anzugeben, nicht der unter Windows eigentlich übliche Backslash.

MODIFY und RENAME

Für die Änderung von Spalten ist normalerweise die Anweisung `ALTER COLUMN` zuständig. Grundsätzlich unterstützt auch MySQL diese Syntaxvariante. Zusätzlich steht aber noch der Befehl `MODIFY` zur Verfügung, der auch von Oracle verwendet wird. Der Befehl kann eine komplette Spaltendefinition ändern:

```
ALTER TABLE Kunden
MODIFY Name CHAR(100);
```

Die `ALTER COLUMN`-Variante ist funktional eingeschränkt und lässt sich hierfür nicht einsetzen. Mit `RENAME` ändern Sie den Namen einer Tabelle. Ein Beispiel:

```
ALTER TABLE Kunden
RENAME Kundentabelle;
```

Diese Funktion sollten Sie jedoch nur selten einsetzen, weil Tabellen, insbesondere in Datenbankanwendungen, sehr häufig unter ihrem Namen angesprochen werden. Eine solche Änderung könnte dann viele Folgeänderungen nach sich ziehen.

A2 SQL in Webanwendungen

Im Umfeld von SQL gibt es eine ganze Menge, was Sie vielleicht noch wissen sollten. In diesem Kapitel haben wir uns jedoch auf einige wesentliche Punkte beschränkt. Dazu gehört ganz besonders die Einbettung von SQL-Anweisungen in andere Programmiersprachen. Jeder Webprogrammierer muss SQL-Anweisungen verwenden, wenn er Webseiten mit Inhalten aus einer Datenbank füllen will.

Da fast jede bessere Webanwendung über eine Datenbankanbindung verfügt, ist SQL auch für Webanwendungen, beispielsweise die vielen E-Shops, unentbehrlich. Als Datenbank wird dabei sehr häufig MySQL eingesetzt.

SQL in Skript-Sprachen

Perl, PHP und ODBC

Skript-Sprachen wie Perl oder PHP verfügen über einen großen Umfang an Datenbankfunktionen, mit denen auf verschiedene Datenbanken zugegriffen werden kann. Wir wollen in diesem Kapitel jedoch nur auf die Verwendung von SQL in PHP-Programmen eingehen, weil PHP sich auch im professionellen Bereich immer stärker durchsetzt. Grundsätzlich lassen sich bei der Datenbankanbindung mit PHP zwei Techniken unterscheiden:

- Zugriff per ODBC-Treiber
- Zugriff über datenbankspezifische Funktionsbibliotheken

Der ODBC-Zugriff ist nicht unbedingt zu empfehlen. Zwar handelt es sich bei ODBC um eine etablierte Technik, die auch von vielen Datenbanken unterstützt wird, sie ist jedoch in der Regel sehr langsam.

Hinweise zu PHP

PHP oder andere Programmiersprachen wollen und können wir in diesem Buch nicht beschreiben. Die folgenden Ausführungen dürften für Sie deshalb nur dann von Interesse sein, wenn Sie bereits Erfahrung mit PHP sammeln konnten oder zumindest über grundlegende Kenntnisse in anderen Programmiersprachen verfügen. PHP ist eine sogenannte serverseitige Skript-Sprache, die zur Ausführung des Codes eine Erweiterung des Webservers benötigt, eben das PHP-Modul. Dieses ist sowohl für den Personal Webserver bzw. den IIS von Microsoft als auch für den Apache-Server erhältlich. Sie können die notwendigen Dateien aus dem Web herunterladen (*www.php.net*).

PHP, MySQL und Webserver

Die PHP-Module dürfen kostenlos verwendet werden. Für die Entwicklung benötigen Sie lediglich einen ASCII-Editor. Besser geeignet ist natürlich ein ordentlicher HTML-Editor mit PHP-Unterstützung. Auf die Einrichtung des Webservers und des PHP-Moduls wollen wir an dieser Stelle nicht eingehen. Wir müssen zu diesem Zweck auf die PHP-Dokumentation verweisen. Webserver und PHP müssen aber installiert sein, wenn Sie die Beispiele dieses Unterkapitels ausprobieren wollen. Zudem wird MySQL benötigt.

Datenzugriff per PHP

Für den direkten Zugriff auf MySQL-Datenbanken stellt PHP unter anderem folgende Funktionen zur Verfügung:

Funktion	Bedeutung
mysql_connect	Stellt eine Verbindung zum MySQL-Server her.
mysql_list_dbs	Ermittelt die vorhandenen MySQL-Datenbanken.
mysql_result	Liefert Daten aus der Ergebnistabelle einer Abfrage.
mysql_create_db	Erzeugt eine MySQL-Datenbank.

Funktion	Bedeutung
mysql_db_query	Führt eine SQL-Abfrage aus.
mysql_close	Schließt eine Datenbankverbindung.

Tab. A2.1: PHP-Funktionen für den Zugriff auf MySQL-Datenbanken

Die Beispiele dieses Kapitels erzeugen zunächst eine Datenbank mit der Tabelle *Kunden*. Achten Sie dabei auf die Syntax: PHP-Anweisungen werden in HTML-Seiten, also in Webseiten, eingebettet. Um PHP und HTML voneinander zu trennen, sind PHP-Anweisungen in ein spezielles Tag einzuschließen. Jeder PHP-Block ist daher wie folgt zu separieren:

```
<? PHP-Block ?>
```

Der Block kann natürlich über mehrere Zeilen gehen. Wichtig ist nur, dass am Anfang die Zeichenfolge <? steht und der ganze Block mit den Zeichen ?> endet. Beachten Sie auch, dass wir bei den Beispielen aus Platzgründen auf den üblichen HTML-Kopf verzichten. Lediglich das Body-Tag wird verwendet. Sie können den Code trotzdem ausführen, weil praktisch alle Webserver den verkürzten HTML-Code akzeptieren.

Datenbank erzeugen

Bevor irgendwelche Operationen auf die Datenbank erfolgen können, muss zunächst eine Verbindung hergestellt werden. Der erste Anweisungsblock hat daher folgende Form:

```
<body>
<?
   $dbms = mysql_connect("localhost", "", "");
   mysql_create_db("Faktura", $dbms);
   echo mysql_close($dbms);
?>
</body>
```

Ist für den Zugriff auf MySQL ein root-Passwort (beispielsweise *geheim*) definiert, muss die erste Zeile wie folgt lauten:

```
$dbms = mysql_connect("localhost", "root", "geheim");
```

Wir stellen hier eine Vebindung her, erzeugen eine neue Datenbank und schließen diese gleich wieder. Wenn die `echo`-Anweisung den Wert 1 ausgibt, war der Versuch erfolgreich.

Tabelle definieren

Im nächsten Schritt müssen wir zunächst die SQL-Anweisung definieren. Diese ist als String, also in Anführungszeichen, zu übergeben. Um die Programmzeilen nicht zu lang werden zu lassen, verwenden wir eine Variable, in der wir die Anweisung als String speichern. Die Zuweisung an die Variable hat folgende Form:

```
$Anweisung = "CREATE TABLE Kunden(KundenNr INTEGER,
                                  Firma CHAR(50),
                                  Ort CHAR(50) )";
```

Obwohl es sich bei der vorstehenden Anweisung um eine einzige Programmzeile handelt, akzeptiert PHP die Zeilenumbrüche. Wir haben uns zudem auf drei Spalten beschränkt. Die Tabellendefinition können Sie natürlich beliebig erweitern. Mit der Variablen `$Anweisung` müssen wir nun unseren Programm-Code ergänzen. Dieser hat dann folgende Form:

```
<?
  $dbms = mysql_connect("localhost", "", "");
  $Anweisung = "CREATE TABLE Kunden(KundenNr INTEGER,
                                    Firma CHAR(50),
                                    Ort CHAR(50) )";
  mysql_db_query("Faktura", $Anweisung);
  echo mysql_close($dbms);
?>
```

Damit erhalten wir nun eine Tabelle, in die wir Datensätze eingeben können. Auch dafür ist wieder eine SQL-Anweisung erforderlich.

Datensätze einfügen

Das folgende Beispiel verwendet eine INSERT-Anweisung. Sobald Datensätze existieren, können Sie aber auch UPDATE- und DELETE-Anweisungen ausführen, um die Daten zu ändern bzw. zu löschen:

```
<?
   $dbms = mysql_connect("localhost", "", "");
   $Anweisung = "INSERT INTO
                 Kunden (KundenNr, Firma, Ort)
                 VALUES(123, 'Maier', 'Dresden') ";
   mysql_db_query("Faktura", $Anweisung);
   echo mysql_close($dbms);
?>
```

Wenn Sie die Anweisung mehrmals mit wechselnden Daten wiederholen, sollte die Tabelle *Kunden* schließlich genügend Datensätze enthalten, um eine SELECT-Abfrage ausführen zu können.

Daten ausgeben

Wie üblich ist für Datenauswahl und Datenausgabe die SELECT-Anweisung zuständig. Ein Ausgabe des ersten Datensatzes erhalten Sie mit der folgenden Anweisung:

```
<?
   $dbms = mysql_connect("localhost", "", "");
   $Anweisung = "SELECT KundenNr, Firma, Ort
                 FROM Kunden";
   $Ergebnis = mysql_db_query("Faktura", $Anweisung);
   echo mysql_result($Ergebnis, 0, 0);
   echo mysql_result($Ergebnis, 0, 1);
   echo mysql_result($Ergebnis, 0, 2);
   echo mysql_close($dbms);
?>
```

Damit hätten wir unsere ultrakurze Einführung in die Welt der datenbankgestützten Webprogrammierung abgeschlossen. Sie sollten daraus zumindest gelernt haben, dass Sie ohne SQL nicht sehr weit kommen. Das gilt auch für die normale Anwendungsentwicklung, beispielsweise mit VBA, auf die wir weiter unten noch kurz eingehen.

SQL-Zugriff optimieren

Je nach Art und Umfang der Anweisung kann ein `SELECT`-Zugriff unterschiedlich viel Zeit beanspruchen. Folglich lässt sich der Zugriff durch geeignete Formulierung der Anweisung und durch Gestaltung des Umfelds, etwa durch Indizes, optimieren.

Optimizer

Datenbanksysteme verfügen in der Regel über eine Funktion, die sich automatisch um die unter zeitlichen Gesichtspunkten optimalste Ausführung von Abfragen bemüht, den sogenannten *Optimizer*. Diese Funktion verwendet Informationen über die innere Struktur der Datenhaltung und wird daher in der Regel besser als jeder Anwender den effektivsten Weg zu den Daten finden.

Regeln für die Optimierung

Auch wenn die integrierte Optimierungsfunktion schon für eine möglichst schnelle Ausführung von Abfragen sorgt, kann der Anwender diese Funktion immer noch durch Einhaltung bestimmter Regeln unterstützen. Die folgenden Regeln sind so allgemein gefasst, dass sie für nahezu jedes Datenbanksystem gelten sollten:

- Für Spalten, die sehr häufig für Sortierungen oder in `WHERE`-Klauseln benötigt werden, sollten Sie grundsätzlich Indizes verwenden. Achten Sie aber darauf, keine überflüssigen Indizes zu erzeugen.

- Reorganisieren Sie Indizes gelegentlich. Wenn das betreffende Datenbanksystem dafür keine Funktion bietet, müssen Sie die Indizes eben löschen und anschließend neu aufbauen.
- Verwenden Sie in der Spaltenliste nur die Spalten, die auch wirklich benötigt werden. Das Sternchen (*), mit dem Sie alle Spalten ausgeben, sollten Sie in der Regel meiden.
- Verwenden Sie für bestimmte Abfrageoperationen redundante Daten, beispielsweise Kopien von Tabellen. Eigentlich haben wir diese Option völlig ausgeschlossen, weil Redundanz grundsätzlich die Gefahr birgt, dass sich Inkonsistenzen einschleichen. Wenn Sie redundante Daten (Kopien) nur für Leseoperationen vorhalten, sollte diese Gefahr aber ausgeschlossen sein. Tabellen, die nicht gleichzeitig für die Lese- und Schreiboperationen vieler Benutzer geöffnet sein müssen, lassen sich schneller abfragen.
- Spalten mit fester Länge benötigen für das Auslesen weniger Rechenaufwand. Schon beim Entwurf der Tabellen sollten Sie deshalb darauf achten, Spalten mit variabler Länge nur dann zu verwenden, wenn dies unbedingt erforderlich ist.

Vermutlich gibt es noch eine ganze Reihe von Optimierungsregeln, die aber nur für spezielle Datenbanksysteme gelten. Die dazu erforderlichen Informationen sollten Sie der jeweiligen Dokumentation entnehmen.

Syntaxbeschreibungen interpretieren

In diesem Buch haben wir uns darum bemüht, möglichst einfache Syntaxbeschreibungen zu verwenden. Die Darstellung beschränkte sich zudem häufig auf Teilausdrücke komplexer Anweisungen. Aufgrund mangelnder Kompatibilität der verschiedenen Datenbanksysteme werden Sie die gezeigten Beispiele aber nicht immer auf alle Datenbanken anwenden können.

Dokumentation nutzen

Im Zweifelsfall sind Sie dann auf die Dokumentation des betreffenden Systems angewiesen. In diesem Abschnitt wollen wir daher kurz auf die Syntaxbeschreibung eingehen, die Sie in solchen Dokumenten finden. Diese ist relativ einheitlich geregelt. Häufig erhalten Sie Syntaxbeschreibungen wie die folgende (beispielsweise vom Access-Hilfesystem):

```
CREATE TABLE Tabelle (Spalte1 Typ [(Größe)] [NOT NULL]
  [Index1] [, Spalte2 Typ [(Größe)]  [NOT NULL] [Index2] [,
  ...]] )
```

Syntax vereinfachen

Zunächst sollten Sie versuchen, die einzelnen Elemente so auseinanderzuziehen, dass alles, was zusammengehört, deutlich von den anderen Elementen getrennt ist. Besonders einfach ist das natürlich, wenn Sie den Text in einen Editor, beispielsweise Wordpad, kopieren können.

Optionale Syntaxelemente

Zunächst sind da die eckigen Klammern. Solche Klammern umschließen optionale Teile. Wenn Sie diese Teile komplett weglassen, erhalten Sie praktisch die minimale Syntax, also die Elemente, die unbedingt benötigt werden:

```
CREATE TABLE Tabelle ( Spalte1 Typ )
```

Der `CREATE TABLE`-Befehl erfordert also mindestens eine Spalte mit Typangabe. Diese ist zudem in runde Klammern einzuschließen. Beachten Sie in diesem Fall die schließende runde Klammer, die etwas unscheinbar am Ende der gesamten Syntaxbeschreibung steht. Im nächsten Schritt können Sie optionale Teile hinzufügen. Sie erhalten dann beispielsweise folgende Zeilen:

```
CREATE TABLE Tabelle ( Spalte1 Typ [(Größe)]
[NOT NULL] [Index1] )
```

Damit haben wir eine vollständige Beschreibung für eine Spaltendefinition, inklusive der optionalen Elemente. Die eckigen Klammern dürfen natürlich nicht in der eigentlichen Anweisung erscheinen. Sie dienen ausschließlich als Hilfsmittel der Syntaxbeschreibung. Wenn wir nun noch die zweite (und dritte) Spalte hinzufügen, erhalten wir folgende Syntax:

```
CREATE TABLE Tabelle (
Spalte1 Typ [(Größe)] [NOT NULL] [Index1]
[, Spalte2 Typ [(Größe)]  [NOT NULL] [Index2]
[, ...] ] )
```

Da nur eine Spalte definiert werden muss, ist die komplette zweite Spalte als optional gekennzeichnet. Beachten Sie, dass auch das Komma, das die Spaltendefinitionen trennt, innerhalb der eckigen Klammer steht. Die dritte Spalte wird schließlich nur noch durch drei Punkte in eckigen Klammern angedeutet. Die drei Punkte besagen, dass noch beliebig viele Spalten folgen können.

Fehlerhafte Syntaxangaben

Es sollte grundsätzlich möglich sein, optionale Teile wegzulassen, ohne dass die gesamte Anweisung syntaktisch falsch wird. Wir haben jedoch auch Syntaxbeschreibungen gefunden, bei denen nur eines von zwei Elementen optional sein durfte, jedoch beide Elemente in eckigen Klammern gesetzt waren.

Alternative Elemente

Gelegentlich werden Sie alternative Elemente finden. Diese sind dann durch einen senkrechten Strich getrennt. Von alternativen Elementen kann immer nur eines zur gleichen Zeit verwendet werden.

SQL in VBA-Anwendungen

Der Datenbankzugriff aus Programmiersprachen wie C/C++, Java oder Visual Basic erfolgt in der Regel mit Hilfe bestimmter Schnittstellen, die ihrerseits wieder auf SQL-Anweisungen basieren. Unter Windows können Sie regelmäßig die folgenden Schnittstellen verwenden:

- JDBC
- ODBC

JDBC (***J**ava* ***D**ata**b**ase* ***C**onnectivity*) ist eine Programmierschnittstelle, die Java-Programmen den Zugriff auf Datenbanken ermöglicht. Viele Datenbanksysteme verfügen heute über einen JDBC-Treiber und können daher unter Java in sehr ähnlicher Weise programmiert werden. ODBC (***O**pen* ***D**ata**b**ase* ***C**onnectivity*) ist eine von Microsoft entwickelte Schnittstelle, die inzwischen als Industriestandard gelten kann und daher von nahezu allen Datenbanksystemen unterstützt wird. Die Unterstützung besteht darin, dass die Datenbanken entsprechende Treiber zur Verfügung stellen. In diesem Buch werden wir uns nur mit der ODBC-Schnittstelle beschäftigen.

Die Installation eines ODBC-Treibers erfolgt in der Regel automatisch durch das Setup-Programm der jeweiligen Datenbank. Dabei wird der Treiber beim System registriert und steht dann für die Einrichtung von Datenquellen zur Verfügung. Ob ein Treiber für eine bestimmte Datenbank eingerichtet ist, können Sie über das Systemprogramm *ODBC-Datenquellen* erkunden, das Sie in der Windows-Systemsteuerung finden. Hier richten Sie auch neue Datenquellen ein.

VBA und SQL

VBA-Entwicklungsumgebung

Die Beispiele des folgenden Abschnitts können Sie natürlich nicht mehr im SQL-Fenster des Abfrage-Generators ausführen. Sie müssen zur VBA-Entwicklungsumgebung wechseln und VBA-Prozeduren schreiben. Im Datenbankfenster von Access öffnen Sie dazu den Bereich *Module* und klicken dann auf den Schalter *Neu*. Sie starten damit die VBA-Entwicklungsumgebung.

Access-Abfragen ausführen

Eine bereits mit dem Abfrage-Generator erstellte Abfrage starten Sie mit der `DoCmd`-Methode `OpenQuery`. Die Methode erwartet als erstes Argument den Namen der Abfrage. Im zweiten

Argument bestimmen Sie, ob eine Ergebnistabelle oder der Entwurfsmodus angezeigt werden sollen:

```
Sub Test
   DoCmd.OpenQuery "Test", acViewNormal
End Sub
```

Die Methode `OpenQuery` eignet sich nur für Auswahlabfragen. Sie können damit keine Abfrage ausführen, die beispielsweise eine Tabelle erzeugt. Abfragen, die Daten ändern oder Tabellen erzeugen, starten Sie mit `Execute`. Die Methode ist für das Objekt `CurrentDb` definiert. Sie können also nicht das zuletzt vorgestellte `DoCmd`-Objekt verwenden. Als erstes Argument erwartet die Methode den Namen einer Abfrage oder einen SQL-String. Für eine bereits erstellte Abfrage mit der Bezeichnung *Test* ergibt sich folgende Anweisung:

```
Sub Test()
   CurrentDb.Execute "Test"
End Sub
```

Bei der Abfrage darf es sich nicht um eine Auswahlabfrage (`SELECT`-Abfrage) handeln. `Execute` antwortet sonst mit einer Fehlermeldung. Ganz sicher gehen Sie, wenn Sie als Argument statt der fertigen Access-Abfrage einen SQL-String verwenden:

```
Sub Test()
   Anweisung = "CREATE TABLE Kunden " & _
               "(KundenNr INTEGER, Firma CHAR(50) ) "
   CurrentDb.Execute (Anweisung)
End Sub
```

Achten Sie besonders auf die Zerlegung der SQL-Anweisung in zwei Strings. Eigentlich sollte es sich um einen durchgehenden String handeln. Nur für die Darstellung in diesem Buch mussten wir daraus zwei Zeilen machen. VBA ist bei Zeilenumbrüchen aber leider etwas umständlich. So kann innerhalb eines Strings grundsätzlich kein Zeilenumbruch erfolgen. Wir mussten daher zwei Strings mit dem Verkettungsoperator (`&`) zusammensetzen. Um eine durchgehende Anweisung auf zwei Zeilen zu verteilen, war dann noch der Unterstrich (_) hinzuzufügen.

SQL-Anweisungen direkt ausführen

Mit `RunSQL` ist auch für das `DoCmd`-Objekt eine Methode definiert, die SQL-Anweisungen direkt ausführen kann. Wie bei `Execute` gilt auch hier wieder die Einschränkung, dass `RunSQL` nicht für Auswahlabfragen zur Verfügung steht. Das folgende Beispiel erzeugt einen neuen Datensatz. Es handelt sich also um eine Änderungsabfrage:

```
Sub Test()
SQLString ="INSERT INTO Kunden (KundenNr,Firma) " & _
           "VALUES (123, 'Maier KG') "
DoCmd.RunSQL SQLString
End Sub
```

Alle bisher vorgestellten Prozeduren sollten Sie direkt in der Access-Entwicklungsumgebung starten können. Dazu ist der Symbolschalter *Sub/User-Form ausführen* zu betätigen. Die gleiche Wirkung erzielen Sie mit der Funktionstaste F5.

Variablen in SQL-Anweisungen

In Anwendungsprogrammen sind die zu verarbeitenden Daten oft erst zur Laufzeit bekannt. Der Anwender will beispielsweise nach einem beliebigen Ort suchen können und nicht immer nur nach Dresden. Das Programm muss daher variable Daten verarbeiten können, etwa die Eingabe des Anwenders in das Suchfeld eines Formulars. Um solche Bedingungen erfüllen zu können, müssen Sie den SQL-String zur Laufzeit aus einem festen und einem variablen Teil zusammensetzen. Das folgende Mini-Programm erfüllt diese Anforderung:

```
Sub Test()
 Suchbegriff = InputBox("Den gesuchten Ort eingeben")
 SQLString = "SELECT Firma, Ort FROM Kunden " & _
             "WHERE Ort = '" & Suchbegriff & "'"
 CurrentDb.CreateQueryDef "Suche", SQLString
 DoCmd.OpenQuery "Suche"
End Sub
```

Zunächst fragen wir den Anwender nach dem zu suchenden Ort. Dazu lässt sich die InputBox-Methode verwenden, die einen Dialog mit einer Eingabezeile aufruft. Den Wert, den der Anwender in diese Zeile einträgt, weisen wir der Variablen Suchbegriff zu. Mit dieser Variablen bilden wir anschließend den gesamten SQL-String. Dazu ist eine Verkettung wie die folgende erforderlich:

```
"SELECT Firma, Ort FROM Kunden " & _
"WHERE Ort = '" & Suchbegriff & "'"
```

Die Variable Suchbegriff wird hier mit Hilfe des Verkettungsoperators (&) an den festen Teil des SQL-Strings angehängt. Je nach Eingabe des Anwenders erhalten wir zur Laufzeit unterschiedliche Abfrageanweisungen. Gibt der Anwender beispielsweise den Ort Leipzig ein, wird der von Access (bzw. VBA) zu verarbeitende String wie folgt aussehen:

```
"SELECT Firma, Ort FROM Kunden " & _
"WHERE Ort = '" & Leipzig & "'"
```

Access löst die Verkettungen vor der Verarbeitung natürlich auf, sodass schließlich die folgende Anweisung ausgeführt wird:

```
SELECT Firma, Ort FROM Kunden WHERE Ort = 'Leipzig'
```

Sie können natürlich auch mehr als eine Variable verwenden, beispielsweise um einen Wertebereich als Bedingung zu übergeben. Die Verkettung kann dann aber sehr komplex und fehleranfällig werden. Beachten Sie zudem, dass Sie bei Spalten vom Typ CHAR auch die einfachen Anführungszeichen in die Verkettung einbeziehen müssen.

Anhang

Im vorstehenden Text verwenden wir verschiedene Tabellen, die mit Ausnahme der schon vorgestellten Kundentabelle nachfolgend dokumentiert werden sollen. Die Struktur der Tabellen benötigen Sie, wenn Sie die Beispiele des Buchs nachvollziehen wollen.

Struktur einer Artikeltabelle

Bezeichnung	Typ	Länge	Beschreibung
ArtikelNr	AUTOINCREMENT		Primärschlüssel
Artikelname	CHAR	100	
Artikelgruppe	CHAR	50	
Lagerbestand	DOUBLE		Der Lagerbestand kann sich auch auf Dezimalwerte beziehen, beispielsweise 0,05 Liter, daher darf hier kein Integer-Wert stehen.
Lagerort	CHAR	30	
Einheit	CHAR	10	Menge, Liter, kg, cm etc.
Preis	WÄHRUNG		Nettopreis; der Preis bezieht sich immer auf eine Einheit, also auf Menge, Liter, kg etc. Unter Access wählen Sie hier den Typ `CURRENCY`, unter MySQL sollten Sie den Typ `DECIMAL` verwenden.

Bezeichnung	Typ	Länge	Beschreibung
MwStSatz	FLOAT		Mehrwertsteuersatz, beispielsweise 0.19 oder 0.07.
Mehrwertsteuer	WÄHRUNG		Unter Access wählen Sie hier den Typ `CURRENCY`, unter MySQL sollten Sie den Typ `DECIMAL` verwenden.
Bruttopreis	WÄHRUNG		Unter Access wählen Sie hier den Typ `CURRENCY`, unter MySQL sollten Sie den Typ `DECIMAL` verwenden.
Datum	DATE		
Status	CHAR	1	Status, beispielsweise „D“ für gelöscht.

Tab. A.1: Artikeltabelle

Die Tabelle ist darauf ausgelegt, in unseren Beispielabfragen verwendet zu werden. Für eine richtige Artikeltabelle ist sie nicht geeignet. So wird eine Artikeltabelle normalerweise nur den Preis (= Nettopreis) und den Mehrwertsteuersatz enthalten. Mehrwertsteuer und Bruttopreis ergeben sich durch einfache Berechnungen und müssen daher nicht fest gespeichert werden.

Struktur einer Rechnungstabelle

Unsere Rechnungstabelle ist vor allem dazu gedacht, mit der Kundentabelle verknüpft zu werden. Besonders wichtig ist daher das Fremdschlüsselfeld *KundenNr*, über das die Verknüpfung erfolgt.

Bezeichnung	Typ	Länge	Beschreibung
RechnungsNr	AUTOINCREMENT		Primärschlüssel
KundenNr	LONGINT		Fremdschlüssel für den Zugriff über die Kundennummer. Dieser Wert bestimmt, zu welchem Kunden die Rechnung gehört.
Datum	DATUM		Rechnungsdatum
Zahlungsfrist	INTEGER		Anzahl der Tage, innerhalb derer die Rechnung bezahlt werden soll, beispielsweise 14 (Tage).
Rechnungsbetrag	WÄHRUNG / DOUBLE		Unter Access wählen Sie hier den Typ `CURRENCY`, unter MySQL sollten Sie den Typ `DECIMAL` verwenden.
Zahlungsmittel	CHAR	30	Auswahl der Zahlungsmittel, beispielsweise Bar, Rechnung, Kreditkarte, Lastschrift etc.
Bankverbindung	CHAR	50	Bank, bei der der Kunde ein Konto unterhält.
Kontonummer	CHAR	20	
Bankleitzahl	CHAR	10	

Tab. A.2: Tabelle *Rechnungen*

Wir speichern die Bankverbindung (auch) in der Rechnungstabelle, weil sich die gleichen Daten im Kundendatensatz ändern können, wenn der Kunde seine Bank wechselt. Diese Änderung darf sich nicht auf alte Rechnungen auswirken. Diese müssen immer die Daten zeigen, die bei der Rechnungsstellung verwendet wurden. Das gilt auch für inzwischen nicht mehr gültige Bankverbindungen.

Glossar

Aggregatfunktionen
Funktionen, die Berechnungen für komplette Spalten (alle Werte einer Spalte) oder alle Werte einer Datensatzgruppe vornehmen, beispielsweise um Durchschnittswerte oder Summen zu bilden.

Änderungsabfrage
Eine Abfrage, die Änderungen am Datenbestand bzw. an der Datenbankstruktur vornimmt. Dafür werden beispielsweise SQL-Befehle wie `UPDATE` oder `INSERT` verwendet.

Auswahlabfrage
Bezeichnung für eine Abfrage, die bestimmte Daten aus einer oder mehreren Tabellen liefert, ohne die Daten bzw. die Datenbankstruktur zu ändern. Normalerweise handelt es sich dabei um Abfragen, die mit der SQL-Anweisung `SELECT` beginnen.

BLOB
Binary Large Object. Ein Datentyp, der sogenannte Binärdaten, etwa Sound oder Videosequenzen, speichern kann. Dieser Typ wird von SQL/92 praktisch nicht unterstützt.

CLI
Call Level Interface. Eine Schnittstelle, die von vielen Datenbanken unterstützt wird und die mit SQL-Anweisungen auf Datenbanken zugreift.

Constraints
Einschränkungen. Constraints legen bestimmte Regeln fest, nach denen Daten in eine Tabelle oder Spalte eingegeben werden können.

Data Dictionary
Vom Datenbanksystem angelegte Systemtabellen, die alle Informationen über eine Datenbank (Tabellen, Spalten, Indizes etc.) enthalten. Das Data Dictionary wird auch als Katalog bezeichnet.

Datenbank
Grundsätzlich jede mehr oder weniger geordnete Sammlung von Daten. Im engeren Sinne handelt es sich dabei um Daten, die nach bestimmten Schemata, beispielsweise in Tabellenform, gespeichert werden. Häufig werden auch die Programme zur Verwaltung von Datenbanken selbst als Datenbanken bezeichnet.

Datensatz Eine Zeile in einer Tabelle. Jeder Datensatz besteht aus einer Menge von Attributen (Eigenschaften). Diese Attribute beschreiben in der Regel ein Objekt der realen bzw. vorgestellten Welt, beispielsweise einen Kunden oder eine Buchung.

DBMS *Database Management System*. Ein Datenbanksystem, das mit umfangreichen Tools für die Verwaltung von Datenbanken ausgestattet ist.

DCL *Data Control Language*. Der Teil des SQL-Sprachumfangs, der für Transaktionen zuständig ist. Dazu gehören beispielsweise Befehle wie `COMMIT` und `ROLLBACK`.

DDL *Data Definition Language*. Der Teil von SQL, der für die Erstellung neuer Datenbanken und Tabellen zuständig ist. Damit sind vor allem Befehle wie `CREATE TABLE` und `CREATE INDEX` gemeint.

DML *Data Manipulation Language*. Der Teil von SQL, der für die Änderung von Daten zuständig ist. Dazu gehören insbesondere die Befehle `DELETE`, `INSERT` und `UPDATE`. Jedoch wird auch der `SELECT`-Befehl zur DML gerechnet.

DOMAINS Wertebereiche, die bestimmen, welche Werte in einer Spalte zulässig sein sollen. Nicht alle Datenbanksysteme unterstützen Domains.

Einschränkungen Siehe Constraints.

Entitäten Objekte der realen oder vorgestellten Welt (Kunden, Buchungen etc.), deren Attribute sich in Form einer Relation (Tabelle) darstellen lassen.

ER-Modell *Entity Relationship Model*. Grundlage des ER-Modells sind Entitäten und Entitätsbeziehungen. Das ER-Modell liefert in der Regel die theoretischen Grundlagen für den Datenbankentwurf.

Funktionen Mathematische Anweisungen, die Parameter verarbeiten können und die einen Wert, den Funktionswert, zurückgeben. SQL-Anweisungen können Funktionen enthalten.

Gruppierung

Die Zusammenfassung von Datensätzen mit gleichen oder ähnlichen Werten in bestimmten Spalten. Die Gruppierung dient der Datenanalyse. Sie liefert Informationen über die Struktur der Daten. In SQL-Anweisungen ist dafür die `GROUP BY`- Klausel zuständig.

Index

Eine sortierte Liste, die über Datensatzzeiger einen schnelleren Zugriff auf die Datensätze einer Tabelle ermöglicht. Indizes werden verwendet, um Suchzugriffe und Sortierungen zu beschleunigen.

JDBC

Java Database Connectivity. Eine Programmierschnittstelle, die Java-Programmen den Zugriff auf Datenbanken ermöglicht. Fast alle Datenbanksysteme verfügen heute über einen JDBC-Treiber und können daher unter Java in sehr ähnlicher Weise programmiert werden. JDBC verwendet SQL-Anweisungen, um Daten abzufragen und zu manipulieren.

Join

Verknüpfung von Tabellen. Die Verknüpfung erfolgt in der Regel über bestimmte Spalten, die in beiden Tabellen ähnliche oder gleiche Einträge enthalten, etwa in Kunden- und Rechnungstabellen. Es werden spezielle Varianten wie Natural Join, Inner Join und Outer Join unterschieden. Ein Join kann sich auch auf mehr als zwei Tabellen beziehen.

Katalog

Siehe Data Dictionary.

Konsistenz

Widerspruchsfreiheit des Datenbestands. Wichtigstes Mittel bei der Sicherstellung der Datenkonsistenz ist eine möglichst redundanzfreie Datenhaltung.

MEMO-Felder

Ein Datentyp, der Texte unbestimmter Länge speichern kann. Gelegentlich ist der Typ auch auf 2.000 oder 4.000 Zeichen begrenzt. Der Typ wird von SQL nicht bzw. nicht vollständig unterstützt.

Mengenoperationen

Bei Mengenoperationen werden aus mehreren Abfragen bzw. Tabellen Schnittmengen, Differenzmengen oder Vereinigungsmengen gebildet.

Mutationen Mit Mutation wird die Änderung des Datenbestands bezeichnet.

Mutations-anomalien Widersprüchliche (inkonsistente) Daten, die bei der Änderung von redundanten Daten auftreten können. Mutationsanomalien lassen sich durch das Normalisieren von Tabellen weitgehend vermeiden.

Normalisieren Mathematisch gestütztes Verfahren für den Entwurf einer weitgehend redundanzfreien Datenbank.

NULL Standardwert eines Attributs, für das noch keine Wertzuweisung vorgenommen wurde.

ODBC *Open Database Connectivity*. Ein von der Firma Microsoft definierter Standard für den Datenbankzugriff. ODBC-Treiber sind heute für fast alle Datenbanksysteme verfügbar. ODBC verwendet SQL-Anweisungen, um Daten abzufragen und zu manipulieren.

PHP Eine Skript-Sprache für die Webprogrammierung, mit der sich unter anderem eine Datenbankanbindung herstellen lässt. Der Webprogrammierer ist damit in der Lage, dynamische Webseiten zu erstellen, die ihren Inhalt aus einer Datenbank erhalten.

Prädikat Eine gelegentlich für die Bedingung in `WHERE`-Klauseln verwendete Bezeichnung.

Primär-schlüssel Eine Spalte oder Spaltenkombination, deren Werte einen Datensatz eindeutig identifizieren. Sind in einer Tabelle mehrere Schlüsselspalten enthalten, wird in der Regel eine davon zum Primärschlüssel erklärt.

Redundanz Die mehrfache Speicherung grundsätzlich identischer Informationen. Redundanz birgt die Gefahr, dass bei Änderungen nicht alle gleichen Informationen erfasst werden, sodass die Datenbank widersprüchliche (inkonsistente) Daten enthalten kann (siehe Mutationsanomalien).

Relation Bezeichnung für eine Tabelle. Die Verknüpfung zwischen zwei Tabellen wird als Relationship bezeichnet.

Relationenmodell

Siehe ER-Modell.

Replikation

Kontrollierte Vervielfältigung von Datenbeständen oder von Teilen davon, um die Zugriffsmöglichkeiten zu verbessern.

Rollback

Die Rücknahme aller Operationen auf einen Datenbestand seit dem letzten Rollback bzw. dem letzten Commit.

Schema

Datenbankobjekt, das andere Datenbankobjekte, die inhaltlich zusammengehören, unter einem Namen zusammenfasst. Zu den Objekten, die sich in einem Schema zusammenfassen lassen, gehören unter anderem Tabellen und Views.

Schlüssel

Ein Attribut bzw. eine Kombination von Attributen, das/die einen Datensatz eindeutig identifiziert. Der Schlüsselwert kann also nur einmal in der Schlüsselspalte vorkommen. Üblicherweise werden künstliche Schlüssel wie beispielsweise Kunden- oder Artikelnummern verwendet.

Spaltenfunktion

Siehe Aggregatfunktion.

Sperren

Verhindert den Zugriff auf bestimmte Datenbankobjekte (Tabellen, Datensätze). Sperren werden temporär verwendet, um Kollisionen bei konkurrierenden Zugriffen zu verhindern. Erst wenn ein Anwender seine Änderungen vorgenommen hat, kann ein anderer Anwender auf das betreffende Objekt zugreifen.

Transaktion

Eine Folge von Operationen auf einen Datenbestand, die nur gemeinsam oder gar nicht ausgeführt werden dürfen. Kann auch nur eine Operation nicht ausgeführt werden, muss auch die Ausführung der anderen zur Transaktion gehörenden Operationen unterbleiben. Das Transaktionskonzept dient der Sicherstellung der Datenkonsistenz.

Trigger

Ein Funktion, die auf bestimmte Ereignisse wartet und beim Eintreten dieser Ereignisse eine Aktion auslöst. Als Ereignis kann beispielsweise die Überschreitung eines Werts in einer bestimmten Spalte gelten. Die Aktion besteht häufig im Aufruf einer Prozedur, die Werte in andere Spalten schreibt.

Tupel In der Datenbanktheorie ein anderer Begriff für eine Zeile bzw. einen Datensatz.

Unterabfrage In eine SQL-Anweisung eingebettete `SELECT`-Anweisung. Eine Unterabfrage liefert Vergleichswerte für die `WHERE`- bzw. `HAVING`-Klausel der übergeordneten Abfrage. Unterabfragen werden nicht von allen Datenbanksystemen unterstützt.

Verknüpfung Die Herstellung einer Beziehung zwischen zwei oder mehr Tabellen, um für diese eine gemeinsame Abfrage zu definieren. Die Verknüpfung erfolgt über `WHERE`- oder `JOIN`-Klauseln.

Verknüpfungsfelder Die Felder (Spalten), über die eine Beziehung zwischen zwei oder mehr Tabellen hergestellt wird.

Views Virtuelle Tabellen, die ihre Daten über `SELECT`-Anweisungen von realen Tabellen beziehen. Views werden in der Datenbank gespeichert, aber erst auf Anforderung mit Daten versehen. Views können fast wie normale (reale) Tabellen verwendet werden.

Webserver Bezeichnung für eine Software, die Browser-Anfragen beantwortet und HTML-Seiten an den Browser liefert. Webserver können Zusatzmodule enthalten, beispielsweise Perl oder PHP, die auch eine Datenbankanbindung ermöglichen.

Zugriffsrechte Einschränkung der Möglichkeit, eine Datenbank bzw. die darin enthaltenen Daten zu nutzen. Die Vergabe von Zugriffsrechten dient der Sicherheit der Datenbank.

Index

Symbole

A

B

C

D

E

N

O

P

Q